ESTUDOS DE DIREITO DOS SEGUROS
INTERMEDIAÇÃO DE SEGUROS
E
SEGURO DE GRUPO

PAULA RIBEIRO ALVES

ESTUDOS DE DIREITO DOS SEGUROS
INTERMEDIAÇÃO DE SEGUROS
E
SEGURO DE GRUPO

ESTUDOS DE DIREITO DOS SEGUROS
INTERMEDIAÇÃO DE SEGUROS
E SEGURO DE GRUPO

AUTOR
PAULA RIBEIRO ALVES

EDITOR
EDIÇÕES ALMEDINA, SA
Avenida Fernão de Magalhães, n.° 584, 5.° Andar
3000-174 Coimbra
Tel.: 239 851 904
Fax: 239 851 901
www.almedina.net
editora@almedina.net

PRÉ-IMPRESSÃO • IMPRESSÃO • ACABAMENTO
G.C. – GRÁFICA DE COIMBRA, LDA.
Palheira – Assafarge
3001-453 Coimbra
producao@graficadecoimbra.pt

Julho 2007

DEPÓSITO LEGAL
261790/07

Os dados e as opiniões inseridos na presente publicação
são da exclusiva responsabilidade do(s) seu(s) autor(es).

Toda a reprodução desta obra, por fotocópia ou outro qualquer processo,
sem prévia automatização escrita do Editor,
é ilícita e passível de procedimento judicial contra o infractor.

NOTA PRÉVIA

Em Portugal, diferentemente do que ocorre noutros espaços jurídicos, são escassos os estudos sobre Direito dos Seguros. Por motivos vários, nomeadamente relacionados com algum alheamento das faculdades de direito relativamente a estas questões, são poucos os cultores nesta área, encontrando-se por norma vinculados a entidades que, pela própria natureza, têm necessidade de estudar as questões jurídicas dos seguros, concretamente o Instituto de Seguros de Portugal e a Associação Portuguesa de Seguradores. Na Faculdade de Direito de Lisboa, por minha proposta, desde o ano lectivo de 2005/2006 tem funcionado um curso de mestrado em direito dos seguros e, sem descurar outros trabalhos de mérito, o nível dos dois estudos realizados pela Senhora Dra. Paula Ribeiro Alves no âmbito da parte escolar desse mestrado justifica a sua divulgação. Além da valia científica, cabe destacar que são dois temas de grande actualidade. O primeiro estudo respeita à intermediação de seguros e apresenta uma indiscutível relevância prática; de facto, a intermediação de seguros foi recentemente alterada pelo Decreto-Lei n.º 144/2006, de 31 de Julho, e a comparação entre o regime anterior e o actual constante do mencionado estudo é de enorme utilidade. O segundo estudo, sobre o seguro de grupo, analisa uma realidade jurídica muito divulgada mas pouco estudada, pelo que, além do interesse teórico, tem particular relevo na aplicação concreta do direito. Refira-se que a Comissão de Revisão do Regime do Contrato de Seguro, que integro com funções de direcção, entendeu incluir um capítulo na proposta de Lei do Contrato de Seguro relativo ao seguro de grupo, tendo para tal analisado detalhadamente o citado estudo, que agora se publica.

PEDRO ROMANO MARTINEZ

INTERMEDIAÇÃO DE SEGUROS

I – INTRODUÇÃO

NOTA: Relatório apresentado no Curso de Mestrado em Direito dos Seguros da Faculdade de Direito de Lisboa, na disciplina de Direito Institucional dos Seguros, sob a regência do Prof. Doutor José Alberto Vieira

As expressões intermediação e mediação surgem como sinónimas na linguagem corrente[1].

Num sentido técnico-jurídico, a expressão mediação predomina, podendo significar contrato ou actividade.

Do Decreto-Lei n.º 388/91, de 10 de Outubro[2] resulta que, nesta área, mediar é muito mais intervir do que estar no meio, concebendo-se situações qualificadas como mediação em que realmente não existe um terceiro entre as partes do contrato de seguro[3].

A Directiva 2002/92/CE, de 9 de Dezembro do Parlamento e do Conselho[4] mantém esta linha, o mesmo acontecendo com a nova legislação portuguesa, o Decreto-Lei n.º 144/2006, de 31 de Julho[5].

Embora a comercialização de seguros por alguém que não a própria seguradora seja tratado globalmente como mediação, parece-nos que, face ao panorama legislativo actual e ao NRGMS, se encontra, no âmbito da distribuição de seguros, um papel reservado à intermediação, que subsiste ao lado da mediação propriamente dita.

---

[1] Segundo o Dicionário da Língua Portuguesa da Porto Editora, on line, em http://www.portoeditora.pt intermediar é "estar ou meter-se de permeio" e mediar é "estar no meio", "intervir acerca de" alguma coisa.

[2] Este diploma contém Regime Geral da Mediação de Seguros, em vigor até Janeiro de 2007, adiante designado por RGMS.

[3] É a situação dos angariadores que são trabalhadores de seguros que agindo em nome e por conta da seguradora, fomentam a contratação de seguros. É muito duvidoso que sejam terceiros na relação jurídica de seguro.

[4] Directiva "relativa à mediação de seguros", adiante designada por Directiva 2002/92/CE ou simplesmente por Directiva.

[5] O Decreto-Lei n.º 144/2006, de 31 de Julho consagra o novo Regime Geral da Mediação de Seguros, adiante designado NRGMS.

No âmbito da mediação propriamente dita, por seu turno, encontra-se uma cisão muito funda entre os mediadores vinculados à seguradora e os agentes, por um lado, e, por outro lado, os corretores de seguros.

As questões levantadas pela intermediação, pelos mediadores vinculados, pela mediação de agentes e pela mediação de corretores têm enquadramento e soluções distintas.

Procuraremos encontrar o caminho da mediação e da intermediação, através da evolução legislativa recente.

A distribuição de seguros será o ponto de partida, aferindo-se quais os canais de distribuição existentes e o seu peso relativo no mercado de seguros. Dentro da distribuição de seguros, é a distribuição indirecta, enquanto comercialização de seguros por entidade distinta da seguradora, que maior relevância apresenta. Serão analisadas algumas questões específicas desta realidade e será apresentada a distribuição indirecta como intermediação.

Depois, esboçaremos a linha de fronteira entre a intermediação e a mediação, ambas integradas na intermediação lato sensu.

Por fim, propomo-nos analisar o regime jurídico da intermediação e da mediação, através da evolução legislativa, nomeadamente, do Decreto-lei n.° 388/91, de 10 de Outubro, da Directiva 2002/92/CE, de 9 de Dezembro e do Decreto-Lei n.° 144/2006, de 31 de Julho.

II – A DISTRIBUIÇÃO DE SEGUROS

A – NOÇÃO DE DISTRIBUIÇÃO

A distribuição de seguros é a colocação de produtos da área seguradora no mercado[6].

A colocação de seguros no mercado pode ser efectuada directamente pelas seguradoras ou através do recurso a outra entidade[7] denominando-se, respectivamente, distribuição directa e distribuição indirecta.

B – CANAIS DE DISTRIBUIÇÃO

Os canais de distribuição são os meios usados para proceder à colocação de produtos no mercado.

Os serviços comerciais das próprias seguradoras podem, nas instalações da empresa, ou em prospecção no terreno, comercia-

---

[6] Veja-se Jean Bigot e Daniel Langé, Traité de Droit des Assurances, tome 2 La distribuition de l'assurance, Paris, 1999, p. 3, que define «(…) la distribution est un «fonction économique consistant à assurer l'écoulement des produits du stade de la production à celui de la consommation.» e considera que «De prime abord il peut paraître étonnant d'utiliser cette expression pour la commercialisation des contrats d'assurance. En effet cette expression est surtout utilisée pour la commercialisation de biens tangibles. Cependant on l'utilise plus en plus pour la commercialisation des services.». Veja-se, também, José Vasques, Direito dos Seguros, Coimbra Editora, 2005, 311 e ss..

[7] Pedro Romano Martinez, Direito dos Seguros, Principia, 1ª Edição, 2006, p. 71, quanto à "Distribuição do seguro no mercado", refere que "Para "vender" os seus produtos (seguros) aos potenciais interessados, a seguradora recorre a diversos meios, desde a tradicional abertura de balcões ao recurso a intermediários e a empresas associadas, frequentemente bancos.".

16   *Estudos de Direito dos Seguros – Intermediação de Seguros e Seguro de Grupo*

lizar os seus seguros ou podem, recorrer ao canal tradicional que é a mediação.

Podem, ainda, recorrer a outros canais que se têm vindo a impor, como a banca e os CTT e, mais recentemente, a novas vias associadas ao desenvolvimento das tecnologias de comunicação, como o telefone e a Internet[8].

Um outro canal de distribuição tem-se vindo a impor, cada vez com mais intensidade, embora não seja habitualmente considerado nesta problemática. Referimo-nos aos tomadores de seguros de grupo[9].

---

[8] Sobre a contratação electrónica de seguros, veja-se Catarina Figueiredo Cardoso, "A actividade seguradora na Internet, Alguns Aspectos", in Fórum, Ano VI, n.º 15, Agosto 2003, pp. 19 e ss., idem "A obrigação de prestação de informações pré-contratuais no âmbito da actividade seguradora e dos fundos de pensões, O comércio electrónico em especial", in Fórum, Ano VIII, n.º 19, Agosto 2004, pp. 19 e ss. e idem "O contrato de Seguro na Internet, Alguns Aspectos", in Fórum, Ano VII, n.º 16, Janeiro 2003, pp. 45 e ss., Cristina Garcia, "Información en y para Internet", in Actualidad aseguradora, n.º 13, año 112, 14-IV-3003, p. 37, Elena Mendoza, "Internet, evolución de los modelos de negocio", in Actualidad aseguradora, n.º 13, año 112, 14-IV-3003, p. 38, Francisco Caeiro da Silveira, Seguros em Ambiente Digital – Cadeia de Fornecimento e Qualidade de Serviço, Universidade de Aveiro, 2005, José Caramelo Gomes, "Contrato de Seguro e Tecnologias de Informação", in III Congresso Nacional de Direito dos Seguros, Almedina, 2003, pág. 65 a 80/122, José Diogo Madeira, "E-seguros: Oportunidades e ameaças", Fórum, Ano IV, n.º 12, Dezembro 2000, pp. 47 e ss., Óscar González, "Los sistemas de negociación online (e-markets)", in Actualidad aseguradora, n.º 13, año 112, 14-IV-3003, pp. 39 e ss., Pedro Romano Martinez, "Contrato de Seguro e Informática", in III Congresso Nacional de Direito dos Seguros, Almedina, 2003, pp. 27 e ss., idem Direito dos Seguros, cit., pp. 72 e ss., Pierre Bichot, « Commerce Électronique, La distribution de contrats d`assurance en ligne, in La Tribune de l`Assurances », n.º 97, Février 2006, pp. 23 e ss., Rafael Illescas Ortiz, "Contratação Electrónica de Seguros", Comunicação no Congresso Luso-Hispano de Direito dos Seguros, Lisboa, Novembro 2005 e Sandra Camacho Clavijo, "Contratação Electrónica de Seguros", Comunicação no Congresso Luso-Hispano de Direito dos Seguros, Lisboa, Novembro 2005.

[9] Embora os seguros de grupo não apareçam, normalmente, classificados como um canal de distribuição de seguros, há autores que os consideram nessa perspectiva. Veja-se, Jean Bigot e Daniel Langé, Traité de Droit des Assurances,

Intermediação de Seguros 17

No Relatório do Sector Segurador e Fundos de Pensões são apresentados números relativos à comercialização de seguros no ano de 2004[10], classificando-se os canais de distribuição em cinco grupos: empregados de empresas de seguros, agentes, corretores, bancos e CTT e outros[11].

Embora, segundo dados da Associação Portuguesa de Seguradores (APS) os canais tradicionais e os novos canais surjam equilibrados[12], em termos globais, uma análise segmentada demonstra uma grande disparidade.

Verifica-se que, no ramo "Vida", 83,1% da distribuição da produção cabe aos novos canais e que nos ramos "Não Vida" os canais tradicionais são responsáveis por cerca de 87,7% da produção[13].

O fortíssimo peso dos novos canais no ramo "Vida" tem como responsáveis os bancos que assumiram um papel fundamental

---

cit, p. que refere que as seguradoras podem recorrer, a par dos mediadores, «soit d`autres supports que sont les associations souscriptrices d`assurance collectives, ouvertes à la adhésion des adhérents ; les établissements de crédit (banque ou établissements de crédit). Veja-se, também, manifestando preocupação sobre o enquadramento na Directiva sobre Mediação, José Pereira Morgado, "A Mediação de Seguros", in Boletim Informativo APS, n.º 108, Março 2003, p. 6 e sobre a situação dos bancos como tomadores de seguros de grupo, em França, Catherine Dufrêne e Anne Vathaire, com Gérard Defrance, « Directive sur L`Intermédiation, Le décret que menace le courtiers », L`Argus de L`Assurance, n.º 6968, 10 mars 2006, p. 9 .

[10] De que destacaremos os dados estatísticos que nos parecem especialmente relevantes para o enquadramento da intermediação de seguros.

[11] Veja-se, sobre os números disponíveis relativos à distribuição de seguros, em 2004, Eduardo Farinha Pereira, "Caracterização da actividade de mediação de seguros", in Fórum, n.º 22, Maio 2006, pp. 26 e ss., também publicado no Relatório do Sector Segurador e Fundos de Pensões, disponível no sitio do Instituto de Seguros de Portugal, em www.isp.pt . Veja-se, em relação a 2003, Instituto de Seguros de Portugal, "A Mediação, Prospecto Informativo sobre dados estatísticos de Mediação", referente a 2003, disponível gratuitamente na Biblioteca do Instituto de Seguros de Portugal.

[12] Os canais novos com 54,5% e os tradicionais com 45,5%, segundo Eduardo Farinha Pereira, Caracterização da actividade de mediação de seguros, cit., p. 34.

[13] Idem pp. 34 e ss..

na comercialização de seguros com uma forte componente financeira[14].

Nos ramos "Não vida", os agentes têm um papel de destaque, embora o peso da banca/CTT em Portugal, também aí, seja muito significativo, nomeadamente, em comparação com outros países da União Europeia[15]. Curiosamente, também em "Não Vida" os bancos têm ganho algum terreno, principalmente, através da comercialização de seguros de multi-riscos, associados ao crédito à habitação.

Critério diferente de apresentar os canais de distribuição assenta na distinção entre canais de distribuição directa e indirecta.

C – A DISTRIBUIÇÃO DIRECTA

A distribuição directa é aquela que é efectuada pelas seguradoras.

As empresas de seguros, através dos seus funcionários, apresentam os seus produtos, normalmente nos seus próprios serviços de atendimento aos clientes.

As empresas de seguros também apresentam os seus produtos através de angariadores de seguros. A angariação de seguros será, de facto, uma situação de distribuição directa. No entanto, surge como uma figura de mediação no RGMS[16], pelo que é como distribuição indirecta que terá de ser qualificada.

---

[14] Portugal aparece numa posição largamente maioritária no que diz respeito à comercialização de produtos do ramo "Vida" pelos bancos e CTT, quando comparado com os outros países comunitários apresentados em Eduardo Farinha Pereira, "Caracterização da actividade de mediação de seguros", cit., p. 36. Saliente-se a contraposição com o Reino Unido em que o canal banca/CTT é inexistente.

[15] Idem p. 37.

[16] O RGMS, no seu Capítulo IV, artigos 30.º e ss. consagra a figura do angariador.

O angariador de seguros é um trabalhador de seguros[17], que "(...) apenas pode exercer a sua actividade junto da seguradora ou por intermédio do corretor onde exerce a sua profissão de trabalhador de seguros (...)[18].

A lei visa, com esta figura, as pessoas que, trabalhando numa seguradora, acumulam com essa relação laboral, uma actividade de mediação.

O mesmo trabalhador actua, ora como funcionário da seguradora, sob a direcção desta, ora como mediador apresentando, propondo e preparando a celebração de contratos e prestando assistência a esses mesmos contratos[19].

Compreende-se facilmente que esta situação não prima pela transparência. A mesma pessoa actua em qualidades diferentes, em relação a situações idênticas.

Provavelmente por essa razão, o angariador deixa de existir na Directiva sobre Mediação e no NRGMS[20].

D – A DISTRIBUIÇÃO INDIRECTA

Paralelamente à distribuição directa efectuada pela seguradora, existe a colocação de seguros no mercado através de entidades distintas da empresa de seguros.

---

[17] O que, desde logo, é pouco claro, visto que os mediadores são, por natureza, trabalhadores de seguros. Trabalham em seguros.

[18] Nos termos do art. 35.º n.º 1 do RGMS que também prevê uma excepção a esta regra "(...) salvo, relativamente aos trabalhadores das seguradoras, em relação a ramo ou ramos que aquelas não se encontrem autorizadas a explorar.".

[19] Cfr. art. 30.º n.º 1 do RGMS.

[20] Embora seja criada a figura do mediador ligado que, tal como a sua denominação indica, aparece muito ligado a uma empresa de seguros.

1. Mediação

Destaca-se, pela sua preponderância, tradição e regulamentação o canal de distribuição clássico, que é a mediação de seguros que, como se viu, inclui o angariador de seguros.

No entanto, outros canais se impõem.

2. Outros canais de distribuição

Já o RGMS, em 1991, se propôs efectuar a "(…) reformulação específica do canal de distribuição tradicional que é a mediação de seguros (…)"[21], o que demonstra o reconhecimento da existência de outros canais de distribuição indirecta.

E refere, inclusive que, essa necessidade de reformulação é criada pela "(…) crescente evolução que o sector segurador tem conhecido a nível de novos canais de distribuição, salientando-se em particular o papel das instituições de crédito e das estações de correios (…)".

Esta tendência não parou de aumentar, assumindo os canais alternativos ou complementares da mediação tradicional um papel fundamental na distribuição de seguros, principalmente no ramo "Vida".

Mais recentemente começaram a ganhar relevância a comercialização através da Internet e por telefone[22]. Estes novos canais de distribuição poderão ser enquadrados, quer na distribuição directa, quer na distribuição indirecta. Em relação a eles, há que cruzar o

---

[21] Intenção presente no § 2.º do Preâmbulo do Decreto-Lei n.º 388/91 de 10 de Outubro.

[22] Modos de comercialização que têm merecido a especial atenção da União Europeia e recentes alterações na ordem jurídica portuguesa, nomeadamente com a transposição da Directiva n.º 2002/65/CE, do Parlamento Europeu e do Conselho, relativa à comercialização à distância de serviços financeiros prestados a consumidores, pelo Decreto-Lei n.º 95/2006, de 29 de Maio e com a transposição da Directiva 2000/31/CE, do Parlamento Europeu e do Conselho, relativa ao comércio electrónico, pelo Decreto-Lei n.º 7/2004, de 7 de Janeiro.

Intermediação de Seguros 21

meio usado, com o modo de comercialização. O telefone tanto pode ser usado pela seguradora, como pelo mediador, o mesmo acontecendo com a Internet.

Existe, assim, um feixe de relações cruzadas entre o canal de distribuição que indica o meio como a comercialização é efectuada e o modo directo ou indirecto dessa distribuição.

O desenvolvimento tecnológico permite perspectivar que num futuro muito próximo a televisão interactiva e os telefones móveis, com as suas funcionalidades sempre em crescimento vão trazer mundos cada vez mais novos à área seguradora[23] que, como todas, irá navegar e conduzir-se rumo a novas formas de comercialização.

3. Os seguros de grupo

Os seguros de grupo, em nossa opinião, surgem também como um canal de distribuição[24].

---

[23] A novidade vai também surgindo ao nível dos riscos. Cfr. **Giovanni Cucinotta**, "Il rischio, la responsabilità sociale e la Comunicazione Assicurativa", in Assicurazioni Rivista di Diritto, Economia e Finanza delle Assicurazioni Private, Anno LXXII, n.° 3, Luglio-Settembre 2005, pp. 379 e ss. que defende que o surgimento de novos riscos catastróficos, implica que o Estado passe a desempenhar um papel nessa área. "La nuova dimensione che i rischi moderni vanno assumendo chiama in causa il ruolo delle assicurazioni collective, la loro sostenibilitá da parte dello Stato(...)". Veja-se, também, **Miguel Guimarães**, "Soluções Seguradoras para Desafios Sociais", in O Economista, Anuário da Economia Portuguesa, 2005, pp. 212 e ss. que também refere riscos catastróficos e novos riscos emergentes «(...) tenham eles origem em fenómenos da natureza (sismos, tempestades, inundações) ou em actos humanos (terrorismo, poluição, epidemias), mas também riscos emergentes relacionados com a saúde (cancro, tabaco, asbestos) ou com avanços na ciência e na tecnologia (exposição a químicos, modificações genéticas).".

[24] Cfr., neste sentido, Geoff Baars e Nick Sennett, "The fundamentals of group insurance", Swiss Re Zurich, 1994, pp. 5 e ss., que defendem que "The importance of the group method of selling insurance cannot be over--estimated.".

22 Estudos de Direito dos Seguros – Intermediação de Seguros e Seguro de Grupo

Cada vez mais seguros são, por esta via, colocados no mercado[25].

Nestes contratos a seguradora e o tomador de seguro celebram entre si um contrato de seguro de um determinado ramo[26], com vista à adesão dos membros de um determinado grupo. E o tomador de seguro promove as adesões tendo, inclusive, especiais deveres de informação e responsabilidades ao nível da gestão administrativa e de sinistos.

Os seguros de grupo mais usuais surgem no âmbito das relações laborais, nomeadamente, através de seguros de saúde e de vida, ganhando cada vez mais impacto as operações de capitalização, nomeadamente os complementos de reforma e os fundos de pensões[27].

Nota-se, também, um grande desenvolvimento do recurso ao seguro de grupo por parte de sindicatos, ordens ou associações de diversa índole, quer com vista à obtenção de benefícios sociais, fundamentalmente ao nível da saúde, quer relacionados com a responsabilidade civil profissional[28].

---

[25] Há uma proliferação muito grande deste tipo de produto ocorrendo, inclusive, com frequência situações em que as pessoas desconhecem que têm um determinado seguro, que surge associado a um qualquer bem ou serviço que adquiriram. A maior parte das vezes o seguro é uma oferta. Outras, menos frequentes, é cobrado sem que o cliente tenha a perfeita consciência de que o está a pagar. Cfr. neste sentido Mónica Dias, À Descoberta dos Seguros, Guias Práticos DECO, 2002, pp. 60 e ss.

[26] Embora possa ter coberturas de vários ramos.

[27] Encontram-se, na Internet, vários exemplos de condições de seguros de grupo. Veja-se, por exemplo, em http://www.millenniumbcp.pt/site/conteudos/83/articleID=291546 , consultado em 21/04/2006, as Condições Gerais e Especiais do seguro "Medis Saúde Empresas" e as Condições Gerais Reforma – Complemento de Reforma por Velhice, Complemento da Pensão de Sobrevivência e Complemento de Reforma por Invalidez.

[28] Encontram-se, na Internet, várias referências a instituições desta natureza, que recorrem a seguros de grupo. Veja-se a título de exemplo, o "site" do Sindicato dos Trabalhadores dos Impostos (STI), consultado em 21/04/2006, em http://www.stimpostos.pt/direitos seguros.asp ,que refere um seguro de vida sobre o qual informa "Trata-se de um seguro de grupo que abrange

Surgem, também, cada vez mais, hoje em dia, seguros de grupo associados à concessão de crédito[29] e associados a uma série quase interminável de contratos, produtos e serviços, em que são tomadores de seguro as empresas que são parte nesses contratos e que comercializam esses produtos e serviços[30].

Julgamos que, na realidade, a seguradora ao celebrar o contrato de seguro de grupo está a colocar no mercado, através do tomador de seguro, o seu produto.

E com inúmeras vantagens.

Destacam-se, desde logo, as de ordem comercial. Negociando com uma só entidade, a seguradora consegue cobrir o mercado correspondente à totalidade do grupo, que pode ter centenas ou milhares de membros.

---

todos os sócios, comprometendo-se a seguradora a reformulá-lo caso cesse essa qualidade.". E "site" da associação sindical dos juízes portugueses, em http://www.asjp.pt/comunicados/comunicado04_02.html, consultado em 21/04/2006, que refere que a Direcção Nacional irá auscultar os associados sobre o eventual interesse na negociação de um seguro de grupo relativo à actividade profissional. E o "site" da Ordem dos Economistas, em http://www.ordemeconomistas.pt/membros-regalias.html, consultado em 21/04/2006, que informa que "Mantém-se em vigor o Contrato de Seguro de Vida Grupo celebrado já há alguns anos pela extinta APEC. Foi celebrado um novo Contrato de Seguro de Grupo que abrange as seguintes modalidades: Seguro de Saúde, Vida Privada: Seguro de Multi-riscos Habitação Domus, Vida Profissional: Seguros de Acidentes de Trabalho – Trabalhadores por Conta Própria, Seguro de Multi-riscos comerciais, Seguro de Equipamento Electrónico, Vida Privada e Profissional: Seguro de Acidentes de Trabalho por Conta de Outrem, Seguro Automóvel Protec: Seguro de Ocupante de Viaturas e Seguro Protec 2R.". E a Associação Nacional de Topógrafos que, discutiu em Assembleia Geral "sobre a utilidade da criação de um seguro de grupo de responsabilidade civil a todos os possuidores de Carteira Profissional", informação consultada em http://ant.online.pt/comuni1_2000.shtml , consultados em 21/04/2006.

[29] E a toda a espécie de cartões, de descontos, de lojas ou de marcas.

[30] Destacam-se, pela sua frequência, os seguros associados a viagens, à aquisição de automóvel ou de telemóvel. Com a aquisição do bem ou serviço em causa, adquire-se também um seguro que, normalmente, tem coberturas de assistência e relativas a furto.

Existem, também, relevantes facilidades na avaliação do risco. A ignorância da seguradora sobre o risco é um factor muito importante na sua decisão de contratar ou não. Só através da informação que é facultada pelo tomador de seguro[31], poderá a seguradora avaliar o risco e decidir sobre se está disposta a corrê-lo ou não. Num seguro de grupo, a seguradora irá avaliar principalmente o risco do grupo e não o de cada indivíduo[32]. Há uma significativa diminuição[33] ou mesmo eliminação[34] da selecção adversa. A preocupação da seguradora em avaliar cada risco diminui na proporção do tamanho do grupo[35].

---

[31] Sobre os deveres de informação do tomador de seguro, veja-se José Alberto Vieira, O dever de Informação do Tomador de Seguro em Contrato de Seguro Automóvel, Separata in Estudos em Memória do Professor Doutor António Marques dos Santos, Volume I, Almedina, 2005; pp. 999 e ss.; Júlio Gomes, "O Dever de Informar do Tomador de Seguro na Fase Pré-contratual", in II Congresso Nacional de Direito dos Seguros, Almedina, 2001, pp. 75 e ss.; Luís Filipe Caldas, "Direitos e Deveres de Informação: Sanção das Declarações Inexactas do Tomador", in III Congresso Nacional de Direito dos Seguros, Almedina, 2003, pp. 279 e ss.; Manuel da Costa Martins, "Contributo para a Delimitação do âmbito da Boa Fé no Contrato de Seguro", in III Congresso Nacional de Direito dos Seguros, Almedina, 2003, pp. 176 e ss..

[32] Cfr. António Porras Rodriguez, El Seguro de Grupo, Aspectos normativos, técnicos y actuariales, Centro de Estudios del Seguro, S.A., Madrid, 1991, pp. 57 e ss. Este autor considera que num seguro de grupo, normalmente, pondera-se a "segurabilidade" do grupo e não de cada pessoa que o compõe.

[33] Cfr. Jean-Marc Binon et Marie-Anne Crijns – L`Assurance Groupe en Belgique, Collection Droit des Assurances, n.° 9, Academia Bruylant, Bruxelles,1996, p.38, António Porras Rodriguez, El Seguro de Grupo, Aspectos normativos, técnicos y actuariales, cit., p. 16 e René Carton de Tournai e Charles Deleers, Les Assurances de Groupes, Eléments techniques, juridiques, sociaux et fiscaux, Bruxelles, 1965, p. 38..

[34] Claire Labbé, « Sida et Assurances », in Les Dossiers du Journal des Tribunaux, n.° 3, Bruxelles, 1994, p. 56, refere que « Les assurances collectives couvrent toutes un groupe déterminé de personnes, ce qui diminue l`antisélection des risques. L`antisélection disparaîtrait totalement si le groupe assuré était représentatif de la popolation nationale, ce qui implique que le groupe atteigne approximativement le nombre de 300 à 500 personnes.».

[35] Isto porque, quanto maior é um grupo, maior será o equilíbrio de riscos

Por outro lado, os custos administrativos associados a um seguro de grupo são menores, dado que uma boa parte fica a cargo do tomador de seguro[36].

A distribuição através dos tomadores de seguros de grupo é um modo sui generis de distribuição, uma vez que é uma parte no contrato de seguro que promove a sua comercialização.

Não deixará, no entanto, de ser uma forma de distribuição indirecta, uma vez que a seguradora coloca, indirectamente, através do tomador de seguro, os seus seguros no mercado.

E – ALGUNS PROBLEMAS ESPECÍFICOS DA DISTRIBUI-ÇÃO INDIRECTA

A distribuição indirecta, seja ela mediação propriamente dita ou intermediação, levanta uma série de problemas específicos relacionados com o facto de existir a intervenção de um terceiro.

Desses problemas, salientamos a responsabilidade do intermediário e o cumprimento dos deveres de informação.

Não é possível dar uma resposta genérica às questões que se colocam a este nível, dependendo as respostas da categoria de intermediário que esteja em causa e da qualidade em que actua[37].

---

individuais. O grande risco de alguns indivíduos é anulado pelo risco diminuto de outros.

[36] Refira-se, a título de exemplo, um seguro de saúde de grupo para os trabalhadores de uma empresa. É a entidade patronal que recebe as participações de despesas, que recolhe o valor do prémio e que realiza uma parte muito substancial dos actos administrativos e burocráticos associados à gestão do seguro.

[37] Veja-se José Carlos Moitinho de Almeida, "O Mediador na conclusão e execução do contrato de seguro", in Scientia Iuridica, Tomo LV, n.° 305, Jan.- -Mar. 2006, pp. 23 e ss., que apresenta um estudo sobre esta matéria. Veja-se, também, sobre a responsabilidade do mediador, Yvonne Lambert-Faivre, Droit des Assurances, Dalloz, 11.ª Edição, 2001, pp. 162 e ss. e Giovanna Volpe Putzolu, "L´attuazione della direttiva sulla intermediazione assicurativa. Doveri e responsabillità degli intermediari", in Assicurazioni: Rivista di Diritto, Economia e Finnanza dell Assicurazioni Private, n.° 3, Luglio-Settembre 2004, pp. 329 e ss..

Parece, no entanto, justificar-se, nesta sede, a apresentação de alguns problemas que, com frequência, ocorrem neste âmbito.

1. Responsabilidade do terceiro que intervém

Em relação à responsabilidade do terceiro que intervém, fundamentalmente, coloca-se a questão de saber, em que medida, a actuação do intermediário vincula as partes.

É, na realidade, uma dupla questão.

Por um lado, há que determinar se a actuação do intermediário pode ser imputável à seguradora[38] e se os danos causados pela sua actuação geram responsabilidade para a seguradora ou para o intermediário.

Esta questão é especialmente relevante, dado que pode determinar a existência ou não do contrato. A falha do intermediário pode determinar que não chegue a ser, realmente, celebrado o contrato ou pode determinar que um contrato que existe cesse à revelia da vontade das partes.

Se um intermediário recebe uma proposta de seguro e não a entrega à seguradora esta, em bom rigor, desconhece que lhe foi proposto um contrato e está impossibilitada de avaliar o risco. Não pode aceitar o que desconhece. O proponente, muitas vezes, ao entregar a proposta assinada fica convencido que tem seguro. Ao surgir o dano supostamente coberto pelo contrato, verifica-se que o risco não chegou a ser aceite pela seguradora.

Embora na legislação portuguesa[39], os poderes para a conclusão, prorrogação e alteração do contrato de seguro resultem de mandato atribuído pela seguradora, "(...) observa-se, como refere José Carlos Moitinho de Almeida, uma orientação jurisprudencial no

---

[38] Muito significativo no que diz respeito à aceitação dos contratos e ao recebimento dos prémios.

[39] Essa orientação é predominante na legislação europeia analisada por José Carlos Moitinho de Almeida, "O Mediador na conclusão e execução do contrato de seguro", cit., pp. 37 e ss..

sentido de reconhecer efeitos ao mandato aparente ou de imputar à seguradora o compromisso assumido pelo agente com fundamento no abuso de direito."[40].

Especial relevância é dada à aceitação de uma adesão no âmbito de um seguro de grupo, devido à posição de parte no contrato que o tomador de seguro tem e do cumprimento por parte do aderente dos requisitos de pertença ao grupo, previamente aceite pela seguradora[41].

A questão é a de saber se existe um contrato de seguro que o segurado normalmente acciona, cabendo à seguradora cumpri-lo e, depois, pedir contas ao intermediário, ou se não chega a haver contrato de seguro. Nesse caso, havendo direito a indemnização do lesado, afinal não segurado, a indemnização é devida pela seguradora ou pelo mediador?

Questão paralela sobre a existência do contrato, mas relativa tanto à celebração, como à sua cessação, suscita-se no caso de o tomador de seguro ter entregue o prémio ao intermediário, que não o fez chegar à seguradora[42].

O Decreto-Lei n.° 142/2000, de 15 de Julho[43] estabelece que a eficácia do contrato depende do pagamento do primeiro prémio

---

[40] Veja-se José Carlos Moitinho de Almeida, "O Mediador na conclusão e execução do contrato de seguro", cit., p. 37.

[41] Veja-se sobre a recusa de adesões ao seguro de grupo associado ao crédito bancário, em que é tomador o banco que é parte no contrato de mútuo e aderente o mutuário, Gerad Defrance, "Obligation d`information de la bancque souscriptrice", in L`Argus de L`Assurance, Dossier Juridiques, n.° 6962, 27 Janvier 2006, pp. 1 e ss., que refere alguma jurisprudência e afirma que "La bancque doit s`assurer que l`emprunteur qui adhère à son contract est accepté par l`assureur. À defeut, elle engage as responsabilité contractuelle." (p.1).

[42] Ou situação semelhante, em que o intermediário, que deve zelar pela cobrança, não o faz. Acontece com alguma frequência no âmbito dos seguros comercializados por entidades bancárias e que são pagos através de transferência bancária. Se o banco, responsável pela cobrança, não a efectua, será essa falta de pagamento imputável ao segurado devedor?

[43] Com as alterações que lhe foram introduzidas pelo Decreto-Lei n.° 122/I2005, de 29 de Julho e pelo Decreto-Lei n.° 199/2005, de 10 de Novembro.

28 *Estudos de Direito dos Seguros – Intermediação de Seguros e Seguro de Grupo*

devido[44] e que, tendo-se iniciado os efeitos do contrato, este cessa ope legis se faltar o pagamento devido de um qualquer prémio ou fracção[45].

A entrega do valor correspondente ao prémio a um intermediário que não tinha poderes efectivos para o receber, é o pagamento desse prémio?[46]

Por outro lado, há que determinar se a actuação do intermediário pode ser imputada ao tomador de seguro[47].

E, a este nível, colocam-se essencialmente questões relativas aos deveres de informação do tomador para com a seguradora.

As respostas a estas e outras questões que se colocam nesta área não são claras, tendo a jurisprudência um papel fundamental na sua procura.

2. Cumprimento dos deveres de informação

A questão relativa aos deveres de informação[48] tem também, ela própria, uma dupla vertente.

---

[44] Nos termos do art. 6.º n.º 1 que estabelece "A cobertura dos riscos apenas se verifica a partir do momento do pagamento do prémio ou fracção.".

[45] Nos termos do art. 8.º n.º 1, "A falta de pagamento do prémio de anuidades subsequentes ou da primeira fracção deste, impede a renovação do contrato, que por esse facto não se opera, e o não pagamento de uma qualquer fracção do prémio no decurso de uma anuidade determina a resolução automática e imediata do contrato, na data em que o pagamento dessa fracção era devido.".

[46] Esta questão também é analisada, em termos comparativos, por José Carlos Moitinho de Almeida, "O Mediador na conclusão e execução do contrato de seguro", cit., pp. 42 e ss., sob o título "Poderes de representação do agente na execução do contrato" que, no entanto, conclui que a resposta só será possível face a uma situação concreta.

[47] Especialmente relevante ao nível da recepção e transmissão de informações que permitem à seguradora avaliar o risco.

[48] Sobre os deveres dos mediadores, nomeadamente os de informação, clarificados pela nova "Circolare 551/D", em Itália, veja-se Marco Rossetti,

Por um lado, estão em causa os deveres de informação do tomador de seguro para com a seguradora que, a serem cumpridos, vão permitir à empresa de seguros avaliar convenientemente o risco. Não sendo cumpridos, o art. 429.º do Código Comercial sanciona a falta de exactidão e a omissão de informações relevantes com a nulidade do contrato[49].

No que diz respeito à vinculação da seguradora pelos actos do agente é especialmente relevante a jurisprudência alemã do Bundesgerichthof, denominada Auge und Ohr (olhos e ouvidos), que considera que tudo o que chega ao conhecimento do agente é imputável à seguradora, cabendo-lhe o ónus da prova em como as informações

---

Intermediari: le nuove "regole di gioco", in Assicurazioni, Rivista di Diritto,, Economia e Finnanza dell Assicurazioni Private, Ano LXXII, n.º 2, Aprile--Giugno 2005, p. 301 e ss.. Sobre deveres de informação no contrato de seguro, veja-se Albert Contant – Guide des Assurances, Pierre Roger Cia, Éditeurs, Paris, 1911, pp. 73 e ss. , André Van Varenberg, "Transparence des Rémunérations et Devoir d`Information, Bienvenue en Absurdie!", in Le Monde de l`Assurance, n.º 2006.1, du 15 au 31 janvier 2006, pp. 51 ss., António Menezes Cordeiro, Manual de Direito Comercial, Almedina, 2001, pp. 579 e ss, Catarina Figueiredo Cardoso, "A obrigação de prestação de informações pré-contratuais no âmbito da actividade seguradora e dos fundos de pensões, O comércio electrónico em especial", cit., pp. 21 e ss., Jean-Marc Binon e Marie-Anne Crijns, L`Assurance Groupe en Belgique, cit. pp. 37 e ss., José Valente Martins, Notas Práticas sobre o Contrato de Seguro, Quid Juris, 2006, pp. 47 e ss., José Vasques, Contrato de Seguro, Coimbra Editora, 1999, pp. 211 e ss.; e "Declaração do Risco, Deveres de Informação e Boa Fé", in Boletim Informativo da Spaida, n.º 1, Janeiro 2004, pp. 6 e ss., Mónica Calonge Conde, "Las Modificaciones del Régimen de Contratación en Seguro en la Ley 34/2003 y en el Real Decreto 397/2004", in Revista Española de Seguros, n.º 120, Outubro / Dezembro 2004, pp. 538 e ss..

[49] A doutrina e a jurisprudência têm vindo a entender que se trata de uma situação de anulabilidade e não de nulidade, com base em vários argumentos de que se destacam o histórico (à data do Código Comercial não se usava o termo anulabilidade, mas sim nulidade relativa) e o que defende que tratando-se de uma situação de erro/dolo, deverá seguir o regime desse vício, sendo a sanção prevista no Código Civil a anulabilidade. Cfr., em sentido diferente, José Alberto Vieira, O dever de Informação do Tomador de Seguro em Contrato de Seguro Automóvel, cit., pp. 107 e ss., que defende a nulidade.

30 Estudos de Direito dos Seguros – Intermediação de Seguros e Seguro de Grupo

não foram prestadas[50]. A conclusão idêntica chega, também, a lei austríaca, espanhola e francesa[51].

O legislador português manteve-se alheio à evolução do direito comparado[52] e não aproveitou a oportunidade da alteração legislativa recente para trazer clareza a esta situação.

Por outro lado, estão em causa os deveres de informação da seguradora para com o tomador de seguro e/ou segurado.

É fundamental saber se a falta de informação do intermediário se repercute na seguradora. Admitindo que a seguradora facultou ao intermediário os meios necessários para que prestasse essa informação, quais serão as consequências desses deveres não terem sido por este cumpridos?

A questão assume particular relevância no que diz respeito às cláusulas contratuais gerais.

Tendo em consideração que o contrato de seguro é, normalmente celebrado com recurso a clausulados pré-estabelecidos, a consequência da falta de comunicação ou informação é especialmente grave, dado que se consideram excluídas dos contratos as condições que não tenham sido adequadamente comunicadas e/ou informadas[53], nos termos do art. 8.º do Regime das Cláusulas Contratuais Gerais[54]. A exclusão de cláusulas contratuais

---

[50] Jurisprudência referida e analisada em José Carlos Moitinho de Almeida, "O Mediador na conclusão e execução do contrato de seguro", cit., pp. 33 e ss..

[51] Refere, ainda, o mesmo autor que a lei austríaca, espanhola e francesa permitem conclusões idênticas às que se alcançam com a regra do "Auge uns Ohr", ao contrário do que acontece em Itália, "não existindo no direito italiano o principio da imputação à seguradora dos conhecimentos obtidos pelo agente." (p. 36).

[52] Cfr. José Carlos Moitinho de Almeida, "O Mediador na conclusão e execução do contrato de seguro", cit., pp. 36.

[53] Cfr. o nosso, "Comunicação e Informação de Cláusulas Contratuais Gerais – Especificidades do Contrato de Seguro", in Fórum, Ano VI, n.º 14, Janeiro 2002, pp. 31 e ss..

[54] Aprovado pelo Decreto-Lei n.º 446/85, de 25 de Outubro, com as alterações que lhe foram introduzidas pelo Decreto-lei n.º 220/95, de 31 de Agosto e pelo Decreto-lei n.º 249/99, de 7 de Julho, adiante designado RCCG.

gerais[55] não impede a subsistência do contrato, desde que tal seja possível[56].

O que terá como consequência imediata que a seguradora não poderá invocar uma exclusão a uma cobertura[57], contida numa cláusula que não foi devidamente comunicada ou informada pelo inter-

---

[55] Sobre Cláusulas Contratuais Gerais em seguros, veja-se Sá, Almeno de Sá – Cláusulas Contratuais Gerais e Directiva sobre Cláusulas Abusivas, 2ª Edição, Almedina, 2001, Arnaldo Filipe Oliveira, "Cláusulas Abusivas e o Contrato de Seguro", Comunicação no Congresso Luso-Hispano de Direito dos Seguros, Lisboa, Novembro 2005; idem "Contratos de Seguro Face ao Regime das Cláusulas Contratuais Gerais", in BMJ 448, 1995, pp. 69 e ss.; e idem "Dois Exemplos Portuguesas da Resistência Material do Contrato de Seguro ao Direito das Cláusulas Contratuais Gerais", in BMJ 467, 1997, pp. 5 e ss; Francisco Javier Tirado Suarez, "Cláusulas Abusivas e o Contrato de Seguro", Comunicação no Congresso Luso-Hispano de Direito dos Seguros, Lisboa, Novembro 2005; François Glansdorff e Roland Hardy – "La Protection à l`Égard des Clauses Abusives", in Bancassurfinance, Collection de la Faculté de Droit de L`Université Libre de Bruxelles, Bruylant, Bruxelles, 2005, pp. 491 e ss.; João Calvão da Siva, Banca, Bolsa e Seguros, Tomo I, Parte Geral, Almedina, 2005, pp. 146 e ss.; José Carlos Moitinho de Almeida, "Cláusulas Abusivas e o Contrato de Seguro", Comunicação no Congresso Luso-Hispano de Direito dos Seguros, Lisboa, Novembro 2005; Mariana França Gouveia e Jorge Morais Carvalho, Conflitos de Consumo, Almedina, 2006, p. 181; Mário Frota, "Registo das Cláusulas Abusivas – o caso português –", in Revista Portuguesa do Direito do Consumo, n.º 45, Março 2006, pp. 13 e ss., Paula Alves, "Comunicação e Informação de Cláusulas Contratuais Gerais – Especificidades do Contrato de Seguro", cit. pp. 31 e ss. e Pedro Romano Martinez, "Conteúdo do Contrato de Seguro e Interpretação das Respectivas Cláusulas", in II Congresso Nacional de Direito dos Seguros, Almedina, 2001, pp. 59 e ss..

[56] Cfr. art. 9.º n.º 2 do RCCG que estabelece que "Os referidos contratos são, todavia, nulos quando, não obstante a utilização dos elementos indicados no número anterior, ocorra uma indeterminação insuprível de aspectos essenciais ou um desequilíbrio nas prestações gravemente atentatório da boa fé.".

[57] Pertinente será, também, a questão de saber se as coberturas não se encontraram também limitadas. Tendo em consideração que só o aderente poderá invocar a seu favor a falta de comunicação e/ou informação encontra-se, neste aspecto, protegido.

mediário, porque essa exclusão se vai ter por excluída do contrato[58]. Logo, vigora a cobertura.

Ao nível dos deveres de informação a prestar ao segurado, os seguros de grupo consubstanciam uma situação excepcional, dado que devem ser cumpridos, em primeira linha, pelo tomador de seguro[59] e numa versão bastante reduzida[60].

No entanto, também nos seguros de grupo fica por responder a questão de fundo sobre as consequências do incumprimento desses deveres, neste caso pelo tomador de seguro[61].

Questão diferente[62] é a de se saber em medida as informações prestadas e os compromissos assumidos pelo intermediário ao toma-

---

[58] Pagando a seguradora uma indemnização resultante de um sinistro, virá reclamá-la do intermediário? Ou a falta de informação não se repercutirá na seguradora, ficando o intermediário directamente responsável? Às questões levantadas neste âmbito só será possível responder, tendo em consideração o caso concreto e os factos que estiverem em causa, visto que a situação é diferente consoante a categoria de intermediário, a boa ou má fé de cada um dos intervenientes, os eventuais contratos que estejam subjecentes e que possam regular a situação (poderá haver, por exemplo, um contrato de mediação) e a lei aplicável, visto que a resposta poderá ser diferente face ao actual ou ao NRGMS.

[59] Nos termos do art. 4.° n.° 1 do Decreto-Lei n.° 176/95, de 26 de Julho, que estabelece que "Nos seguros de grupo, o tomador do seguro deve obrigatoriamente informar os segurados sobre as coberturas e exclusões contratadas, as obrigações e direitos em caso de sinistro e as alterações posteriores que ocorram neste âmbito, em conformidade com um espécimen elaborado pela seguradora.".

[60] Ao que parece, não haverá a obrigação de dar a conhecer e explicar as cláusulas do contrato antes da sua celebração, nomeadamente as cláusulas contratuais gerais, bastando fornecer a informação enumerada e constante do prospecto elaborado pela seguradora.

[61] Com excepção de uma consequência que é consagrada no art. 4.° n.° 3 do Decreto-Lei n.° 176/95, de 26 de Julho que estabelece que "Nos seguros de grupo contributivos, o incumprimento do referido no n.° 1 implica para o tomador de seguro a obrigação de suportar de sua conta a parte do prémio correspondente ao segurado, sem perdas de garantias por parte deste, até que se mostre cumprida a obrigação.".

[62] Cfr. José Carlos Moitinho de Almeida, "O Mediador na conclusão e execução do contrato de seguro", cit., pp. 49 e ss..

Intermediação de Seguros 33

dor de seguro vinculam a seguradora[63] e a esta questão a resposta tem sido negativa[64].

É vasta e complexa a problemática relacionada com a responsabilidade do intermediário na distribuição indirecta, sendo imprescindível que cada situação seja devida e pontualmente identificada de modo a que se possa alcançar a resposta adequada.

É fundamental que a situação seja detalhadamente enunciada, identificando-se o tipo de seguro que está em causa, a categoria do intermediário, os contratos que eventualmente estejam subjacentes à situação e a data em que a mesma ocorre e que determina o regime jurídico a aplicar.

F – A DISTRIBUIÇÃO INDIRECTA COMO INTERMEDIAÇÃO

A distribuição indirecta pressupõe, como referimos, que a seguradora, em vez de comercializar ela própria os seus produtos, os coloque no mercado através de outras entidades.

Esta intervenção de um terceiro em relação à seguradora vai consubstanciar-se numa situação de intermediação[65].

---

[63] Esta e as outras questões analisadas pressupõem a não existência de um mandato que dê especificamente poderes ao intermediário para agir em nome da seguradora. Existindo poderes, conferidos pela lei ou por acordo, as questões sobre a vinculação das seguradoras pelos actos e omissões dos intermediários não se colocam. Ou colocam-se a outro nível que será o de se saber até que ponto foi cumprido o mandato.

[64] Cfr. José Carlos Moitinho de Almeida, "O Mediador na conclusão e execução do contrato de seguro", cit., pp. 52 que refere que os tribunais "(...) se limitam a constatar a não vinculação da seguradora aos compromissos assumidos pelos agentes não mandatados.".

[65] Veja-se Jean Bigot e Daniel Langé, Traité de Droit des Assurances, cit., p. 4, explica «On entend par intermédiaires d'assurances tout ceux par l'intermédiaire desquels sont vendus au publique les contrats d'assurance.».

A noção de intermediação é muitas vezes entendida como sinónimo de mediação, sendo mediador[66] aquele que a exerce[67].

No entanto, tem-se notado a preocupação de a autonomizar[68], precisamente pela constatação de que existem situações em que intervém um terceiro na comercialização de seguros que não cabem no âmbito estrito da mediação de seguros, como vem sendo regulada.

Esta situação de diferenciação resulta com muita clareza da Directiva 2002/92/CE, constatando-se que as expressões "interme-

---

[66] Mesmo ligada à expressão intermediação, surge mais a ideia de mediador, que de intermediário.

[67] As expressões equivalentes em espanhol, italiano, francês são, respectivamente, "mediación" (cfr. por exemplo, Rocio Quintáns Eiras, "Proyeto de Ley de Mediación de Seguros y Reaseguros Privados", R.E.S. AIDA, 2005, 122, pp. ss.), "intermediazione assicurativa" (cfr., por exemplo, Aurélio Donat Candian, "Lo scenario dell`intermediazione assicurativa", in Diritto ed Economia dell`Assicurazione", n.° 2-3, 2005, pp. 605 e ss.), "intermédiation" (cfr., por exemplo, Catherine Dufrêne e Anne Vathaire, com Gérard Defrance, Directive sur L`Intermédiation, « Le décret que menace le courtiers », cit. p. 8 e s.). Em inglês a expressão é usada por referência à pessoa « intermediary » (cfr., por exemplo, Robert H. Jerry, II, Understanding Insurance Law, Legal Texts Series, Matthew Bender, USA, 1996, pp. 203 e ss). E em Inglaterra, é corrente a expressão "Insurance broking", uma vez que é aos corretores que é associada a actividade de intermediação de seguros (cfr., por exemplo, Christopher Henley, The law of Insurance Broking, Sweet & Maxwell, Londom, 2004). Cfr., também, Patrick Devine, Insurance Intermediaries in the EEC, Lloyd`s os London Press, London, 1992 que, num vasto estudo comparativo entre o direito vigente nos doze Estados-membros da União Europeia, com vista à sua harmonização, usa a expressão, eventualmente ecléctica, "intermediaires".

[68] Veja-se António Castanho, "A intermediação de seguros e a sua regulamentação", in Fórum, n.° 11, Agosto, 2000, pp. 29 e ss., Diamantino Marques, "A histórica aliança seguradoras e intermediários", Global, Lisboa, 1998, disponível na Biblioteca do Instituto de Seguros de Portugal, cota 04.00/02.0246, Instituto de Seguros de Portugal, Directiva sobre Intermediação de Seguros, Relatório da Reunião em Bruxelas, de 29/09/1999, disponível na Biblioteca do Instituto de Seguros de Portugal, Cota 04.00/02.0270 e Pedro Romano Martinez, Direito dos Seguros, cit., pp. 54 e ss..

diários" e "intermediação" aparecem muito ligadas à sua génese[69], discussão[70] e transposição[71].

A expressão intermediação tem, em nossa opinião, a vantagem de ser neutra, do ponto de vista jurídico[72].

Enquanto mediação aparece sempre conotada com noções de direito, com contornos muito definidos, como sejam o contrato de mediação, a actividade de mediação, o mandato, a representação, ou outras figuras típicas do direito[73], intermediação surge sem fronteiras rígidas juridicamente definidas e sem preconceitos limitadores.

Esta neutralidade permite que a expressão possa ser usada, com precisão, na área da actividade seguradora, para definir também situações de distribuição indirecta, efectuada por quem não é media-

---

[69] Cfr. Instituto de Seguros de Portugal, Directiva sobre Intermediação de Seguros, Relatório da Reunião em Bruxelas, de 29/09/1999, cit. e Patrick Devine, Insurance Intermediaries in the EEC, cit., usa a expressão no âmbito do estudo de levantamento sobre a legislação vigente nos Estados membros da União Europeia, com vista à preparação da directiva sobre mediação.

[70] Cfr. António Castanho, A intermediação de seguros e a sua regulamentação, cit., pp. 29 e ss., Catherine Dufrêne e Anne Vathaire, com Gérard Defrance, Directive sur L`Intermédiation, Le décret que menace le courtiers, cit. p. 8 e s.. Em sentido contrário, mantendo a expressão «Mediação» José Pereira Morgado, A Mediação de Seguros, p. 6 e ss..

[71] Cfr. Rocio Quintáns Eiras, Proyeto de Ley de Mediación de Seguros y Reaseguros Privados, cit., pp. ss.

[72] Veja-se Jean Bigot e Daniel Langé, Traité de Droit des Assurances, cit., p. 4, que atribui essa neutralidade à expressão «intermédiaire» considerando que «Cette expression d`intermédiaires est en soi juridiquement neutre. Elle signifie simplement qu`un agent économique chargé de fonctions commerciales intervient dans la vente ou l`achat du «produit d`assurance (…)». Embora, em França, a expressão apareça como sinónimo de mediação.

[73] Como, por exemplo, o contrato de agência, considerando, até, José Carlos Moitinho de Almeida, "O Mediador na conclusão e execução do contrato de seguro", cit., p. 25. e s. que defende, em relação ao agente de seguros, que "Verificam-se, assim, os elementos do contrato de agência (…)" do que resulta a aplicação das respectivas regras (Decreto-Lei n.º 178/86, de 3 de Julho), sendo essa aplicação afastada quando existam normas específicas para os agentes de seguros.".

36 *Estudos de Direito dos Seguros – Intermediação de Seguros e Seguro de Grupo*

dor, visto que não cabe no âmbito da sua definição legal e por quem, cabendo na definição legal de mediador, é excluído da aplicação das regras específicas da mediação[74].

Estas situações existem, para além da tradicional mediação, efectuada pelos mediadores propriamente ditos, actuando nos termos das leis existentes de mediação de seguros que, por natureza e tradição, se integra[75] na noção de intermediação.

A pouca densidade da noção de intermediação permite o seu preenchimento integrando essas realidades e permite atribuir-lhe, a par do significado usual de mediador, que poderá ficar afecta à mediação propriamente dita, sujeita ao RGMS, um carácter residual, por exclusão de partes que, julgamos, sai reforçado claramente com o NRGMS.

É imprescindível que se clarifiquem os conceitos e que se assuma que existe intermediação de seguros, para além da mediação de seguros.

G – INTERMEDIAÇÃO E MEDIAÇÃO

A noção de intermediação e de mediação têm vindo a ser esboçadas e urge clarificar o seu âmbito.

Julgamos que qualquer actividade de distribuição de seguros em que haja a intervenção de um terceiro em relação à seguradora[76] é intermediação de seguros.

---

[74] A legalidade é, neste caso, aferida em relação aos diplomas que regulam a mediação, nomeadamente o RGMS, a Directiva 2002/92/CE e o NRGMS, embora se note, a realidade seja distinta, em cada um desses diplomas.

[75] E que, muitas vezes, a absorve indevidamente.

[76] Não necessariamente ao contrato de seguro. Cfr. supra II-D-3. em que defendemos que o seguro de grupo é um modo de distribuição indirecta de seguros, em que existe um intermediário que coloca os seguros no mercado, promovendo a adesão dos membros do grupo. Nessa situação, o intermediário é terceiro em relação à seguradora, mas não em relação ao contrato, dado que é parte no contrato de seguro, como tomador.

A entidade alheia às seguradoras, que distribui produtos de seguros de uma ou mais empresas, é um intermediário de seguros.

A intermediação pode assumir a forma de mediação.

A mediação é o modo mais frequente de distribuir seguros e encontra-se sujeita a regulamentação específica. O acesso à actividade de mediação encontra-se limitado ao preenchimento de determinados requisitos e à inscrição num registo nacional. Os mediadores têm direitos e deveres que resultam da lei e podem ser sujeitos à aplicação de sanções, caso não os cumpram.

A actividade de mediação é uma profissão que o legislador pretende que seja exercida com rigor e dignidade, para o que estabeleceu um regime exigente para a ela aceder.

Os mediadores de seguros são intermediários de seguros, sujeitos ao regime específico da mediação.

Existe, portanto intermediação lato sensu, que inclui a mediação e a intermediação stricto sensu.

É mediação de seguros toda a actividade que tem em vista a celebração e/ou execução de contratos de seguro, sujeita à legislação específica que a regula.

É intermediação de seguros stricto sensu toda a actividade legal de distribuição de seguros ou execução de contratos de seguro, que não esteja sujeita às regras específicas da mediação.

Propomos, tendo em consideração o âmbito delineado, que fiquem reservadas as expressões "intermediação de seguros" e "intermediário de seguros" para a intermediação de seguros stricto sensu, "mediação" e "mediador", para a actividade sujeita ao regime estabelecido na legislação específica sobre mediação, ficando a expressão "intermediação lato sensu" e "intermediário lato sensu" afecta à designação global destas duas realidades.

Assim, passaremos a usar, referidos aos seguros, intermediação, mediação e intermediação lato sensu, intermediário, mediador e intermediário lato sensu, nestes sentidos.

A contraposição intermediário / mediador poderá ajudar a clarificar as regras aplicáveis a cada situação de intermediação lato sensu.

III – A INTERMEDIAÇÃO NA ACTIVIDADE SEGURADORA

A – ASPECTOS GERAIS

A intermediação na actividade seguradora[77] mudou e vai mudar substancialmente.

---

[77] A Lei portuguesa não define o que é a actividade seguradora, ao contrário da lei italiana que, no Códice delle Assicurazioni Private, aprovado pelo Decreto Legislativo 7 Settembre 2002, n.209, art. 1.° n.° 1 alínea c) considera actividade seguradora a assunção e a gestão de riscos efectuada por uma empresa de seguros e actividade resseguradora, a assunção e gestão dos riscos cedidos por uma empresa de seguros ou a "retrocessione" dos riscos efectuados por uma empresa de resseguro.

Nos termos da lei portuguesa, pode-se entender actividade seguradora num sentido mais restrito e formal, para o qual apontam os artigos 6.° e 156.° e ss. do Regime Geral da Actividade Seguradora, como sendo aquela que é exercida pelas entidades do listadas no art. 1.° do mesmo diploma. Ou num sentido mais amplo e material, como sendo qualquer actividade que se centre no contrato de seguro. Os principais argumentos neste sentido são o facto de o Art. 214.° a) do RGAS considerar contra-ordenação muito grave "A prática de actos ou operações de seguros, resseguros ou de gestão de fundos de pensões, sem que para tal exista a necessária autorização.". E, tendo em consideração o dever de colaboração do art. 203.°, quem não colaborar, pratica também um acto ilícito, nos termos do art. 212.° b) e c) e do art. 213.° g). Por outro lado, o Estatuto do ISP refere-se no art. 4.° n.° 1 a) a "actividade seguradora", não restringindo a entidades autorizadas o que aponta no sentido de que a supervisão deve ser da actividade seguradora, do mercado de seguros, quer seja ou não praticada por entidades devidamente autorizadas. Até porque, no limite, qualquer incumprimento da lei, implica o exercício de actividade seguradora não devidamente autorizada, uma vez que a autorização é só para contratos de seguro legais. Tudo o que é ilegal, em bom rigor, cai fora do âmbito da autorização. Não deixa por isso de dever ser supervisonado. O cumprimento da lei por parte de quem exerce a actividade seguradora será a principal preocupação da supervisão.

42   *Estudos de Direito dos Seguros – Intermediação de Seguros e Seguro de Grupo*

De facto e de direito.

Procuraremos, de seguida, analisar a evolução legislativa recente, no que diz respeito aos aspectos que o presente trabalho visa e que se centram na distinção entre intermediação e mediação de seguros.

B – A EVOLUÇÃO LEGISLATIVA RECENTE

A Directiva 2002/92/CE, do Parlamento Europeu e do Conselho, de 9 de Dezembro, foi transposta pelo Decreto-Lei n.° 144/2006, 31 de Julho, com entrada em vigor em 27 de Janeiro de 2007[78], revogando[79] o Decreto-Lei n.° 388/91, de 10 de Outubro.

Há, portanto, que ter em consideração o regime existente, a regulamentação da Directiva que veio impor mínimos no sentido da harmonização da actividade de mediação nos Estados-membros, com vista à livre circulação de mediadores e o novo regime da mediação de seguros em Portugal.

O regime jurídico em vigor assenta, fundamentalmente, no Decreto-Lei n.° 388/91, de 10 de Outubro, que estabelece o Regime Geral da Mediação de Seguros (RGMS), que foi regulamentado pelo Instituto de Seguros de Portugal[80], pela Norma n.° 17/94-R, de 30 de Dezembro[81].

---

[78] O art. 107.° n.° 1 estabelece que "O presente decreto-lei entra em vigor 180 dias após a sua publicação, sem prejuízo do disposto no número seguinte." e que se refere às normas que determinam que o Instituto de Seguros de Portugal regulamente a lei. O n.° 3 do art. 107.° vem estabelecer um prazo mais alargado para a sua aplicação em relação às entidades que abranger de novo, determinando que "As entidades autorizadas a comercializar contratos de seguro fora do quadro legal do Decreto-Lei n.° 388/91, de 10 de Outubro, devem conformar-se com as disposições constantes no presente decreto-lei.".

[79] No seu art. 106.°.

[80] Cfr. resumo da história recente da supervisão de seguros em Portugal, no site do ISP, em www.isp.pt. Em 1979, nasceu a Inspecção-Geral de Seguros (IGS) (Decreto-Lei n.° 513-B1/79, de 27 de Dezembro). Pretendia-se criar um serviço do Estado, com a estrutura e dimensão necessárias a fiscalizar o sector

Intermediação de Seguros   43

Conforme enuncia esse diploma, no seu preâmbulo, "A actividade de mediação de seguros encontra-se regulada, em Portugal, pelo Decreto-Lei n.º 336/85, de 21 de Agosto, diploma base que, em virtude do processo de integração europeia e visando o acolhimento de actos de direito derivado comunitário, foi alterado pelo Decreto-Lei n.º 172-A/86, de 30 de Junho, e complementado, no âmbito da livre prestação de serviços, pelo Decreto-Lei n.º 386/89, de 9 de Novembro.".

Houve, portanto, necessidade, com a adesão de Portugal à comunidade europeia, de adaptar o ordenamento jurídico interno a essa nova realidade.

---

dos seguros. As suas competências consistiam no "estudo e realização dos actos e serviços necessários, a nível estatal, no sector de seguros e resseguros, compreendendo a auditoria contabilística das empresas de seguros e resseguros, e ainda a fiscalização das actividades do mencionado sector, da mediação respectiva e das actividades relacionadas com aquelas, na parte que às mesmas disser respeito", bem como "a iniciativa e a prática dos actos oficiais necessários à regularização das anomalias encontradas, designadamente através ou fazendo-se representar em comissões administrativas das empresas de seguros e resseguros de que se tratar, nos casos previstos na lei". Em 1936, tinha sido criado o Grémio dos Seguradores (Decreto-Lei n.º 26 484, de 31 de Março), associação patronal de seguradoras, de carácter corporativo e com funções de interesse público (como orientar e fiscalizar a indústria de seguros, fixar tarifas mínimas, centralizar informações sobre os colaboradores da indústria, elaborar estatísticas para o cálculo dos prémios), que funcionou em ligação estreita com a Inspecção de Seguros. Na sequência do processo de nacionalização, o Grémio dos Seguradores foi extinto (Decreto-Lei n.º 306/75, de 21 de Junho), passando as suas funções e património para o Instituto Nacional de Seguros (INS) (Decreto-Lei n.º 11-B/76, de 13 de Janeiro) com o objectivo de promover a "coordenação técnica de toda a actividade seguradora e a definição de planos de evolução estrutural". Em 1982, com a extinção da IGS e do INS, que foi criado o actual Instituto de Seguros de Portugal (ISP), adoptando um novo modelo organizativo, como entidade de supervisão (Decreto-Lei n.º 302/82, de 30 de Julho). O ISP tem tido um papel importante na preparação da liberalização das condições de acesso ao mercado e funcionamento do sector, bem como a adaptação da legislação do sector ao direito comunitário com vista à viabilização do mercado europeu comum dos seguros e exerce as funções de supervisão actividade seguradora, em Portugal.

[81] Adiante designada Norma da Mediação.

O Decreto-Lei n.° 388/91, de 10 de Outubro, que vigora há cerca de 15 anos, já foi resultado de uma preocupação com o desenvolvimento do mercado de seguros, nomeadamente com o aparecimento de novos canais de distribuição, como a banca e os correios.

Curiosamente, embora o diploma assuma o surgimento de novos canais de distribuição, como um motor da mudança que, por essa razão, julga necessária[82], considera que as alterações devem ocorrer ao nível do canal tradicional, que é a mediação.

O que tem como consequência que uma nova realidade, claramente conhecida e identificada pelo legislador do RGMS de 1991 tenha, deliberadamente, ficado fora das alterações legislativas que implementou.

O que teve como consequência que, durante a vigência desse diploma, a comercialização de seguros pelos bancos e pelos correios se encontrasse numa zona de ausência de regulamentação, sabendo-se que não eram mediadores pelo que não se lhes aplicavam as regras da mediação, mas não se sabendo em que qualidade distribuíam seguros.

A regra de que só podiam comercializar seguros os mediadores, sujeitos à relativamente apertada regulamentação do RGMS, apresenta algumas excepções, com a possibilidade de comercialização de seguros por outras entidades, consagrada em diplomas diferentes.

O modo como essa comercialização se deveria processar, os direitos e obrigações que daí resultavam e a questão de saber se estava ou não sujeita a específica fiscalização e, em caso afirmativo, exercida por que entidade[83], são questões que ficaram em aberto e

---

[82] É muito claro o Preâmbulo do diploma quando afirma "(...) a crescente evolução que o sector segurador tem conhecido a nível de novos canais de distribuição, salientando-se em particular o papel das instituições de crédito e das estações de correios neste contexto, torna absolutamente aconselhável a reformulação específica do canal de distribuição tradicional que é a mediação de seguros, através do quadro normativo vigente, dada a complexidade das exigências que deverão ser indissociáveis do perfil do mediador que o mercado irá exigir.".

[83] A fiscalização da actividade de mediação cabia, sem margem para dúvida, ao Instituto de Seguros de Portugal, nos termos do art. 47.° do RGMS

Intermediação de Seguros 45

sem resposta, durante a vigência do Decreto-Lei n.º 388/91, de 10 de Outubro.

A Directiva 2002/92/CE do Parlamento Europeu e do Conselho, de 9 de Dezembro de 2002, "relativa à mediação de seguros"[84], como o próprio diploma se apresenta, veio abrir caminho a algumas respostas.

O tema da distribuição de seguros, que surge dispersa e a necessidade da sua unificação é apresentado como uma das preocupações principais desse diploma comunitário.

Logo no seu primeiro considerando, o legislador comunitário explica que "Os mediadores de seguros e de resseguros desempenham um papel essencial na distribuição de produtos de seguros e de resseguros na Comunidade.". Daqui ressalta, ostensivamente, que os mediadores de seguros são muito importantes, mas não são os únicos a desempenhar o papel da distribuição de seguros.

Clarificando ainda mais esta ideia, o considerando (9), vem adiantar "Vários tipos de pessoas e instituições, tais como agentes,

---

que, também é a entidade responsável pelo registo dos mediadores, controlando o cumprimento dos requisitos de acesso à actividade legalmente impostos. No entanto, no caso da comercialização de seguros, por entidades que não eram mediadores, autorizada em diplomas que não regulavam essa actividade, não era claro que coubesse ao ISP a sua fiscalização. Embora o facto de, nos seus Estatutos, o ISP ter como atribuição principal a "(...) regulamentar, fiscalizar e supervisionar a actividade seguradora(...)" (art. 4.º n.º 1 alínea a) do Decreto-Lei n.º 289/2001, de 13 de Novembro), pareça apontar no sentido de que toda a actividade seguradora se encontra sujeita à sua supervisão, independentemente de ter por protagonistas seguradoras, mediadores, ou outras entidades. A questão da supervisão é especialmente sensível em relação aos bancos, visto que existe uma entidade de supervisão sectorial, que é o Banco de Portugal. A comercialização de seguros por um banco parece convocar as duas supervisões.

[84] Interessante é observar, na perspectiva da distinção entre intermediação e mediação de seguros, que denominação assumiu esta Directiva, nas versões oficiais em outras línguas da União Europeia, disponíveis em www.europa.eu.int/eur-lex/pt, consultado em 27/09/2006. Verifica-se que se auto denomina directiva, em espanhol, "sobre la mediacion en seguros", em francês "sur l'intermediation en assurance", em italiano "sulla intermediazione assicurativa" e em inglês "on insurance mediation".

corretores e operadores de banca-seguros, podem distribuir produtos de seguros.". E, para que não restem dúvidas, acrescenta que "A igualdade de tratamento dos operadores e a protecção dos consumidores requerem que todas estas pessoas e instituições sejam abrangidas pela presente directiva.".

Verifica-se que a enumeração é exemplificativa[85] e que houve a especial preocupação de referir os operadores de banca-seguros[86] que são, de facto, a categoria de pessoas mais relevante, fora da área seguradora, a comercializar em massa contratos de seguro e operações de capitalização[87].

Outra grande preocupação da Directiva é garantir a livre circulação de mediadores dentro do espaço comunitário. Tendo constatado[88] que "subsistem ainda diferenças consideráveis entre as disposições nacionais"[89] e que " a impossibilidade de os mediadores de seguros operarem livremente em toda a comunidade prejudica

---

[85] A expressão "tais como" indica que estamos perante exemplos de distribuidores de produtos de seguros, outros se podendo apresentar como tal.

[86] Coloca-se a questão de saber quem são os operadores de banca-seguros. São, desde logo, os funcionários dos bancos que, nas suas dependências bancárias, apresentam contratos de seguros, normalmente relacionados com a concessão de crédito, e operações de capitalização, especialmente vocacionadas para a captação de poupanças. Serão, também, os funcionários dos correios que apresentam produtos financeiros aos balcões das estações de correio? Serão, também, os funcionários das instituições de crédito e financeiras, que não os bancos, que apresentam aos seus clientes, normalmente associados ao crédito que concedem, vários seguros? A necessidade de encontrar uma resposta torna-se menos premente, devido ao carácter exemplificativo da enumeração da Directiva que leva a concluir que, sejam essas pessoas consideradas "operadores de banca-seguros" ou não, podem distribuir seguros, encontrando-se, quando o façam, abrangidas pela Directiva.

[87] Cfr. supra II-B os dados estatísticos sobre a distribuição de seguros.

[88] Conforme consta do (5) considerando da directiva.

[89] Para o que muito terá contribuído o estudo comparativo efectuado em Londres, em 1992 por Patrick Devine, Insurance Intermediaries in the EEC, cit. e as reuniões preparatórias da Directiva. Cfr. Instituto de Seguros de Portugal, Directiva sobre Intermediação de Seguros, Relatório da Reunião em Bruxelas, de 29/09/1999, cit..

o bom funcionamento do mercado único de seguros"[90] e que "(...) devem poder usufruir dos direitos de liberdade de estabelecimento e de liberdade de prestação de serviços consignados no Tratado."[91], o legislador comunitário tomou algumas medidas que a promovem.

Nesse sentido, a Directiva institui um sistema de registo único no país de origem, que verifica o cumprimento dos requisitos para o acesso e exercício da profissão, podendo depois a actividade de mediação ser exercida livremente em qualquer Estado-membro da União Europeia.

O terceiro grande objectivo da Directiva é a protecção dos consumidores. Neste caso, o centro da preocupação encontra-se no grau de imparcialidade do mediador. Os mediadores têm de se apresentar, claramente, como dependentes ou independentes em relação a uma ou mais seguradoras.

E as medidas de protecção consagradas na Directiva passam, como é timbre da legislação comunitária, por estabelecer um elenco, relativamente longo, de novos deveres de informação e uma lista de dados que devem ser transmitidos ao consumidor.

Essas informações devem permitir que o consumidor se inteire da relação do mediador com as seguradoras cujos produtos comercializa, e que compreenda se lhe está a ser apresentado o resultado de uma análise imparcial[92], tendo em conta a sua situação concreta[93], que resulta num conselho objectivo[94] ou se, pelo contrário,

---

[90] Conforme consta do considerando (7).

[91] Conforme consta do considerando (6).

[92] Conforme estabelece o art. 12.º n.º 1 alínea e) i) e n.º 2 da Directiva.

[93] Cfr. art. 12.º n.º 3.

[94] Não ficou consagrada na Directiva a obrigação de "best advice". Cfr. Isabelle Audigier, e Stéphane Coutin, Intermédiaires, «Un passeport pour l'Europe», in La Tribune de l'Assurance, n.º 64, Janeiro 2003, p. 23 que refere «Fort heureusement, sur la pression des instances professionnelles et du Bipar, le parlement européen a abandonné l'obligation de *best advice* retenue à l'origine.».

48 *Estudos de Direito dos Seguros – Intermediação de Seguros e Seguro de Grupo*

lhe está a ser apresentado o único produto que o mediador tem disponível, por só trabalhar com uma seguradora[95].

A necessidade de transposição da Directiva e a constatação das alterações que se vêm sentindo no mercado, lançaram uma grande discussão na sociedade[96].

Do desconforto que, essencialmente, o tema da profissionalização e das obrigações relacionadas com a garantia de capacidade financeira causaram e da decisão de aproveitar a oportunidade da transposição para introduzir alterações mais profundas no regime da mediação, acabou por resultar um atraso considerável na transposição da Directiva[97].

---

[95] Cfr. art. 12.º n.º 1) alínea c) ii) e iii). Esta situação acontece especialmente com o "mediador de seguros ligado", definido no art. 2.º n.º 7 da Directiva.

[96] A transposição portuguesa, tal como aconteceu um pouco por toda a Europa, ocorreu com algum atraso, visto que o prazo havia terminado, nos termos do art. 16.º n.º 1 da Directiva, em 15 de Janeiro de 2005. Provavelmente devido à grande controvérsia e aos receios que causavam a alteração do regime de mediação. Veja-se, sobre o clima na sociedade portuguesa, Instituto de Seguros de Portugal, Directiva sobre Intermediação de Seguros, Relatório da Reunião em Bruxelas, de 29/09/1999, disponível na Biblioteca do Instituto de Seguros de Portugal, Cota 04.00/02.0270, Manuel Guedes-Vieira, "Mediação de Seguros: um comentário à nova legislação", in Semanário Económico, 12/03/2004, Maria Ana Barroso, "A nova lei da mediação vai beneficiar a banca e os CTT", entrevista ao Presidente da Associação de Corretores de Seguros, in Semanário Económico, 30/09/2005. Situação idêntica ocorreu com a transposição francesa, que se efectuou com uma lei de 15 de Dezembro de 2005. O atraso deveu-se, também, à controvérsia gerada e à necessidade de ponderar os vários interesses. Veja-se, Catherine Dufrêne e Anne Vathaire, com Gérard Defrance – «Directive sur L`Intermédiation, Le décret que menace le courtiers», cit., p. 8 e s. «Aux dernières nouvelles, le Trésor dit vouloir prendre «le temps nécessaire à la reflexion» et poursuivre «la consultation de place». Autrement dit, il ne souhaite pas «précipiter les choises.»» e Isabelle Monin Lafin – Vers un meilleur contrôle de l`intermédiation, in Droit & Technique, n.º 98, février 2006, p. 21 e s..

[97] Esse atraso verificou-se não só em Portugal, mas também pelo sul da Europa. Espanha, Itália e França também não cumpriram o prazo estabelecido para a transposição.

Intermediação de Seguros

No que se refere à evolução do mercado de seguros, que registou um franco desenvolvimento e profundas alterações, nomeadamente ao nível da concretização do mercado único de seguros, no que diz respeito às seguradoras[98], destaca-se como factor de grande relevância a cada vez maior convergência[99] entre banca e seguros[100].

Esta interdependência trouxe a necessidade de uma especial atenção ao nível da supervisão[101], nomeadamente dos conglomerados financeiros[102].

A participação cada vez maior dos bancos na comercialização de seguros[103] modificou estruturalmente o panorama da produção, nomeadamente no ramo "Vida"[104].

---

[98] No que diz respeito às seguradoras e relativamente a este assunto, ocorreu uma alteração ao Regime Geral da Actividade de Seguros, consagrado pelo Decreto-lei n.º 94-B/98, de 17 de Abril, através do Decreto-lei n.º 8-A/2002, de 11 de Janeiro, que no Sumário refere que "Transpõe para o direito interno a Directiva n.º 98/78/CE, do Parlamento Europeu e do Conselho, de 27 de Outubro, relativa à fiscalização complementar das empresas de seguros que fazem parte de um grupo segurador.".

[99] Sobre a interligação entre as actividades seguradora e bancária, cfr. Pedro Romano Martinez, Direito dos Seguros, cit., p. 23.

[100] Esta relação entre os diversos sectores da actividade financeira assume diversas denominações, entre as quais se destacam "bancasurfinance", "assurfinance", "bancassurance", "assurbanque", "bancaseguros". Em Portugal começa a ganhar terreno a expressão "banca-seguros". Sylvestre Gossou, «Bancassurance Questions de Vocabulaire», in La Tribune de l`Assurance, n.º 97, Janvier 2006, pp. 25, explica que «(…) le terme de «bancassurance» sert à désigner la distribution de produits d`assurance par les banques (…). A l`inverse, l`assurbanque est la distribution de produits bancaires par les assureurs.».

[101] Cfr. Giovanni Manghetti, "Multinational Insurance Groups: The Main Problem for Supervisors", in The Geneva Papers on Risk and Insurance, Vol. 27, n.º 3 (July 2002), pp. 310 e ss.

[102] A institucionalização dessa interdependência surge com os conglomerados financeiros, associados a expressões como "allfinance" e "allfinanz", objecto de regulamentação específica pelo Decreto-Lei n.º 8-A/2002, de 11 de Janeiro, que veio alterar o Decreto-lei n.º 94-B/98, de 17 de Abril. Cfr. João Calvão da Silva, Banca, Bolsa e Seguros, cit., pp. 27 e ss..

[103] Sobre a interdependência entre banca e seguradoras e entre seguros e produtos financeiros, veja-se Amparo Ribera, "Fidelización en Bancaseguros",

O legislador nacional, em face desta realidade, entendeu que "A necessidade de transposição da directiva constitui, ainda, a o portunidade para a revisão global do actual ordenamento jurídico nacional em matéria de mediação de seguros, uma vez que se reconhece que o mesmo carece de actualização face à evolução do mercado segurado, às novas técnicas de comercialização de seguros e às exigências de aumento da confiança no mercado, mediante o incremento da profissionalização, da credibilidade e da trans-parência na actividade de mediação de seguros."[105], e foi o que fez, com a aprovação do novo Regime Geral da Mediação de Se-guros[106].

A evolução legislativa descrita trouxe alterações signifi-cativas ao nível da intermediação de seguros lato sensu e, ainda mais significativas, ao nível da mediação de seguros propriamente dita.

Propomo-nos, seguidamente, analisar estas duas realidades, face ao Regime Geral da Mediação de Seguros (RGMS), imple-mentado pelo Decreto-Lei n.° 388/91, de 10 de Outubro, em vigor até Janeiro de 2007, face à Directiva 2002/92/CE e face ao novo Regime Geral da Mediação de Seguros(NRGMS), aprovado pelo Decreto-Lei n.° 144/2006, de 31 de Julho.

---

in Actualidad Aseguradora, n.° 3/2006, 30 enero, año 115, p. 13, Carlos Meira, "Bancassurance" in Bolsa dos Seguros, Revista de Seguros e Pensões, Ano 9, n.° 23, Maio 2006, pp.22 e ss., François Glansdorff e Roland Hardy, "La Pro-tection à l`Égard des Clauses Abusives", cit., pp. 491 e ss.; Luís Portugal, "Banca e Seguros de mãos dadas", Dossier in Bolsa dos Seguros, Revista de Seguros e Pensões, Ano 9, n.° 23, Maio 2006, pp.28 e ss., Michèle Grégroire e Vanessa de Francquen, "Bancassurfinance Devoir d`Information", in Bancassurfinance, Collection de la Faculté de Droit de L`Université Libre de Bruxelles, Bruylant, Bruxelles, 2005, pp. 339 e ss.; Sylvestre Gossou, "Bancassurance Questions de Vocabulaire", pp. 25 e ss.

[104] Cfr. supra II-B.

[105] Conforme refere o Preâmbulo do Decreto-Lei n.° 144/2006, de 31 de Julho.

[106] Aprovado pelo supra referido Decreto-Lei n.° 144/2006, de 31 de Julho.

C – A INTERMEDIAÇÃO NO DECRETO-LEI N.° 388/91, DE 10 DE OUTUBRO

O RGMS parece abrir, desde logo, a porta à intermediação para além da mediação ao estabelecer no seu art. 3.° que "Apenas podem exercer a mediação[107], nos termos deste diploma, as entidades devidamente inscritas como mediadores no ISP, designadamente:" e enumera as entidades que têm essa possibilidade.

Este diploma restringe, sem dúvida, a mediação propriamente dita, ou seja, a que ocorre no seu âmbito, às entidades inscritas no Instituto de Seguros de Portugal. Só essas podem, nos termos dessa lei, ser agentes de seguros, angariadores de seguros, ou corretores de seguros. Com todos os direitos e com todas as obrigações que dessa inscrição e dessa qualificação resultam.

No entanto, o texto da lei aponta para a hipótese de poder existir mediação, fora do âmbito daquele diploma. Parece que entidades que não estejam inscritas no ISP poderiam exercer a mediação, em termos diferentes dos previstos na lei da mediação[108].

No entanto, esta questão não é pacífica e a legislação em vigor tem sido usualmente entendida no sentido de que a comercialização de seguros se encontra vedada a entidades que não estejam registadas no ISP como mediadores ou expressamente autorizadas por lei a fazê-la.

A Norma n.° 17/94-R, de 30 de Dezembro, que regulamenta o RGMS, não ajuda na clarificação da situação, antes acrescenta alguma confusão e cria alguma perplexidade.

Estabelece que "Do âmbito de aplicação da presente norma regulamentar excluem-se todas as formas de distribuição de seguros que não se enquadrem na definição expressa no art. 2.° do Decreto-

---

[107] Definida no art. 2.° do RGMS.

[108] O que parece contemplar a possibilidade de alguém que não é mediador nos termos da lei de mediação, seja parte num contrato de mediação que tenha em vista a celebração de um contrato de seguro, ou a de alguém que não é mediador nos termos da lei de mediação, praticar alguns actos característicos da mediação.

-Lei n.º 388/91, a que se dediquem entidades que, por actuarem sob a responsabilidade das empresas de seguros, não são sujeitas à supervisão directa do Instituto de Seguros de Portugal (ISP), designadamente exercidas ao abrigo de (...)" e enumera alguns diplomas legais.

Este texto assume com toda a clareza que existem formas de distribuição[109] de seguros, para além da mediação propriamente dita e parece apontar para uma grande liberdade na comercialização de seguros, o que não parece consentâneo com as preocupações do legislador de regular a mediação.

A enumeração de entidades autorizadas será enunciativa, o que indica a existência de uma série de outras entidades além das referidas que, desde que assim o entendessem, poderiam comercializar seguros.

A redacção desta Norma, no entanto, parece excessiva, face ao RGMS.

Quanto às entidades que expressamente refere, são pouco consistentes os termos em que se apresentam.

Há, então, que verificar, quais são as entidades que podem comercializar seguros, na vigência do RGMS.

1. Mediadores

Desde logo, surge a mediação propriamente dita. Especialmente regulada naqueles diplomas, constitui o modo mais clássico, completo e regulamentado de intermediação na actividade seguradora.

---

[109] Aponta, inclusive, no sentido de que seriam imensas. "Todas as formas de distribuição de seguros que não se enquadrem" na definição de mediação do RGMS, parece indiciar que existiram muitas, que uma parte substancial da distribuição de seguros ocorre à margem do RGMS. O que até é verdade, tendo em consideração a relevância que o canal banca/CTT assumiu.

Intermediação de Seguros 53

2. Entidades referidas pela Norma da Mediação

A Norma da Mediação apresenta algumas entidades que, considera, estão autorizadas a comercializar seguros.

2.1. *Correios*

A primeira entidade identificada pela Norma da Mediação, por remissão para a alínea c) do artigo 3.° do Decreto-Lei n.° 87/92, de 14 de Maio, são os Correios de Portugal, S.A., com a referência de que esta disposição inclui no objecto social daquela sociedade a prestação de serviços financeiros[110].

Julgamos que, tendo em consideração o RGMS, o facto de uma empresa incluir no seu objecto social a "prestação de serviços financeiros" não lhe permitirá automaticamente comercializar seguros, fora do regime da mediação.

A ser assim, todas as empresas cujo objecto social incluísse "a prestação de serviços financeiros" poderiam livremente distribuir seguros. E não será assim.

2.2. *Bancos*

O segundo conjunto de entidades é identificado por remissão para a alínea n) do n.°1 do artigo 4.° do Regime Geral das Instituições de Crédito e Sociedades Financeiras (RGICSF), aprovado pelo Decreto-Lei n.° 298/92, de 31 de Dezembro, que, segundo a Norma, "prevê a possibilidade de as Instituições de Crédito comercializarem contratos de seguro".

Verifica-se, porém, que não é assim.

O referido RGICSF prevê que uma só espécie de instituição de crédito, os bancos, possa comercializar contratos de seguro[111]. Em

---

[110] O art. 3.° alínea c) do Decreto-Lei n.° 87/92, de 14 de Maio estabelece que "Os CTT, S.A., têm por objecto: c) a prestação de serviços financeiros.".

[111] O art. 4.° n.° 1 alínea n) estabelece que "Os bancos podem efectuar as operações seguintes: n) Comercialização de contratos de seguro".

relação às restantes espécies de instituições de crédito não existe qualquer autorização para essa comercialização. Ao contrário o RGICSF teve, até, o cuidado de clarificar no seu n.° 2 que as restantes instituições de crédito, isto é, as que sendo instituições de crédito, não são bancos, só poderão efectuar as operações que as normas e regulamentos que as regerem lhes permitirem efectuar.

Terá, portanto, que se concluir que não poderão efectuar as operações especialmente autorizadas aos bancos, nomeadamente, comercializar seguros.

Existe uma excepção a esta regra relativa às instituições financeiras de crédito (IFIC).

O art. 1.° do DL 186/2002, de 21 de Agosto, estabelece que "As instituições financeiras de crédito, abreviadamente designadas por IFIC, são instituições de crédito que têm por objecto a prática das operações permitidas aos bancos, com excepção da recepção de depósitos.". O que permite concluir que, sendo a comercialização de seguros uma operação autorizada aos bancos e que não consubstancia um depósito, estará por este diploma também autorizada às IFIC.

2.3. *Agências de viagens*

O terceiro conjunto de entidades identificadas, por remissão para a alinea d) do art. 25.° do Decreto-Lei n.° 198/93, de 27 de Maio, são as agências de viagens.

A Norma da Mediação explica que essa disposição[112] "(...) prescreve a obrigação de as agências de viagens informarem os seus clientes da possibilidade de celebração de um contrato de seguro que cubra as despesas de rescisão dos contratos de viagens organizadas ou de celebração de um contrato de assistência em viagem.".

Não se vislumbra como é que desse dever de informação se pode retirar a autorização para comercializar seguros. Criar o dever de

---

[112] Esta legislação encontra-se revogada. Cfr. Decreto-lei n.° 209/97, de 13 de Agosto, alterado e republicado pelo Decreto-lei n.° 12/99, de 11 de Janeiro.

informar alguém de que pode efectuar um seguro para determinada situação não será igual a criar o direito de comercializar seguros.

3. Tomadores de Seguros de Grupo

Julgamos que existe, ainda, mais um conjunto de entidades legalmente autorizadas a distribuir seguros. São os tomadores de seguros de grupo[113].

O legislador reconhece a figura.

O Decreto-Lei n.º 176/95, de 26 de Julho define "Seguro de grupo" é o "(...) seguro de um conjunto de pessoas ligadas entre si e ao tomador do seguro por um vínculo ou interesse comum;" [114].

Distingue, depois, o ""Seguro de grupo contributivo" – seguro de grupo em que os segurados contribuem no todo ou em parte para o pagamento do prémio;"[115] do ""Seguro de grupo não contributivo" – seguro de grupo em que o tomador de seguro contribui na totalidade para o pagamento do prémio;"[116].

E, nos seu art. 4.º, sob a epígrafe "Seguros de grupo" trata especificamente deste tipo de seguro, estabelecendo deveres de informação do tomador de seguro em relação aos segurados.

O seguro de grupo é uma forma de distribuição de seguros.

O tomador de seguro contrata com a seguradora e, depois, promove a adesão dos membros do grupo. A seguradora, em vez de vender directamente os seguros individuais às pessoas daquele grupo, contrata com o tomador que, por sua vez, promove as adesões, cobra os prémios nos casos dos seguros contributivos e intermedeia a relação entre a seguradora e os aderentes na execução do contrato[117].

---

[113] Cfr. supra II-D-3..

[114] Cfr. art. 1.º alínea g) do Decreto-Lei n.º 176/95, de 26 de Julho.

[115] Idem alínea h).

[116] Idem alínea i).

[117] Pode-se questionar se a figura do seguro de grupo não poderá "mascarar" a realidade de uma efectiva comercialização directa de seguros que, de outro modo, estaria vedada. Haveria como que uma "revenda" de seguros. Uma deter-

O tomador de seguros de grupo é, portanto, legalmente, um intermediário de seguros.

4. Intermediação ocasional

A intermediação ocasional também é admitida pelo legislador. Desde logo, pela redacção da Norma da Mediação.

Por outro lado, parece decorrer do princípio da autonomia da vontade que dois particulares possam contratar no sentido de um diligenciar para que o outro encontre e contrate um seguro de que precisa.

Ou que, no âmbito do exercício de uma determinada profissão, possa ser promovida a comercialização de algum seguro.

Conclui-se, portanto, que o RGMS admite que existe intermediação de seguros para além da mediação que especificamente regula[118].

Não parece aceitável que as preocupações em regular a mediação de seguros deixem margem para a distribuição de seguros, para além das situações legalmente previstas: bancos, instituições financeiras de crédito, tomadores de seguro de grupo, intermediação ocasional.

---

minada entidade que, em princípio não poderia comercializar seguros, por não estar autorizada, através da negociação de um seguro de grupo com uma seguradora, procedia a essa comercialização. Parece defensável considerar-se que alguém que não pode comercializar seguros, porque não é nem seguradora, nem mediadora, aproveitando a possibilidade legal de ser tomador de um seguro de grupo, em que irão ser aderentes, pessoas seguras e "pagadores" do prémio os membros desse grupo, normalmente clientes da empresa, estará na realidade "revender" um seguro. A ser assim, estaria em causa uma situação de "fraude à lei", isto é, uma situação em que, não havendo formalmente uma violação à legislação em vigor, na realidade se obtém um resultado que a legislação não permite. Admitindo que existe essa possibilidade, deverão ser aferidos, face à situação concreta, se estão preenchidos os requisitos do seguro de grupo, nomeadamente no que diz respeito à existência de um grupo e de uma ligação eficaz entre os membros do grupo e o tomador de seguros.

[118] E, ao que parece, tendo em consideração o texto da Norma da Mediação, essa intermediação não estaria sujeita à supervisão directa do ISP.

Intermediação de Seguros   57

Embora em relação aos correios e às agências de viagens não resulte claramente da remissão a autorização, poder-se-á considerar suficiente a sua menção.

D – A INTERMEDIAÇÃO NA DIRECTIVA N.º 2002/92/CE

A Directiva sobre mediação também admite, e com mais clareza, a intermediação de seguros, para além da mediação propriamente dita, que regula.

No entanto, restringe-a, colocando sob a sua alçada e, portanto, no âmbito da mediação propriamente dita, situações que não estariam nessa sede. Desde logo, considerando[119] que vários tipos de pessoas e instituições podem distribuir seguros e, ao fazê-lo ficam abrangidos pelo regime da directiva.

A formulação aberta do considerando (9) e a enunciação exemplificativa dos agentes, corretores e operadores de banca-seguros, parece denunciar uma intenção de aplicação da directiva a toda a distribuição de seguros.

No entanto, tal não acontece.

1. Os Considerandos (12) e (13)

Os Considerandos (12) e (13) [120] vêm excluir da sua aplicação situações de mediação ocasional[121] e de prestação de informações genéricas sobre seguros.

---

[119] Considerando (9) da Directiva que informa que "Vários tipos de pessoas e instituições, tais como agentes, corretores e operadores de banca-seguros, podem distribuir produtos de seguros. A igualdade de tratamento dos operadores e a protecção dos consumidores requerem que todas estas pessoas e instituições sejam abrangidas pela presente directiva.".

[120] O Considerando (12) depois de excluir da aplicação da Directiva as pessoas que, no exercício duma profissão diferente prestam, ocasionalmente conselhos em matéria de seguros, exclui, também "as pessoas que forneçam meras in-

58   *Estudos de Direito dos Seguros – Intermediação de Seguros e Seguro de Grupo*

Estas considerações concretizam-se no articulado da Directiva que, no seu art. 1.º, depois de estabelecer o seu âmbito de aplicação, vem consagrar uma série de excepções à sua aplicação.

2. Requisitos do art. 1.º n.º 2

O art. 1.º n.º 2 estabelece que "A presente Directiva não é aplicável às pessoas que prestem serviços de mediação de contratos de seguro sempre que se encontrem reunidas as seguintes condições: (...)", que enumera.

A expressão "reunidas" aponta no sentido de os requisitos enumerados serem cumulativos.

Assim, para que uma actividade de prestação de serviços de mediação de seguros fique excluída da aplicação do regime da Directiva é necessário que, simultaneamente, esteja em causa uma situação que reúna as seguintes condições:

"a) O contrato de seguro apenas requerer o conhecimento da cobertura fornecida pelo seguro;"[122].

Não é fácil compreender o que o legislador comunitário pretende abranger com este requisito. Parece que o que se pretende é restringir os conhecimentos necessários sobre seguros.

Um mediador tem obrigação de "possuir conhecimentos e aptidões adequados" ao exercício da actividade de mediação, conforme estabelece o art. 4.º n.º 1 da Directiva. Esses conhecimentos, gerais

---

formações de carácter geral sobre produtos de seguros, desde que essa actividade não vise a celebração ou execução dum contrato de seguro. O considerando (13) vem informar que "A presente Directiva não é aplicável a pessoas que exerçam a mediação de seguros a título ocasional, em condições estritas e determinadas.".

[121] Interessante será verificar que o legislador comunitário considera de excluir globalmente da aplicação da Directiva à mediação ocasional (considerando 13), mas tal não parece suficiente, especificando que a mediação ocasional, no âmbito do exercício de outra actividade profissional também se deve considerar excluída.

[122] Art. 2.º a) da Directiva 2002/92/CE.

sobre seguros e específicos sobre os produtos comercializados, devem ser adquiridos através de formação sobre a matéria.

Um intermediário não precisará de vasta formação sobre seguros, bastando-lhe que conheça o produto com o qual está a trabalhar. O legislador comunitário, nesta alínea a) quererá salientar, por contraposição ao mediador, que o intermediário só necessitará de conhecer o contrato de seguro em causa.

Julgamos, no entanto, que não é possível um contrato de seguro requerer apenas o conhecimento sobre a sua cobertura. Há sempre que conhecer um mínimo sobre a formação do contrato, a obrigação de pagamento do prémio e a sua cessação.

Pode-se, no entanto, admitir que quando o legislador comunitário se refere a cobertura, quer referir-se a todas as condições do contrato em causa. A ser assim, já estariam englobados os conhecimentos mínimos sobre o contrato e já seria possível preencher o requisito da alínea a).

"b) O contrato de seguro não ser um contrato de seguro de vida;".

Ficam, com toda a clareza excluídos da intermediação os seguros de vida. Esses terão de ser comercializados por mediador[123]. Não é claro se a expressão "seguro de vida" deve ser entendida num sentido amplo, como qualquer contrato do ramo "Vida", ou num sentido restrito, como seguro sobre a vida. A opção de interpretação é fundamental, visto que o ramo "Vida" contém muito mais que seguros de vida. Contém, com especial relevância, operações de capitalização.

"c) O contrato de seguro não prever qualquer cobertura da responsabilidade civil;".

Ficam, assim, os seguros com coberturas de responsabilidade civil reservados para os mediadores[124].

"d) A actividade profissional principal da pessoa não consistir na mediação de seguros;".

---

[123] Com a excepção do art. 2.° n.° 2 alínea e) ii) in fine.
[124] Com a excepção do art. 2.° n.° 2 alínea e) ii) in fine.

Este requisito parece redundante. Se a actividade principal da pessoa é a mediação de seguros, essa pessoa será mediador e aos serviços de mediação que preste como mediador aplicar-se-ão as regras da Directiva[125].

Só se a sua actividade profissional principal não for a mediação de seguros, se coloca a questão de saber se, prestando serviços de mediação, fica ou não sujeito à Directiva.

"e) O seguro ser complementar de um bem ou serviço fornecido por qualquer fornecedor, sempre que esse seguro cubra:

    i) risco de avaria ou perda de bens fornecidos por esse fornecedor ou de danos a esses bens, ou

    ii) danos em bagagens ou perda das mesmas e demais riscos associados a uma viagem reservada junto desse fornecedor (…);".

Pretendem-se abranger os contratos de seguros que são apresentados agregados a determinado produto ou serviço e que cobrem riscos relativos ao próprio produto ou serviço e os seguros apresentados pelos operadores turísticos, incluídos ou susceptíveis de se incluir nos seus pacotes de viagens.

Saliente-se que é muito frequente que estes seguros sejam comercializados sob a forma de seguros de grupo[126].

"f) O montante do prémio anual não exceder 500 euros e a duração total do contrato de seguro, incluindo eventuais renovações, não exceder um período de cinco anos.".

Consagra-se, assim, um valor e uma duração, a partir das quais se exige a intervenção de mediador[127].

O n.º 3 exclui as actividades de mediação de seguros e de resseguros relativa a riscos e mediadores fora da comunidade europeia.

---

[125] Poder-se-á pensar em situações de alguém que é mediador autorizado para determinada área e, fora dessa autorização, presta serviços de mediação de outros contratos de seguro.

[126] Podem-se referir, a título de exemplo, o seguros associados a aquisição de bens de consumo, em que é tomador de seguro a empresa vendedora e aderentes os compradores.

[127] Excepto se for comercializado directamente pela seguradora.

Admite-se, portanto, nos termos da Directiva, com mais clareza a intermediação ocasional e várias situações de intermediação fora da "mediação de seguros", nomeadamente a comercialização de seguros como complemento de bens ou serviços por parte de quem não tem como actividade principal a mediação de seguros.

Admitem-se, claramente, que sejam prestados "serviços de mediação de contratos de seguro" aos quais não se aplicam as regras da mediação de seguros.

A Directiva assume com muito mais clareza, a possibilidade de intermediação de seguros, a par da mediação de seguros propriamente dita a que serão aplicadas as regras que estabelece.

No entanto, restringe o campo da intermediação de seguros em sentido estrito, ao determinar que, fora as situações de excepção que enumera, toda a intermediação de seguros é mediação.

E – A INTERMEDIAÇÃO NO DECRETO-LEI N.º 144/2006, DE 31 DE JULHO

1. Âmbito de aplicação

O Decreto-Lei n.º 144/2006, de 31 de Julho manifesta no seu Preâmbulo a intenção de que "A partir da entrada em vigor deste decreto-lei, como decorrência da directiva e do correspondente imperativo de profissionalização e de garantia de condições idênticas à generalidade dos operadores, toda e qualquer actividade que consista em apresentar ou propor um contrato de seguro ou de resseguro, praticar outro acto preparatório da sua celebração, celebrar esses contratos ou apoiar a sua gestão e execução, independentemente do canal de distribuição – incluindo os operadores de bancaseguros, passa a estar sujeita às condições de acesso e exercício estabelecidas neste decreto-lei.".

Inclui, também, e para além do previsto na Directiva, a actividade de mediação no âmbito de fundos de pensões.

62 *Estudos de Direito dos Seguros – Intermediação de Seguros e Seguro de Grupo*

O âmbito de aplicação do NRGMS é concretizado no elenco normativo em termos que não se afastam muito da Directiva[128].

Estabelece que[129] o diploma regula as condições de acesso e de exercício da actividade de mediação, por pessoas singulares ou colectivas portuguesas no território da União Europeia, por mediadores de seguros registados noutros Estados da União Europeia e em Estados que tenham celebrado acordos de associação com a UE.

2. Exclusões ao Decreto-Lei n.° 144/2006, de 31 de Julho

O NRGMS refere, logo no seu Preâmbulo, que "Excluíram-se, no entanto, em correspondência com o regime previsto na directiva, algumas actividades assimiláveis ou próximas da mediação de seguros ou de resseguros, por se considerar não suscitarem a necessidade de uma intervenção regulamentar equivalente à mediação, ou por já disporem de um regime jurídico específico.".

Não esclarece, no entanto, a que actividades "assimiláveis ou próximas" se refere, nem que regime específico as regula.

Resulta, desde logo, do Preâmbulo, que a distribuição de seguros não se restringe à mediação. O legislador admite e refere a intermediação de seguros.

As dúvidas que o Preâmbulo suscita agravam-se no texto do diploma.

O NRGMS, depois de definir o âmbito de aplicação, estabelece, no art. 3.° alínea a), que "O presente decreto-lei não é aplicável: A actividades assimiláveis à mediação de seguros e resseguros, quando exercidas por uma empresa de seguros e resseguros, no que se refere aos seus próprios produtos, ou por um trabalhador que actue sob responsabilidade da empresa de seguros ou de resseguros, no quadro do respectivo vínculo laboral;".

Parece-nos que esta disposição é, simultaneamente, absurda e redundante.

---

[128] Corresponde ao art. 1.° n.° 1, embora mais desenvolvido.

[129] Art. 1.° e 2.° do NRGMS.

Intermediação de Seguros 63

Não se compreende o que possam ser actividades assimiláveis à mediação em que não há mediação, por serem directamente exercidas.

As actividades exercidas por uma empresa de seguros directamente, não são, por natureza, mediação[130].

Nesse caso, a seguradora não recorre a um terceiro para colocar os seus seguros, coloca-os directamente. Não estando em causa uma actuação em que haja mediação, por intervenção de um terceiro à relação jurídica de seguro, não se vislumbra razão para que tal diploma fosse aplicado. É importante definir o âmbito de aplicação dos diplomas, muitas vezes até, estabelecendo excepções à sua aplicação. Não parece, porém, necessário afirmar que o diploma não se aplica a matérias que não regula.

Por outro lado, uma empresa, pessoa colectiva, só pode exercer directamente as suas actividades através de pessoas singulares, maxime, trabalhadores. Que um trabalhador duma empresa, no âmbito do seu vínculo laboral, actua sob responsabilidade da sua entidade patronal[131], não levanta dúvidas.

---

[130] A explicação, já histórica, poderá encontrar-se, provavelmente, no RGMS que, no seu Capítulo IV, artigos 30.º e ss. consagra a figura do angariador. (cfr. supra II-C) O legislador do RGMS apresenta como característica distintiva do angariador de seguros o facto de ser trabalhador de seguros. O que, desde logo, é pouco claro, visto que os mediadores são, por natureza, trabalhadores de seguros. Trabalham em seguros. A lei visava, com esta figura, as pessoas que, trabalhando numa seguradora, acumulavam com essa relação laboral, uma actividade de mediação. E tinha especiais cuidados para evitar a confusão que, necessariamente, origina a acumulação numa mesma pessoa da qualidade trabalhador da seguradora e de mediador. A Directiva 2002/92/CE procura trazer alguma transparência a esta situação e estabelece com toda a clareza, na definição de mediação, no seu art. 2.º n.º 3 § 2.º que as actividades de mediação, "(...) quando exercidas por uma empresa de seguros ou por um empregado duma empresa de seguros que actue sob a responsabilidade dessa empresa, não são consideradas como mediação de seguros.". Paralelamente, cria a figura do "mediador de seguros ligado", definido no art. 2.º n.º 7. A figura do angariador de seguros desaparece do novo Regime Geral da Mediação de Seguros e surge a figura do mediador de seguros ligado que, de certa forma, é mais transparente.

[131] Actua mesmo sob a direcção da empresa.

Esta disposição, parece ter pretendido transpor o art. 3.º § 3.º da Directiva 2002/92/CE que, no âmbito da definição de "Mediação de seguros", vem esclarecer que as actividades que consubstanciam materialmente a mediação de seguros, quando exercidas directamente pela seguradora, não o são.

Apesar de não deixar de ser também redundante, compreende-se melhor esta clarificação do legislador comunitário.

Em primeiro lugar, porque está a definir, não a regulamentar.

Depois porque, após definir a mediação pela natureza dos actos que são praticados e não pelo facto de serem praticados por um terceiro em relação à seguradora e ao tomador de seguros, sentiu a necessidade de dar relevo a esse facto, o que faz no § 2.º.

Por fim, porque o que o legislador comunitário afirma é que estas actividades "(...) não são consideradas mediação de seguros.". Logo, conclui-se não se lhes aplica um diploma que é sobre mediação.

O legislador nacional, ao desinserir do contexto da definição esta afirmação, retira-lhe a coerência e ao referir-se a "actividades assimiláveis a mediação de seguros (...)" que exclui da aplicação do diploma, está a introduzir desnecessariamente[132], um factor de confusão.

A alínea b) do art. 3.º do NRGMS, incorre no mesmo erro.

Na definição de Mediação da Directiva o legislador comunitário clarificou que prestar informações sobre seguros, ocasionalmente, no contexto de outra actividade profissional e sem ter em vista a celebração ou execução de um determinado contrato de seguro, não é considerada mediação de seguros. O que se compreende perfeitamente, dado que corresponde ao exercício normal de outra profissão[133].

---

[132] Julgamos, até, que o carácter explicativo, de definição e redundante daquela disposição da directiva 2002/92/CE permitiria que a transposição não a repetisse.

[133] Esta questão coloca-se com especial intensidade em relação aos advogados. Não seria aceitável considerar-se que um advogado, que no âmbito duma consulta jurídica sobre um qualquer assunto, informa o seu cliente sobre o contrato de seguro em geral ou sobre os contratos que necessários em determinada

Sendo materialmente idênticas aos actos que consubstanciam a mediação, descritos no seu § 1.º, "(...) não são consideradas como mediação de seguros.".

Não sendo mediação não se lhe aplica, por natureza, legislação sobre mediação.

O legislador português coloca a questão ao contrário. Estabelece que o diploma não é aplicável a essas situações, o que aponta no sentido de que seriam mediação, não submetida às regras legais da mediação[134].

A alínea c) do mesmo artigo, já não padece destes problemas. Refere-se, com precisão, a uma situação que, sendo claramente de mediação, constitui uma excepção à aplicação do diploma[135].

O art. 3.º n.º 2 do mesmo artigo, limita-se a transcrever o art. 1.º n.º 2 da Directiva[136], estabelecendo o elenco de requisitos cumulativos para que não se aplique o NRGMS a pessoas que prestem serviços de mediação de contratos de seguro.

O legislador português entendeu estender a aplicação do NRGMS ao "(...) acesso e exercício da actividade de mediação no âmbito de fundos de pensões[137], no que vai para além da Directiva, que não regula esta matéria.

---

situação ou para que seja exercida determinada actividade, estaria a exercer a actividade de mediação de seguros, tendo de se registar como mediador junto do Instituto de Seguros de Portugal.

[134] O que, claramente, não é a mesma coisa do que informar que determinadas actividades não são mediação, cabendo ao intérprete retirar a consequência lógica de que não se lhe aplicam as leis da mediação. Do modo como o legislador português coloca a questão, fica a ideia de que são actividades de mediação a que não se aplica a legislação sobre mediação.

[135] Esta alínea transpõe o art. 1.º n.º 3 da Directiva 2002/92/CE que trata, precisamente, do âmbito de aplicação do diploma, excluindo situações que, sendo mediação, ficam fora do seu âmbito de aplicação.

[136] Terá, sendo este artigo a transposição exacta da norma correspondente da Directiva, todas as suas virtudes e inconvenientes. Cfr. supra III-D-2..

[137] Art. 4.º do NRGMS.

Resulta, da análise do NRGMS que o legislador pretendeu transpor a Directiva sobre Mediação e rever todo o regime da mediação, o que fez.

Resulta, também, que tal como a Directiva, o legislador nacional admite a existência de intermediação para além da mediação, embora sejam desnecessariamente confusas as disposição que estabelecem o âmbito de aplicação do Regime Geral da Mediação de Seguros, tornando mais difícil o estabelecimento da fronteira entre mediação e intermediação.

Fundamentalmente, para o campo da intermediação ficam reservadas as "Exclusões" do art. 3.º do RGMS.

IV – A MEDIAÇÃO DE SEGUROS

A – ASPECTOS GERAIS

A mediação de seguros é o grande núcleo desta área da distribuição de seguros.

É a ela que o legislador nacional e comunitário dedicam a sua grande atenção, é ela que ocupa a vida profissional de milhares[138] de pessoas e empresas, é ela a responsável pela colocação no mercado de uma parte muito substancial dos contratos de seguro.

Vamos, pois, procurar analisar os aspectos mais relevantes da mediação de seguros, em contraposição à intermediação.

Julgamos que será fundamental verificar a delimitação do conceito de mediação, as categorias de mediadores e a natureza da mediação ao longo da evolução legislativa recente nesta área, quer nos seus aspectos comuns, quer nos seus aspectos diferenciados.

1. Delimitação da mediação de seguros

A delimitação da mediação de seguros realiza-se por duas vias.

Por um lado, através da definição do conceito, por outro lado através da criação do registo de mediadores.

Mediação de seguros é a actividade daqueles que estão inscritos no registo nacional como mediadores e que corresponde à prática dos actos enumerados na definição do conceito.

---

[138] Ao nível da União Europeia serão, provavelmente, milhões. Cfr. sobre a quantidade e qualidade dos mediadores portugueses, Eduardo Farinha Pereira, "Caracterização da actividade de mediação de seguros", cit., pp. 26 e ss.

70   *Estudos de Direito dos Seguros – Intermediação de Seguros e Seguro de Grupo*

É possível saber em cada momento quem são os mediadores[139].

E é possível verificar quem pratica actos materiais correspondentes ao conceito de mediação, sem ser mediador.

Neste caso, ou estaremos no âmbito da intermediação de seguros, que corresponde ao exercício de actividades de mediação de seguros admitidas, mas excepcionadas à aplicação do regime da mediação, ou estaremos no âmbito da prática de actos ilícitos, prevista e punida pelo regime da mediação.

2. Categorias de mediadores

Os interessados no exercício da actividade profissional de mediação devem, não só inscrever-se no registo nacional, como também fazê-lo numa determinada categoria. A escolha pelo candidato à profissão da categoria em que pretende inscrever-se é determinante da sua maior ou menor dependência em relação às seguradoras, dos seus direitos e obrigações e do papel que vai assumir no mercado.

3. A mediação como actividade ou contrato

Uma questão de fundo coloca-se em relação à natureza da mediação de seguros[140]. É a de se saber se assenta num contrato ou

---

[139] Serão os que estiverem registados como tal.

[140] Cfr. Carlos Lacerda Barata, Contrato de Mediação, Separata da obra "Estudos de Direito do Consumo", Almedina, 2002, pp. 214 e ss. que, depois de analisar os elementos do contrato de mediação, aborda a mediação de seguros. E considera que "O mediador de seguros é uma figura abrangente, com contornos difusos e de difícil caracterização jurídica, em termos globais." "Globalmente, a mediação de seguros envolve, assim, elementos identificativos de diversos tipos contratuais, apresentando-se, portanto, como uma figura híbrida, com um conteúdo heterogéneo. O debate sobre a natureza jurídica deverá, pois, fazer-se na

se é uma actividade cujos contornos, direitos e obrigações, resultam directamente da lei.

Esta questão não surge em relação à intermediação de seguros, uma vez que esta vai funcionar à margem do regime da mediação. Não será, certamente, desse regime que não se lhe aplica, que resultarão os direitos e obrigações da relação de intermediação. Terá, assim, em cada caso, de se aferir a base dessa relação que, maioritariamente[141], resultará de um contrato[142].

3.1. *A mediação de seguros como actividade*

Em relação à mediação de seguros, tanto a legislação nacional, como a directiva, apontam no sentido de que é uma actividade cujos contornos estão legalmente definidos e que decorrem da lei os direitos e deveres dos profissionais que exercem essa actividade e daqueles que recorrem aos seus serviços.

Sem prejuízo de, no âmbito da actividade de mediação, poderem existir[143] ou terem de existir contratos, que estabelecem as

---

consideração isolada de cada uma das categorias, em ordem à qualificação dos respectivos contratos. É inegável que não se trata de mediação "pura e simples"." "A mediação, em sentido próprio, estará, pois, tanto mais afastada quanto maior for a intensidade dos "traços perturbadores".".

[141] Exclusivamente, no caso dos seguros de grupo. A intermediação, com base num seguro de grupo resulta sempre do próprio contrato de seguro de grupo.

[142] A qualificação desse contrato terá de ser feita de acordo com o seu conteúdo concreto.

[143] Em relação a cada contrato concreto poder-se-ão discutir as suas semelhanças com outros tipos de contrato. Por exemplo, podem-se encontrar semelhanças entre o contrato subjacente à figura de agente provisório e um contrato de trabalho, de estágio, de prestação de serviços ou outro, ou semelhanças entre o contrato subjacente ao agente exclusivo e o contrato de agência ou outro. Cfr. José Carlos Moitinho de Almeida, "O Mediador na conclusão e execução do contrato de seguro", cit., p. 25. e s. que defende, em relação ao agente de seguros que estão preenchidos os elementos do contrato de agência. Cfr., sobre o contrato de agência, nomeadamente distinguindo-o do contrato de concessão comercial, António Menezes Cordeiro, Do Contrato de Concessão Comercial, Separata da

72 *Estudos de Direito dos Seguros – Intermediação de Seguros e Seguro de Grupo*

regras, que acrescem às legais, em que essa actividade se vai exercer.

Será pertinente avaliar se um determinado contrato relacionado com a celebração ou com a execução de contratos de seguros será ou não um verdadeiro contrato de mediação.

Para isso será necessário verificar se tem as características apontadas ao contrato de mediação.

3.2. *A mediação como contrato*

O contrato de mediação, em geral, tem sido objecto da atenção da doutrina[144] que tem adiantado várias definições[145] e apontado quais os seus elementos essenciais[146].

Parece de aceitar que o contrato de mediação nasce no momento em que o comitente encarrega o comissário de tratar do

---

Revista da Ordem dos Advogados, Abril 2000, pp. 599 e ss., José Alberto Vieira, O Contrato de Concessão Comercial, Relatório de Direito Comercial no Mestrado de Ciências Jurídicas, Faculdade de Direito de Lisboa, 1990, pp. 65 e ss., Maria Helena Brito, O Contrato de Concessão Comercial, Almedina, Coimbra, 1990, pp. 80 e ss., Sofia Tomé D`Alte, O Contrato de Concessão Comercial, Separata da Revista da Faculdade de Direito da Universidade de Lisboa, Vol. XLII, n.º 2, Coimbra Editora, 2001, pp. 1411 e ss.. Veja-se, também, António Pinto Monteiro, Contrato de Agência, Anotação ao Decreto-lei n.º 178/86, de 3 de Julho, 2.ª Edição Actualizada, Almedina, Coimbra, 1993 e Sebastião Nóbrega Pizzarro e Margarida Mendes Calixto, Contratos Financeiros, Almedina, Coimbra, 1995, pp. 73 e ss..

[144] Cfr. especificamente sobre o contrato de mediação, Carlos Lacerda Barata, Contrato de Mediação, cit. e Manuel J.G. Salvador, Contrato de Mediação, Lisboa, 1964.

[145] Cfr., a título de exemplo, as definições citadas em Manuel J.G. Salvador, Contrato de Mediação, cit. p. 31 e ss., de que destacamos a de Azzolina "(…) "il contratto in forza di cui il mediatore promette all`intermediato di fargli concludere l`affare, e l`intermediato a sua volta promette al mediatore di corrispondergli un`adeguata retribuzione dês servizio".".

[146] A sua origem é muito antiga, existindo já no direito romano alguns textos que o referem. Sobre a história do contrato de mediação, cfr. Manuel J. G. Salvador, Contrato de Mediação, cit. p. 12 e ss..

negócio e este aceita. Será, portanto, pacífico que existe um acordo de vontades convergentes, que dá origem ao contrato.

Parece, também de aceitar que o comissário poderá ser encarregue de um ou mais negócios, através do contrato de mediação.

São, com frequência, apontados três elementos[147] necessários para que se esteja perante um contrato de mediação.

Seria necessário que o contrato visasse aproximar as partes através da intervenção de um terceiro, imparcial e remunerado.

No que diz respeito ao objectivo de aproximar as partes através da intervenção de um terceiro, esse parece ser um elemento essencial ao contrato de mediação. Alguém, que não pretende ser parte no contrato que virá a ser celebrado, procura encontrar interessados nesse contrato e fomentar a convergência de vontades entre outras pessoas, interessadas nessa celebração.

No que diz respeito à imparcialidade ou independência do mediador, julgamos que não será de aceitar como característica do contrato de mediação. O mediador terá, desde logo, os seus próprios interesses[148] que são convergentes com os interesses das partes. Todos ganharão se for feito o negócio pelo melhor preço.

No entanto, sendo contratado por uma das partes, defende em primeira linha os interesses de quem o contrata. É certo que terá de ter em consideração, também, os interesses da outra parte, ou pode perder o interessado. Mas tal ocorrerá na medida em que isso lhe proporcione atender aos seus próprios interesses e aos do seu cliente.

Parece que mais do que imparcialidade ou neutralidade, existirá uma situação em que um terceiro em relação ao negócio a realizar ou a assistir tenta obter a melhor composição dos interesses em causa, com vista à satisfação de uma parte, o que implica obter a satisfação de outra. O que não significa ser neutro. Pode significar encontrar a pessoa certa para contratar, correspondendo

---

[147] Também qualificados como características ou requisitos.

[148] Esses, no entanto, não estarão aqui em causa. Desde que o mediador cumpra as suas obrigações contratuais e legais é irrelevante aferir sobre quais são os seus interesses pessoais.

74 *Estudos de Direito dos Seguros – Intermediação de Seguros e Seguro de Grupo*

integralmente ao interesse da sua contraparte no contrato de mediação[149].

No que diz respeito à remuneração, pode-se admitir não é um elemento fundamental do contrato de mediação.

Embora seja frequente que exista remuneração, o carácter gratuito da prestação de serviços não parece colidir fundamentalmente com a noção de contrato de mediação, ao ponto de o descaracterizar.

3.3. *A mediação de seguros como contrato*

Em relação à mediação de seguros, e no que diz respeito ao primeiro elemento analisado, estando em causa a celebração do contrato de seguro, esse elemento encontra-se presente.

No entanto, a mediação de seguros pode consistir na assistência a um contrato já celebrado. Se a aproximação das partes por um terceiro se restringir à celebração do contrato, a mediação de segu-

---

[149] A função do mediador que é contratado por alguém é a de encontrar uma contraparte ou uma solução (no caso de resolução de sinistro) que vá ao encontro dos interesses de quem o contratou. Essa prossecução desse interesse passa normalmente pela composição desse interesse com o da contraparte no seguro, ganhando ambas. A vantagem de qualquer mediação, inclusive ao nível da resolução extrajudicial de conflitos é sempre a de propiciar uma composição de interesses. Embora na mediação como resolução extra-judicial de conflitos o mediador, tal como o Tribunal, e ao contrário do que acontece no contrato de mediação, tem de ser neutro. Mas a solução encontrada pode não ser objectivamente nem justa, nem equilibrada. Basta que sirva àquelas partes. Por exemplo, se o preço é indiferente ao interessado, o mediador poderá propor um produto mais caro. A seguradora e ele ganham mais e o interessado faz o contrato e fica satisfeito. E fica, provavelmente, com um seguro melhor. Ou, em relação à regularização de um sinistro. A seguradora quer pagar o que considera correcto, mas não quer ir para Tribunal. Pagar mais, mas resolver por acordo é o que melhor serve os seus interesses. Fazer acordo sobre a indemnização é também, o que melhor serve os interesses do segurado. O mediador encontra o ponto de convergência desses interesses. Mas não é neutro, nem imparcial. Pode defender os interesses de uma só parte e, essa defesa, levar à composição de interesses que também vão ao encontro do que interessa à outra parte.

ros relativa à assistência de um contrato já celebrado não poderia ser objecto de um contrato de mediação propriamente dito.

Poder-se-á considerar que, mesmo assim, o mediador aproxima as partes na execução do contrato[150]. Saliente-se, também, que existem categorias de pessoas que são consideradas mediadores de seguros e que dificilmente poderão ser considerados terceiros em relação às seguradoras[151].

No que diz respeito à imparcialidade, tendo considerado que não é um elemento essencial do contrato de mediação, não há que aferir sobre se se encontra ou não presente na mediação de seguros.

Salientamos, no entanto, que a independência é um elemento fundamental, no NRGMS, à actividade do corretor[152].

No que diz respeito à remuneração, considerando-se que não é um elemento fundamental do contrato de mediação, não seria necessário aferir sobre se se encontra ou não presente na mediação de seguros.

No entanto, refira-se que a mediação de seguros é remunerada.

Assim, nada obsta a que haja um contrato de mediação subjacente à actividade de mediação de seguros.

B – EVOLUÇÃO LEGISLATIVA RECENTE

O conceito de mediação, as categorias de mediadores e a natureza da mediação não se mantém constante na evolução legislativa recente[153].

Estas realidades sofreram uma considerável evolução de que procuraremos dar conta, destacando os aspectos mais relevantes

---

[150] Por exemplo, na cobrança do prémio ou na gestão de sinistros.

[151] É o que acontece com o angariador e o agente provisório no RGMS.

[152] Curiosamente, o corretor é a única categoria de mediador no NRGMS que não tem obrigatoriamente um contrato formal a fundar a sua actividade de mediação.

[153] Referimo-nos ao Decreto-Lei n.° 388/91, de 10 de Outubro, à Directiva 2002/92/CE e ao Decreto-Lei n.° 144/2006, de 31 de Julho.

76　*Estudos de Direito dos Seguros – Intermediação de Seguros e Seguro de Grupo*

para a delimitação de mediação de seguros, distinguindo-se da inter-mediação de seguros.

C – A MEDIAÇÃO NO DECRETO-LEI N.º 388/91, DE 10 DE OUTUBRO

O RGMS tem uma definição de mediação, que consistirá a base da sua delimitação, complementada pelo elenco de categorias de mediadores que poderão ser escolhidas pelos candidatos à profissão e aí a mediação surge predominantemente como actividade.

1. Delimitação da mediação de seguros

O RGMS define mediação como "(...) a actividade remu-nerada tendente à realização, através de apreciação dos riscos em causa , e assistência, ou apenas à assistência, dos contratos e ope-rações referidos no n.º 1 do artigo 1.º", que são "a) contratos de seguro directo celebrados nos termos da legislação aplicável, cobrindo riscos situados em Portugal; b) Operações de seguro, nomeadamente operações de capitalização e de fundos de pensões, realizadas, nos termos legais e normativos em vigor[154], por segura-doras ou sociedades gestoras de fundos de pensões operando em Portugal."[155].

Verifica-se, portanto, que a mediação de seguros é uma activi-dade remunerada, que tem em vista a celebração, assistência na exe-

---

[154] É redundante a referência a que os contratos de seguro são celebrados nos termos da legislação aplicável e as operações realizadas nos termos legais e normativos em vigor. Em que outros termos poderiam sê-lo? Só poderiam ser celebrados noutros termos se o próprio legislador o determinasse. Se o legislador pretendia salientar que existe legislação específica sobre essas matérias, poderia tê-lo referido. Esta redundância não foi resolvida com o NRGMS.

[155] O legislador de 1991 já tinha muito clara a ideia de que seguros e ope-rações eram algo substancialmente diferentes e pretendeu que não subsistissem dúvidas de que ambos eram susceptíveis de mediação.

cução ou ambas de contratos de seguro e operações de seguro, em Portugal.

O art. 3.º prevê que "Apenas podem exercer a mediação, nos termos deste diploma, as entidades devidamente inscritas como mediadores no Instituto de Seguros de Portugal (...)".

A delimitação da mediação de seguros em relação a intermediação, no RGMS, parece assentar, não só em aspectos formais, como também em aspectos materiais.

Formalmente, a distinção em relação à intermediação assenta na submissão da mediação ao Decreto-Lei n.º 388/91, de 10 de Outubro, devendo os que desejam exercer profissionalmente a actividade de mediação inscrever-se no Instituto de Seguros de Portugal.

E, para a inscrição ser possível, têm de ser preenchidos os requisitos e cumpridos os trâmites que a lei determina[156]. Quem não está inscrito, não pode ser mediador de seguros, logo não pode exercer a actividade de mediação de seguros.

Materialmente, a distinção entre mediação e intermediação parece assentar na comissão.

A distribuição de seguros pelos Bancos e Instituições Financeiras de Crédito, pelos correios, pelas agências de viagens e pelos tomadores de seguros de grupo não são remuneradas com comissão. Pode haver e há certamente benefícios, mas não comissão.

Só os mediadores de seguros, e não os intermediários, podem ter comissão.

Quanto à intermediação ocasional, admitindo que possa ocorrer, parece reconduzir-se a uma prestação de serviços[157]. Poderá ter ou não retribuição, mas essa não terá a natureza de comissão. A comissão pressupõe ter como actividade profissional a mediação de seguros. Se tem, aplica-se-lhe a lei da mediação. Se é uma situação ocasional, assente num contrato, a retribuição recebida não será comissão, no sentido do art. 11.º e seguintes do RGMS.

---

[156] Cfr. art. 7.º e ss. do RGMS.

[157] Cfr. António Menezes Cordeiro, Manual de Direito Comercial, cit., pp. 584 que afirma "A mediação em geral é um contrato atípico, a reconduzir à prestação de serviços. No caso dos seguros, cabe observar as regras competentes.".

Logo, parece que no RGMS existe uma distinção material entre intermediação de seguros e mediação de seguros, distinção essa que assenta na remuneração através de comissões. Única possibilidade de remunerar o exercício da actividade de mediação[158].

Com a necessidade de integrar novas realidades no regime da mediação, esta distinção material perde terreno na evolução legislativa[159].

2. Categorias de mediadores

No RGMS "Os mediadores dividem-se em três categorias: a) Agentes de seguros; b) Angariadores de seguros; c) Corretores de seguros."[160]

Nenhum mediador pode dar por celebrado um contrato em nome da seguradora, sem a prévia aprovação desta.

Excepção a esta regra é a existência um acordo com a seguradora, desde que o mediador tenha seguro de responsabilidade civil profissional e não estejam em causa fundos de pensões[161].

Os mediadores são sempre remunerados através de comissões[162].

---

[158] Embora existam duas situações de excepção. Os corretores podem ter honorários por pareceres, de acordo com o art. 45.º n.º 3 e os agentes exclusivos podem ter apoios, que não são considerados remuneração, nos termos do art. 10.º da Norma da Mediação.

[159] Quer na Directiva, quer no NRGMS.

[160] Cfr. art. 3.º n.º 2 do RGMS.

[161] Cfr. art. 4.º do RGMS.

[162] Com as excepções previstas na Norma da Mediação. Os corretores podem ter honorários por pareceres e os agentes exclusivos podem ter apoios, que não são considerados remuneração.

2.1. *O agente de seguros*

O agente de seguros, que pode ser uma pessoa singular ou colectiva[163], nos termos do art. 18.º "(...) é o mediador que exerce a sua actividade apresentando, propondo[164] e preparando a celebração de contratos, podendo celebrá-los, nos termos do n.º 2 do artigo 4.º[165], com prestação de assistência a esses mesmos contratos[166], podendo intervir, a pedido da seguradora, na regularização de sinistros, em nome e por conta, ou unicamente por conta, daquela.". O agente pode exercer a sua actividade junto de uma ou mais seguradoras, directamente ou através de um corretor[167].

A actividade corrente do agente passa pela preparação da celebração e assistência a contratos. Com acordo prévio da seguradora pode, ainda, celebrar contratos e regularizar sinistros.

Dentro da categoria dos agentes de seguros há duas figuras sui generis.

O agente provisório, que é um aprendiz da profissão de mediador numa seguradora, caso seja aprovado no exame de mediador, será registado como agente exclusivo da seguradora que lhe deu formação[168].

O agente exclusivo que trabalha, unicamente, para uma seguradora ou para um corretor, com base num contrato de exclusividade[169].

---

[163] Cfr. art. 20.º e ss. do RGMS.

[164] A expressão "propondo" parece desnecessária, porque surge como sinónimo de apresentando e deveria ser evitada visto que quem faz a proposta de um contrato de seguro é, normalmente, o interessado que, depois, virá a ser tomador de seguro/segurado.

[165] Esta previsão é redundante. O legislador teve o cuidado de estabelecer esta possibilidade para todos os mediadores, no art. 4.º n.º 2. Não necessita, portanto, de o estar a repetir em relação a cada categoria de mediadores.

[166] Havendo transferência de carteira, o agente poderá prestar assistência a contratos que outro mediador preparou e ajudou a celebrar.

[167] Cfr. art. 18.º n.º 2 do RGMS.

[168] Cfr. art. 26.º do RGMS.

[169] Cfr. art. 27.º do RGMS.

2.2. *O angariador de seguros*

O angariador de seguros é um trabalhador de seguros, que "(...) apenas[170] pode exercer a sua actividade junto da seguradora ou por intermédio do corretor onde exerce a sua profissão de trabalhador de seguros (...)[171].

2.3. **O corretor de seguros**

O "Corretor de seguros é o mediador que estabelece a ligação entre os tomadores de seguros e as seguradoras, que escolhe livremente, prepara a celebração dos contratos, presta assistência a esses mesmos contratos e pode exercer funções de consultadoria em matéria de seguros junto dos tomadores, bem como realizar estudos ou emitir pareceres técnicos sobre seguros."[172].

Pode exercer a actividade através de agentes de seguros e angariadores de seguros. Tem de ter experiência de quatro anos como agente e tem todos os deveres deste, a que acrescem as obrigações específicas do art. 44.° do RGMS.

3. **Actividade ou contrato de mediação**

A mediação de seguros, como se constata, é apresentada, no RGMS, como uma actividade.

O legislador define-a como tal[173], refere-se-lhe como tal[174], entende-a como uma profissão[175] que se exerce após demonstrar

---

[170] Nos termos do art. 35.° n.° 1 do RGMS que também prevê uma excepção a esta regra "(...) salvo, relativamente aos trabalhadores das seguradoras, em relação a ramo ou ramos que aquelas não se encontrem autorizadas a explorar.".

[171] Cfr. sobre o angariador de seguros, supra II-C.

[172] Art. 36.° do RGMS.

[173] Cfr. art. 2.° do RGMS.

[174] Cfr., a título de exemplo, art. 9.° n.s 2 e 3, art. 18.° n.° 2, art. 36.° n.° 2 do RGMS.

[175] A actividade de mediação é algo que perdura, que existe em potência, que está para além de eventuais contratos de mediação, agência, franquia ou

Intermediação de Seguros 81

aptidão[176] e após inscrição no registo do Instituto de Seguros de Portugal[177] e estabelece os direitos e deveres que se lhe encontram associados[178].

Tal não obsta a que, no exercício dessa actividade, o mediador possa celebrar acordos ou contratos que o vinculam e que fazem acrescer direitos e obrigações aos legais.

Outros argumentos no sentido de que se está perante uma actividade de mediação poderão ser acrescentados.

A comissão está relacionada com os seguros em carteira e não com a prestação de efectiva assistência a um contrato de seguro, no âmbito de um contrato de mediação[179]. O mediador pode receber durante anos comissão por um contrato que tem em carteira e nunca ser necessário prestar-lhe qualquer assistência[180].

O mediador tem obrigações para com ambas as partes[181] e pode ser abordado por um interessado ou diligenciar no sentido de encontrar interessados para os produtos das seguradoras, que tem para comercializar. O mediador de seguros é alguém cuja actividade profissional consiste em exercer a actividade de mediação de seguros e é um especialista nessa matéria. Tem de conhecer os produtos para saber o que é adequado ao seu cliente. E, o seu

---

outros que lhe possam estar subjacentes. É uma actividade profissional. Como noutras actividades (advogado, médico, professor, etc.) os profissionais são-no independentemente de concretizar todos os dias o seu exercício. O mesmo acontece com o mediador de seguros.

[176] Tem de prestar provas. Cfr. art. 22.º do RGMS para agentes, art. 32.º n.º 2 para angariadores. Os corretores só podem inscrever-se se já forem agentes há, pelo menos, quatro anos. Cfr. art. 37.º n.º1. Logo, já prestaram provas como agentes e acresceram a essa capacidade demonstrada a experiência.

[177] Cfr. art. 3.º n.º 1 do RGMS.

[178] Cfr. art. 7.º e 8.º do RGMS.

[179] A mediação como actividade profissional é algo que persiste para além dos contratos de seguro concretos que venham a ser celebrados e da efectiva assistência que for prestada.

[180] E, tendo adquirido a carteira, pode nem ter participado na celebração do contrato.

[181] Cfr. art. 9.º do RGMS.

cliente tanto pode ser a seguradora, como o interessado no seguro[182].

No entanto, encontram-se previstas situações em que é exigido um contrato[183].

O art. 26.º n.º 4 exige-o para o agente provisório[184].

O art. 18.º n.º 3[185] e o art. 27.º n.º 2[186] exigem um contrato para o agente exclusivo.

Existem outras situações em que se referem "acordos" ou "solicitações.

O art. 4.º n.º 2 prevê um acordo para que o mediador possa celebrar contratos em nome e por conta da seguradora.

O art. 18.º n.º 1 prevê um "pedido da seguradora" para que o agente possa regularizar sinistros, em nome e por conta, ou unicamente por conta, da seguradora.

Pode, ainda, existir um contrato de mediação ocasional, pontualmente negociado entre as partes[187].

---

[182] Solicitado pela seguradora ou pelo segurado, ou tomando a iniciativa comercial de encontrar produtos e/ou clientes aproxima uma seguradora e um interessado num contrato de seguro novo, na assistência a um já existente ou na resolução de um sinistro.

[183] O que aponta no sentido de que, em regra, não há essa exigência e que se trata de uma actividade com contornos legalmente definidos.

[184] Refere "O contrato celebrado entre a seguradora e o agente provisório (...)".

[185] Que prevê que "O agente de seguros que exerça a sua actividade junto de uma única seguradora ou corretor e que com essa entidade tenha firmado contrato que o iniba de colocar seguros junto de outra seguradora ou através de outro corretor, tem a designação de agente exclusivo".

[186] Que prevê que deve ser remetido ao ISP, para registo "cópia do contrato de exclusividade".

[187] Será provavelmente um contrato de prestação de serviços, remunerado ou não.

D – A MEDIAÇÃO NA DIRECTIVA N.º 2002/92/CE

1. Delimitação da mediação de seguros

A Directiva 2002/92/CE, define como ""Mediação de seguros", as actividades que consistem em apresentar, propor ou praticar outro acto preparatório da celebração de um contrato de seguro, ou em celebrar esses contratos, de apoiar a gestão e execução desses contratos, em especial em caso de sinistro."[188].

A mediação de resseguros é definida de forma idêntica[189].

É, também, definido como ""Mediador de seguros", qualquer pessoa singular ou colectiva que inicie ou exerça, mediante remuneração, a actividade de mediação de seguros."[190].

A actividade de mediação é sujeita a registo no Estado-membro de origem[191].

A Directiva refere situações que não são consideradas mediação e situações que, sendo de mediação, não se lhes aplica o regime da Directiva[192].

A distinção entre mediação de seguros e intermediação de seguros é, na Directiva, essencialmente formal.

A mediação de seguros é a actividade profissional exercida pelas pessoas devidamente autorizadas e registadas como mediadores de seguros, que praticam os actos enumerados na definição e se submetem ao regime da Directiva.

Em termos materiais, a comissão como factor distintivo entre intermediação e mediação, perde terreno, visto que a directiva, admite outras formas de remuneração diferentes da comissão[193].

---

[188] Cfr. art. 2.º n.º 3 da Directiva.

[189] Cfr. art. 2.º n.º 4 da Directiva.

[190] Cfr. art. 2.º n.º 5 da Directiva que define, ainda, nos números seguintes "Mediador de resseguros" e "Mediador de seguros ligado".

[191] Cfr. art. 3.º n.º 1.

[192] Cfr. supra III-D.

[193] Cfr. Considerando (11) "A presente directiva é aplicável às pessoas cuja actividade consiste em prestar serviços de mediação de seguros a terceiros a

84 Estudos de Direito dos Seguros – Intermediação de Seguros e Seguro de Grupo

E excluindo a própria directiva da sua aplicação situações que, claramente, qualifica como materialmente mediação de seguros, está a optar por uma delimitação formal.

2. Categorias de mediadores

A Directiva da Mediação estabelece duas categorias de mediadores[194].

Os mediadores de seguros que serão quaisquer pessoas singulares ou colectivas que exerçam a actividade de mediação, mediante remuneração.

E os mediadores de seguros ligados, que exercem a actividade de mediação em nome, por conta e sob a responsabilidade de uma seguradora, ou de várias desde que os produtos não sejam concorrentes, e estão impedidos de receber prémios e somas destinadas ao cliente.

3. Actividade ou contrato de mediação

Na directiva a mediação aparece qualificada como actividade[195].

O mediador apresenta-se, ora perante uma seguradora, ora perante um cliente de seguros como alguém especialista em seguros, habilitado em encontrar a melhor solução que cônjuge todos os interesses: os seus como mediador, os duma seguradora e os de um cliente.

---

troco de remuneração que pode ser pecuniária ou revestir a forma de qualquer outra vantagem económica acordada e ligada à prestação fornecida por esses intermediários.".

[194] Cfr. art. 2.º n.º 5 e n.º 7. O n.º 6 define, também, mediador de resseguros.

[195] Embora se admita que "mediador ligado" possa agir por conta e em nome de uma seguradora, o que parece pressupor um contrato. Cfr. Considerando (7).

Intermediação de Seguros 85

O mediador independente e imparcial[196] vai muito ao encontro da ideia da actividade de mediação como exercício de composição de interesses contraditórios, mas convergentes. Não está dependente de uma seguradora, nem de um cliente. Procura reunir os produtos adequados com os clientes certos.

É isso que é, em estado puro, a actividade de mediação de seguros.

E – A MEDIAÇÃO NO DECRETO-LEI N.° 144/2006, DE 31 DE JULHO

1. Definições

O NRGMS apresenta um novo elenco de definições e, para além das constantes na Directiva, acrescenta outras.

1.1. *Gerais*

Tendo em consideração que os diplomas gerais mais relevantes em matéria de seguros, o Decreto-Lei 176/95, de 26 de Julho e o Decreto-Lei n.° 94-B/96, de 14 de Outubro[197], já estabelecem, para efeitos de cada um deles próprios, longa lista de definições e que essas definições não são coincidentes, forçoso será concluir que as realidades definidas são diferentes consoante se esteja no âmbito da actividade seguradora, da transparência nessa actividade ou na mediação de seguros. O que não é razoável.

Tome-se, a título de exemplo, a noção de empresa de seguros e de resseguros[198].

---

[196] Cfr. art. 12.° n.° 2.

[197] Este diploma consagra o Regime Geral da Actividade Seguradora, adiante designado RGAS.

[198] Para efeitos do Decreto-Lei n.° 176/95, de 26 de Julho[198], empresa de seguros ou seguradora é a "entidade legalmente autorizada a exercer a actividade

Da análise das definições dadas por esses diplomas e pelo NRGMS resulta que, em função do diploma que estiver em causa, uma empresa de seguros celebra[199] ou não[200] com o tomador contratos de seguro. Que há empresas de seguros e empresas de seguros dum país terceiro[201]. Que uma resseguradora pode[202] ou não[203] ser uma empresa de seguros, sendo que se suscita a questão de saber, neste caso, o que será. Que uma empresa de resseguros, embora tenha deixado de ser uma empresa de seguros, tem como actividade principal aceitar riscos[204]. Que uma empresa de resseguros teria deixado de necessitar de autorização administrativa para exercer a sua actividade principal de aceitar riscos[205].

Para ultrapassar estas incongruências há que proceder a uma interpretação sistemática dos vários diplomas aplicáveis à actividade seguradora e estabelecer as definições que se demonstrem necessárias. E cabe ao intérprete e aplicador do Direito fazê-lo e não ao legislador. A este cabe regulamentar. À doutrina e à jurispru-

---

seguradora e que subscreve, com o tomador, o contrato de seguro;". Para efeitos do Decreto-Lei n.º 94-B/96, de 14 de Outubro[198] "(...) considera-se "Empresa de seguros", adiante também designada por seguradora ou resseguradora, qualquer empresa que tenha recebido uma autorização administrativa para o exercício da actividade seguradora e ou resseguradora;". E para efeitos do NRGMS, "(...) entende-se por: "Empresa de seguros" uma empresa que tenha recebido da autoridade competente de um dos Estados membros da União Europeia uma autorização para o exercício da actividade seguradora;" e por "Empresa de resseguros" uma empresa que não seja uma empresa de seguros ou uma empresa de seguros de país terceiro, cuja principal actividade consista em aceitar riscos cedidos por uma empresa de seguros, por uma empresa de seguros de país terceiro ou por outras empresas de ressuguros;".

[199] Cfr. art. 1.º alínea a) do Decreto-Lei n.º 176/95, de 26 de Julho.

[200] Cfr. art. 2.º n.º 1 alínea b) do Decreto-Lei n.º 94-B/96, de 14 de Outubro e art. 5.º alínea a) do NRGMS.

[201] Cfr. art. 5.º alínea b) do NRGMS.

[202] Cfr. art. 2.º n.º 1 alínea b) do Decreto-Lei n.º 94-B/96, de 14 de Outubro.

[203] Cfr. art. 5.º alínea b) do NRGMS.

[204] Idem.

[205] Idem, visto que o NRGMS deixa de a referir.

dência, com base nessa regulamentação, cabe o papel definir e distinguir.

Embora seja comum o legislador comunitário estabelecer um elenco de definições nos diplomas que aprova, julgamos que na transposição das directivas deveria haver uma acentuada preocupação do legislador português[206] para não as trazer para o nosso ordenamento jurídico como se mais nada existisse. É certo que a transposição deve ser fiel. No entanto, julgamos que ao transformar a legislação comunitária em legislação nacional pode ser tido um pouco mais em conta o facto de o ordenamento jurídico ser um sistema, composto de vários sub-sistemas que deverão ter alguma harmonia interna e na sua relação com o todo[207].

A procura da harmonia entre a legislação dos Estados-membros não tem de originar, necessariamente, uma desarmonia na ordem jurídica interna de cada um. Se o legislador comunitário desejasse que uma regulamentação por si aprovada vigorasse tal e qual nos Estados-membros, efectuaria essa aprovação por Regulamento.

Ao optar pela Directiva, que é o resultado de uma negociação, muitas vezes árdua, o legislador comunitário pretenderá estabelecer mínimos de harmonização e deixar margem de manobra aos Estados para, cumprindo esses mínimos, receberem da melhor forma possível a regulamentação comunitária na sua ordem jurídica.

E, no que diz respeito às definições[208], se faz todo o sentido que existam nas Directivas, como forma de espelhar o resultado das negociações entre os Estados e de ajudar a clarificar o regime e as opções que estabelecem, já pouca falta farão na transposição que vem concretizar e optar e que, sendo feita de um modo adequado, permitirá retirar os contornos das figuras reguladas, mesmo que não tenham sido definidas.

---

[206] E dos legisladores de cada um dos Estados-membros.

[207] Cfr. sobre a dogmática integrada, António Menezes Cordeiro, Tratado de Direito Civil Português, Tomo I, 3ª Edição, Almedina, 2005, pp. 157 e ss..

[208] Tal como os Considerandos.

88   *Estudos de Direito dos Seguros – Intermediação de Seguros e Seguro de Grupo*

No caso do NRGMS, a duplicação ou triplicação de definições com conteúdos diferentes, originada pela Directiva, fica restrita a "empresa de seguros" e "empresa de resseguros".

As outras definições são da lavra exclusiva do legislador português.

O NRGMS define muito para além da Directiva.

Decidiu o legislador português definir, por exemplo, contrato de seguro.

O que é, desde logo, uma imprudência, tendo em consideração toda a discussão[209] e a riqueza de definições que se encontram na doutrina[210].

---

[209] Veja-se, sobre a análise das definições de contrato de seguro, José Carlos Moitinho de Almeida, O Contrato de Seguro no Direito Português e Comparado, Livraria Sá da Costa, Lisboa, 1971, pp. 5 e ss., José Vasques, Contrato de Seguro, cit., pp. 87 e ss..

[210] Veja-se, na doutrina portuguesa, António Menezes Cordeiro, Manual de Direito Comercial, Almedina, 2001, pp. 445 "No contrato de seguro uma pessoa transfere para outra o risco da verificação de um dano, na esfera própria ou alheia, mediante o pagamento de determinada remuneração.", José Carlos Moitinho de Almeida, O Contrato de Seguro no Direito Português e Comparado, cit., "(…) contrato de seguro como aquele em que uma das partes, o segurador, compensando segundo as leis da estatística um conjunto de riscos por ele assumidos, se obriga, mediante o pagamento de uma soma determinada, a, no caso de realização de um risco, indemnizar o segurado pelos prejuízos sofridos, ou, tratando--se de evento relativo à pessoa humana, entregar um capital ou renda, ao segurado ou a terceiro, dentro dos limites convencionalmente estabelecidos, ou a dispensar o pagamento dos prémios tratando-se de prestação a realizar em data determinada.", José Vasques, Contrato de Seguro, cit., 1999, p. 94 que considera que "Seguro é o contrato pelo qual a seguradora, mediante retribuição pelo toma-dor de seguro, se obriga, a favor do segurado ou de terceiro, à indemnização de prejuízos resultantes, ou ao pagamento de valor pré-definido, no caso de se reali-zar um determinado evento futuro e incerto.", Pedro Martinez, Teoria e Prática dos Seguros, Lisboa, 1953, p. 1 que considera que seguro é o "Contrato aleatório em que uma das partes se obriga, mediante um certo pagamento, a indemnizar outra de um perigo ou eventual prejuízo. Se substituirmos "pagamento" por "pré-mio" e "perigo" por "risco" teremos a definição requerida, que deve ser clara e breve." e Pedro Romano Martinez, Direito dos Seguros, cit., pp. 27 e ss. e pp. 57 e ss., que defende que "Poder-se-á definir o seguro como o contrato aleatório por

E estabeleceu "Para efeitos do presente diploma entende-se por: i) "Contrato de seguro" não só o contrato de seguro mas também operações de capitalização, todos celebrados, nos termos legais e regulamentares em vigor, por empresas de seguros autorizadas a operar no território português;"[211].

A redacção desta definição é extraordinária. Afirmar que se entende por ""contrato de seguro, não só o contrato de seguro"" é algo de difícil compreensão[212] e incluir na definição que a celebra-

---

via do qual uma das partes (seguradora) se obriga, mediante o recebimento de um prémio, a suportar um risco, liquidando o sinistro que venha a ocorrer.". Veja-se, a título de exemplo, outras definições, Eugénia Alves, Guia do Consumidor de Seguros, Instituto do Consumidor e Instituto de Seguros de Portugal, 2ª edição revista, 2002, p. 7 "O contrato de seguro é o acordo escrito entre uma entidade (seguradora) que se obriga a, mediante o recebimento de determinada quantia (prémio ou prestação), indemnizar outra entidade (segurado ou terceiro) pelos prejuízos sofridos , no caso de ocorrência de um risco, ou tratando-se de um acontecimento respeitante à pessoa humana, entregar um montante ou renda (ao segurado ou beneficiário).", Javier Vergés Roger, Diego Gálvez Ochoa e Juan Fernandés Palacios, Manual de Gestion del Seguro de Vida, Centro de Estudos del Seguro, Madrid, 1992, p.10 "(-...) puede defenirse la operacion de seguro como: aquélla, en virtude de la cual, el asegurador se obliga, mediante el cobro de una prima y para el caso de que se produzca el evento cuyo riesgo es objecto de cobertura, a indemnizar el daño producido al asegurado.", Robert H. Jerry, II, Understanding Insurance Law, cit., p. 17, "(...) a contract of insurance is an agreement in which one party (the insurer), in exchange for a consideration provided by the other party (the insured), assumes the other party`s risk and distributes it across a group of similarly situated persons, each of whose risk has been assumed in a similar transaction.". Muito discutível é a definição apresentada por Mónica Dias, À Descoberta dos Seguros, cit., p. 16 que defende que "Um seguro é um contrato entre o cliente e uma companhia de seguros, através do qual é possível garantir que, em determinadas circunstâncias, o segurado terá um suporte financeiro suplementar". Esta definição parece incluir, exclusivamente, as operações relacionadas com a poupança, deixando de fora todos os seguros que assentam na indemnização de um dano, verificado um risco, e que são os predominantes. Esta definição inclui a excepção e exclui a regra.

[211] Art. 5.º alínea i) do NRGMS.

[212] Tanto mais que estamos perante um legislador maduro, que efectuou a transposição da Directiva 2002/92/CE com cerca de um ano e meio de atraso.

ção do contrato deve ser efectuada nos termos legais e regulamentares, obriga a perguntar se os contratos que não são de seguros não devem ser celebrados nesses termos[213].

Julgamos que o legislador pretendeu com esta definição assumir expressamente que as operações de capitalização também são seguros.

Ora, poucas dúvidas havia a esse respeito, assim como poucas dúvidas havia, aceitando-se a ideia praticamente unânime na doutrina de que a noção de seguro assenta no risco[214], a respeito do facto de que as operações de capitalização não são seguros nesse sentido.

Do Decreto-Lei n.º 94-B/98, de 17 de Abril, que contém o Regime Geral da Actividade Seguradora (RGAS)[215] já resulta esta ideia. Todo o ramo "Não Vida" é definido por referência a seguros, o mesmo acontecendo com uma parte substancial do ramo "Vida". Porém, nem todo. O art. 124.º do RGAS consagra que "O ramo "Vida" inclui os seguintes seguros e operações (…)", distinguindo, com toda a clareza seguros[216] e operações[217].

O n.ºs 4, 5 e 6 do art. 124.º tratam de realidades diferentes daquelas que são enumeradas nos números anteriores desse artigo e

---

[213] Esta situação não é nova, visto que já constava do art. 1.º n.º 1 do Decreto-lei n.º 388/91, de 10 de Outubro, embora fora do elenco das definições.

[214] Cfr. Pedro Romano Martinez, Direito dos Seguros, cit., pp. 57 e ss., que considera que "(…) o risco é o elemento determinante do objecto do contrato de seguro." e Robert H. Jerry, II, Understanding Insurance Law, cit., p. 10, que salienta a importância do risco no seguro, considerando que a sua transferência é a sua razão principal de existir. "When people are averse to the risk of a loss, they usually willing to pay someone else to assume the risk.". E "All contracts either expressly or implicitly allocate risk in one way or another. This discussion focuses on the use of a voluntarily created contract as a means of transferring risk." (p.16).

[215] Cfr. sobre a denominação Pedro Romano Martinez, Direito dos Seguros, cit., p. 34.

[216] Seguro de vida, seguro de nupcialidade e seguros ligados a fundos de investimento.

[217] Operações de capitalização, operações de gestão de fundos colectivos de reforma.

no art. 123.°. O que está aí em causa são operações e não seguros, realidades estruturalmente diferentes. As operações de capitalização devem a sua natureza de seguros ao facto de terem como parte uma seguradora.

Poder-se-á distinguir entre seguros em sentido material, os que assentam no binómio risco/prémio e seguros em sentido formal, os que são celebrados por uma seguradora enquanto tal[218].

Julgamos, portanto, que o que o legislador quis dizer é que qualquer contrato celebrado por uma seguradora enquanto tal é um contrato de seguro.

A nova noção de "Tomador de seguro" também aprofunda esta distinção entre contrato de seguro propriamente dito e operações de capitalização[219].

Também inovou o legislador português em relação à Directiva ao definir "Pessoa directamente envolvida na actividade de mediação de seguros ou de resseguros"que é "uma pessoa singular ligada a um mediador de seguros ou de resseguros através de um vínculo laboral ou de qualquer outra natureza e que ao seu serviço exerce ou participa no exercício de qualquer das actividade previstas nas alíneas c) ou d), em qualquer caso, em contacto directo com o cliente;".

É difícil identificar que pessoa será esta e qual a relevância da sua definição[220].

---

[218] Nem todos os contratos celebrados por uma seguradora são contratos de seguro. A seguradora, na sua qualidade de empresa, celebra contratos de diversos tipo, por exemplo, de trabalho, de compra e venda, de arrendamento, etc.

[219] O art. 5.° alínea j) define como ""Tomador de seguro" a entidade que celebra o contrato de seguro, sendo responsável pelo pagamento do prémio, incluindo o subscritor, entidade que contrata uma operação de capitalização com uma empresa de seguros, sendo responsável pelo pagamento da prestação;". Acrescenta a parte final à definição dada pelo Decreto-Lei n.° 176/95, de 26 de Julho.

[220] Poderá o legislador querer significar as pessoas físicas que, ao serviço de mediadores, pessoas singulares ou colectivas, efectivamente se relacionam com outras pessoas físicas, singulares ou em representação de pessoas colectivas

Pessoa directamente envolvida na actividade de mediação de seguros ou de resseguros são, por natureza, todos os mediadores.

A doutrina e a jurisprudência trarão, certamente, muita luz sobre esta questão.

1.2. *De mediação*

A definição de mediação surge no art. 5.º alínea c) do NRGMS e é idêntica à definição da Directiva[221], embora com uma arrumação ligeiramente diferente.

O mesmo acontece com a definição de mediação de resseguros[222], mediador de seguros[223] e mediador de resseguros[224].

2. Delimitação da mediação

A delimitação da mediação é efectuada, pela positiva, tal como na Directiva, através da definição da figura e do estabelecimento de um elenco de entidades que podem ser mediadores, desde que se encontrem devidamente registados em Portugal, ou no seu Estado-membro de origem[225].

---

e lhes explicam os seguros e lhes ajudam a resolver os sinistros? E que relevância tal terá se essas pessoas singulares agem sob a direcção ou responsabilidade de um mediador?

[221] Para efeitos do presente diploma, entende-se por: c) "mediação de seguros" qualquer actividade que consista em apresentar ou propor um contrato de seguro, ou praticar outro acto preparatório da sua celebração, em celebrar o contrato de seguro, ou em apoiar a gestão e execução desse contrato, em especial em caso de sinistro;".

[222] Cfr. art. 5.º alínea d) do NRGMS.

[223] Cfr. art. 5.º alínea e) do NRGMS, que define ""Mediador de seguros", qualquer pessoa singular ou colectiva que inicie ou exerça, mediante remuneração, a actividade de mediação de seguros."

[224] Cfr. art. 5.º alínea f) do NRGMS.

[225] Cfr. art. 1.º, 2.º e art. 7.º do NRGMS.

E é efectuada, pela negativa, estabelecendo exclusões à aplicação do diploma[226].

Ao contrário do que acontece com a Directiva que refere situações que não são consideradas mediação e situações que, sendo de mediação, não se lhes aplica o regime da Directiva, o legislador nacional entendeu reunir essas duas situações na categoria de "Exclusões".

Essas exclusões consubstanciam, como vimos[227], situações de intermediação[228].

Também no NRGMS distinção entre mediação de seguros e intermediação de seguros é essencialmente formal.

A mediação de seguros é a actividade profissional exercida pelas pessoas devidamente habilitadas[229], idóneas[230], autorizadas[231] e registadas[232] como mediadores de seguros, que praticam os actos enumerados na definição e se submetem ao Decreto-Lei n.º 144/2006, de 31 de Julho.

A mediação de seguros distingue-se não tanto pelo que é, mas por se submeter ao NRGMS. Mediador é o que está inscrito como tal. Mediação é a actividade exercida pelo mediador, nos termos da lei.

Em termos materiais, a comissão como factor distintivo entre intermediação e mediação, perde terreno.

Enquanto que, no RGMS a mediação é definida como uma actividade remunerada[233] e, a comissão é a remuneração do me-

---

[226] Cfr. art. 3.º do NRGMS.

[227] Cfr. supra III-D. Damos como reproduzidas as observações aí vertidas.

[228] Provavelmente com a excepção do art. 3.º n.º 1 alínea a) que se refere à distribuição directa, efectuada pela seguradora que não será nem mediação, nem intermediação.

[229] Cfr. art. 12.º do NRGMS.

[230] Cfr. art. 13.º do NRGMS.

[231] Desde que preencham os requisitos de acesso. Cfr. requisitos gerais de acesso art. 10.º e 11.º do NRGMS.

[232] Idem e art. 46.º e ss. que estabelece que é o Instituto de Seguros de Portugal a entidade competente para criar, manter e actualizar esse registo que deverá ser electrónico.

[233] Cfr. art. 2.º do RGMS.

diador[234], no NRGMS a remuneração deixa de figurar na definição de mediação e passa para a definição de mediador e deixa de haver uma definição de comissão como remuneração do mediador, ficando em aberto a possibilidade de outras formas de remuneração.

Tanto mais que a lei deve ser interpretada de acordo com a Directiva e esta prevê que a remuneração "(...) pode ser pecuniária ou revestir a forma de qualquer outra vantagem económica acordada e ligada à prestação fornecida por esses intermediários.".

Portanto, esbatendo-se e praticamente desaparecendo a distinção material, intensifica-se a formal. É mediação a actividade que consiste em apresentar ou propor um contrato de seguro, ou praticar outro acto preparatório da sua celebração, em celebrar o contrato de seguro, ou em apoiar a gestão e execução desse contrato, em especial em caso de sinistro, desde que exercida por um mediador devidamente registado, no âmbito do NRGMS.

A mesma actividade, exercida fora desse âmbito, será intermediação de seguros, ou consubstanciará uma prática ilícita.

3. Categorias de mediadores de seguros

O NRGMS prevê três categorias de mediadores[235]: o mediador de seguros ligado, o agente de seguros e o corretor de seguros[236].

3.1. *O mediador de seguros ligado*

O mediador de seguros ligado comporta duas espécies, bem diferenciadas: o mediador de seguros ligado a uma seguradora e o mediador de seguros acessórios.

---

[234] Cfr. art. 1.º n.º 2 alínea d).

[235] No art. 8.º.

[236] O legislador português, como o italiano entendeu automonizar a categoria de agentes, da categoria de corretores, aliás como já acontecia anteriormente. A Directiva permite, mas não obriga a esta distinção.

O mediador de seguros ligado exclusivamente a uma seguradora, age em nome e por conta de uma empresa de seguros, sob a inteira responsabilidade dessa seguradora, com base num contrato celebrado entre ambos, de acordo com norma regulamentar do Instituto de Seguros de Portugal e reduzido a escrito[237], encontrando--se legalmente inibido de movimentar fundos no âmbito dessa actividade[238]. Se a empresa à qual se encontra ligado autorizar pode, para produtos não concorrenciais, celebrar outros contratos com outras empresas de seguros[239]. Julgamos que, mesmo assim, se poderá considerar um mediador exclusivo. Não será tanto uma exclusividade em relação a uma seguradora, mas em relação a um produto. É exclusivo na medida em que não comercializa produtos concorrenciais.

O mediador de seguros acessórios tem como actividade principal outra actividade profissional, que não a mediação de seguros. Como complemento dessa actividade profissional principal, disponibiliza seguros acessórios do bem ou serviço fornecido no exercício dessa sua actividade principal[240]. Este mediador não é exclu-

---

[237] Nos termos do art. 15.° do RGMS.

[238] Não cobra prémios, nem recebe somas destinadas aos tomadores, segurados ou beneficiários do seguro, nos termos do art. 8.° alínea a) i) in fine.

[239] Julgamos que a autorização das empresas de seguros deve ser sucessiva, isto é, a empresa ou empresas a que o mediador se encontra ligado, num determinado momento, devem autorizar que esse mediador se ligue a outra empresa, que se junta ao grupo. A próxima ligação já será aprovada, também, por esta empresa. Só sabendo-se quais são os produtos já comercializados e quais vão ser comercializados na nova ligação se poderá aferir se são ou não concorrenciais. Julgamos, também, que a autorização de deve ser dada por escrito e ser entendida como um aditamento ao contrato.

[240] Parece que se incluem nesta categoria, todas as pessoas singulares ou colectivas, que comercializam seguros associados aos seus bens ou produtos. Refira-se, a título de exemplo, empresas de venda de automóveis que disponibilizam seguros automóvel; empresas que concedem crédito, que disponibilizam seguros de vida; agências de viagem, que disponibilizam seguros de assistência e acidentes pessoais, bancos que disponibilizam seguros de vida e de incêndio e outros danos em coisas a mutuários de crédito à habitação; empresas que vendem bens diversos e disponibilizam seguros com coberturas de assistência e furto ou roubo.

96 *Estudos de Direito dos Seguros – Intermediação de Seguros e Seguro de Grupo*

sivo, pode comercializar produtos concorrenciais de várias empresas de seguros. No entanto, tal como o mediador exclusivo, encontra-se inibido de movimentar fundos relacionados com os seguros. Nesta categoria o legislador não considerou que este mediador age em nome e por conta da empresa de seguros a que pertence o produto comercializado, mas consagrou que actua sob inteira responsabilidade dessa seguradora[241].

Esta inteira responsabilidade das empresas de seguros, fica consagrada no contrato escrito obrigatório.

3.2. *O agente de seguros*

É definido como a "categoria em que a pessoa exerce a actividade de mediação de seguros em nome e por conta de uma ou mais empresas de seguros ou de outro mediador de seguros, nos termos do ou dos contratos que celebra com essas entidades."[242]. Verifica-se que as diferenças desta definição, em relação à figura do mediador ligado, são que o agente não precisa de autorização das seguradoras para trabalhar com mais que uma e que pode trabalhar com outro mediador de seguros[243].

---

[241] Esta diferença poderá significar que o mediador de seguros ligado exclusivo celebra contratos e regula sinistros em nome da seguradora? Estando esta possibilidade limitada, nos termos do art. 29.º alínea a) quando a seguradora atribui, por escrito, os necessários poderes, não parece que possa resultar directamente do art. 8.º alínea a) i). E também não parece ser de admitir que o mediador de seguros acessórios não possa celebra contratos em nome da empresa de seguros, quando esta lhe atribuir, nos termos da norma do art. 29.º que se aplica a todos os mediadores, os necessários poderes, por escrito, porque tal não está previsto no art. 8.º.

[242] O contrato é também referido no art. 17.º do NRGMS.

[243] Em face desta redacção, coloca-se a questão de saber se pode exercer a actividade por conta de um só mediador, ou de mais do que um. Parece que, tendo o legislador estabelecido que, em relação às seguradores, podia ser por conta de várias, e em relação aos mediadores podia ser por conta de "outro mediador", pretendeu restringir.

3.3. *Corretor de seguros*

O corretor de seguros exerce a actividade de mediação de forma independente face às empresas de seguros, efectuando uma análise imparcial dos produtos, de modo a aconselhar o melhor para satisfazer as necessidades específicas do cliente.

Sendo independente em relação às seguradoras, não haverá lugar ao contrato escrito previsto para mediadores ligado e agentes. O corretor terá, nos termos do art. 19.º, de demonstrar que tem capacidade financeira para exercer a actividade de mediação nessa categoria[244].

4. Actividade ou contrato de mediação

Ao nível da qualificação da mediação de seguros como actividade com o conteúdo legalmente delimitado ou como tendo por base um contrato, donde resultam os direitos e os deveres das partes, o NRGMS inovou.

Quanto às definições, como já foi visto[245], a mediação mantém-se qualificada como actividade.

E é enorme o elenco de direitos e, principalmente, de deveres dos mediadores que resultam directamente da lei[246].

Após a consagração dos direitos, no art. 28.º, o legislador agrupa os deveres dos mediadores em várias categorias[247]. Existem os deveres gerais[248], os deveres para com as seguradoras e outros mediadores de seguros[249], os deveres para com os clien-

---

[245] A exigência desses requisitos aplica-se, por remissão do art. 21.º ao mediador de resseguros.

[246] Cfr. supra IV-E-1.

[246] Previstos, essencialmente, nos artigos 28.º e seguintes, salientando-se os deveres de informação.

[247] Estabelece, também, direitos e deveres do mediador de resseguros e deveres das empresas de seguros e resseguros, nos artigos 36.º a 38.º.

[248] Cfr. art. 29.º do RGMS.

[249] Cfr. art. 30.º do RGMS.

tes[250], os deveres de informação em especial[251], deveres do mediador de seguros para com o Instituto de Seguros de Portugal[252] e os deveres específicos do corretor de seguros[253].

A estes direitos e deveres dos mediadores acrescem os resultantes de contrato, quando este exista. E o que se verifica é que existe muito.

Duas das três categorias de mediadores encontram-se obrigadas a celebrar um contrato que baseie a sua actividade de mediação.

---

[250] Cfr. art. 31.º do RGMS. Destacamos, neste elenco, a alínea g) que estabelece "Não impor a obrigatoriedade de celebração de um contrato de seguro com uma determinada empresa de seguros como condição de acesso do cliente a outro bem ou serviço fornecido.". Esta condição vem sendo frequente, por exemplo, nos empréstimos bancários em que, muitas vezes, a celebração do contrato de mútuo é condicionada à celebração de um ou vários contratos de seguro com empresas de seguros do mesmo grupo económico. Esta situação também levanta algumas questões ao nível da violação de regras de concorrência e o legislador entendeu estabelecer a proibição de impor a contratação de seguros como condição para aceder a outros contratos para os mediadores. Questiona-se a relevância prática desta medida, uma vez que a empresa que faculta o bem ou serviço será livre de celebrar ou não o contrato.

[251] Cfr. art. 32.º do RGMS. O art. 33.º estabelece o modo como as informações devem ser prestadas. Destaca-se a noção de suporte duradouro, ligada aos desenvolvimentos tecnológicos que apresentam uma série de alternativas ao papel para guardar informação. Prepara-se já o caminho para o desenvolvimento da comercialização através de meios electrónicos, nomeadamente, da Internet. Destaque-se, também, a excepção do n.º 3 que se destina a enquadrar a comercialização de seguros por telefone, permitindo-se que as informações obrigatórias sejam dadas oralmente e, depois, fornecidas em suporte duradouro. Saliente-se, ainda, que neste âmbito terá aplicação a legislação sobre comércio electrónico e sobre comercialização de serviços financeiros a distância. A Directiva 2000/31/CE, de 8 de Junho, relativa ao comércio electrónico foi transposta para a ordem jurídica portuguesa pelo Decreto-Lei n.º 7/2004, de 7 de Janeiro e a Directiva n.º 2002/65/CE, de 23 de Setembro, relativa à comercialização à distância de serviços financeiros foi transposta para a ordem jurídica portuguesa pelo Decreto-lei n.º 95/2006, de 29 de Maio.

[252] Cfr. art. 34.º do NRGMS.

[253] Cfr. art. 35.º do NRGMS.

É o que acontece ao mediador ligado[254] e ao agente de seguros[255]. Esses contratos devem ser escritos e respeitar um conteúdo mínimo determinado pelo Instituto de Seguros de Portugal, através de norma regulamentar[256]. Garante-se, assim, uma harmonia básica para os contratos de mediação[257].

Estes contratos são celebrados entre o mediador e a empresa ou empresas de seguros que representam.

Só o corretor de seguros deve agir desvinculado de qualquer contrato. O legislador tem, até, o cuidado de prever que não exerça qualquer profissão que diminua a sua independência[258].

Para salvaguardar as possíveis consequências dessa independência a lei tem especiais cautelas, estabelecendo condições específicas de acesso à categoria de corretor de seguros, de que se destacam a exigência de um seguro de responsabilidade civil profissional e garantia de capacidade financeira, através de um seguro de caução ou garantia bancária.

---

[254] Nos termos do art. 15.° n.° 1 do NRGMS que estabelece que, para além de cumprir as exigências que resultam da lei, o mediador de seguros ligado tem de "(...) celebrar um contrato escrito com uma ou com várias empresas de seguros, através do qual cada empresa de seguros assume inteira responsabilidade pela sua actividade, no que se refere à mediação dos respectivos produtos.". Embora o legislador refira que o contrato em causa será com uma ou várias empresas de seguros, resulta do art. 8.° alínea a) que o mediador de seguros ligado, tem a sua ligação privilegiada com uma só empresa de seguros, podendo, caso essa seguradora autorize, ligar-se a outras para comercializar produtos não concorrenciais.

[255] Nos termos do art. 17.° n.° 1 alínea a) que estabelece que o agente de seguros deve "(...) Celebrar um contrato escrito com cada uma das empresas de seguros que vai representar, através do qual a empresa de seguros mandata o agente para, em seu nome e por sua conta, exercer a actividade de mediação, devendo aquele contrato delimitar os termos desse exercício;(...)".

[256] Cfr. art. 15.° n.° 2 e art. 17.° n.° 2.

[257] De certa forma tem algo de semelhante ao que acontece com as apólices uniformes aprovadas para alguns seguros. O contrato tem um conteúdo mínimo obrigatório e, a partir daí, é livre.

[258] Cfr. art. 19.° n.° 1 alínea a).

100 *Estudos de Direito dos Seguros – Intermediação de Seguros e Seguro de Grupo*

Assim, o mediador de seguros ligado e o agente, surgem como representantes de uma ou várias empresas de seguros que por eles se responsabilizam.

O corretor de seguros surge estruturalmente independente das empresas de seguros cujos produtos comercializa, autonomamente responsável pela sua actividade, procurando a melhor solução do mercado para o cliente[259].

Sinal inequívoco desta dependência / independência é a opção do legislador quanto à iniciativa de solicitar o registo no Instituto de Seguros de Portugal. Em relação ao mediador de seguros ligado, cabe a seguradora verifica o preenchimento dos requisitos de acesso à actividade e "(...) solicita ao Instituto de Seguros de Portugal o respectivo registo."[260]. Em relação ao agente de seguros, é responsabilidade da seguradora verificar "(...) a completa instrução do processo pelo candidato e remetê-lo ao Instituto de Seguros de Portugal para efeitos de inscrição no registo."[261]. Quanto ao corretor de seguros, "Cabe ao candidato que pretenda inscrever-se no registo

---

[259] Julgamos poder-se afirmar que o NRGMS acentua o carácter parcial do mediador. O mediador não está equidistante, neutro em relação às partes do contrato. Encontra-se ao lado de uma das partes do contrato, procurando conciliar os interesses desta com os do cliente. Essa parcialidade não é idêntica nas diversas categorias de mediadores. Os mediadores ligados e os agentes de seguros encontram-se do lado da seguradora, com a função de colocar os produtos que a empresa ou empresas com quem contrataram querem escoar para o mercado. E procuram clientes para esses produtos. Vão oferecer ao cliente a melhor solução que a seguradora, ou seguradoras, que representam tem para lhes oferecer. O corretor de seguros é parcial em relação ao cliente. É o cliente que o procura e que ele deve servir em primeira linha, encontrando no mercado a melhor solução para a sua necessidade. Esta parcialidade não tem nada de estranho, antes pelo contrário. Conforme defendemos, a imparcialidade não é uma característica da mediação. O mediador, de seguros ou de outra área, não é neutro em relação às partes. Pelo contrário, é incumbido por uma parte, para encontrar no mercado a outra parte interessada em celebrar o negócio que a primeira deseja concretizar.

[260] Cfr. art. 16.º do NRGMS.

[261] Cfr. art. 18.º do NRGMS.

instruir o respectivo processo e remetê-lo ao Instituto de Seguros de Portugal, requerendo a sua inscrição."[262].

O corretor de seguros estará especialmente habilitado a basear os seus conselhos numa análise imparcial[263].

O facto de o legislador não prever que a actividade de mediação do corretor de seguros se baseie num contrato, não significa que não possa existir esse contrato. E, no caso do corretor, é até provável que, a existir, o contrato de mediação seja celebrado com o cliente de seguros e não com as seguradoras[264].

No entanto, embora sejam obrigatórios os contratos de mediação das empresas de seguros com os mediadores de seguros ligados e os agentes de seguros e possam existir contratos de mediação a basear a actividade do corretor, é directamente da lei que resulta, substancialmente, o regime aplicável à actividade de mediação.

---

[262] Cfr. art. 19.º do NRGMS.

[263] Cfr. art. 32.º n.º 4. O legislador estabeleceu que "Quando o mediador de seguros informar o cliente que baseia os seus conselhos numa análise imparcial, é obrigado a dar esses conselhos com base na análise de um número suficiente de contratos de seguro disponíveis no mercado que lhe permita fazer uma recomendação, de acordo com critérios profissionais quanto ao contrato mais adequado às necessidades do cliente.", o que abrange todas as categorias de mediadores. Embora quando define essas categorias no art. 8.º, restrinja a análise imparcial ao corretor de seguros. No entanto, julgamos que o mediador ligado se encontra muito limitado na possibilidade de efectuar análises imparciais, visto que só pode comercializar os produtos de uma seguradora, ou de várias desde que não sejam concorrenciais. Só terá, portanto, um produto para oferecer. Ou mais que um da mesma seguradora. Pode-se sempre admitir que analisará o número suficiente de condições contratuais existentes no mercado para poder chegar à conclusão que o único produto que tem para comercializar é o melhor para aquele cliente. Mas é forçado.

[264] A figura do corretor está construída de modo a garantir um conhecimento muito abrangente do mercado e um exercício da actividade mais impulsionado pelo cliente, que pela seguradora. Da definição de corretor de seguros resulta esta independência em relação às seguradoras, este conhecimento do mercado e esta perspectiva de aconselhar o cliente tendo em conta as suas necessidades específicas e os produtos disponíveis no mercado.

O NRGMS vem assumir, com maior clareza, a distinção entre mediadores de seguros dependentes e independentes, estabelecendo também graus diferentes de dependência.

Tanto o mediador de seguros ligado, como o agente de seguros se encontram especificamente relacionados com uma ou mais seguradoras, que assumem a responsabilidade por os contratarem para colocar os seus produtos no mercado. A dependência do mediador ligado é mais intensa que a do agente.

O corretor surge no mercado como independente, imparcial, autónomo, financeiramente robusto, com garantias de que poderá, sozinho, assumir as responsabilidades resultantes da comercialização de seguros que efectua.

Com esta diferenciação, ficou aberto o caminho para diversas respostas às questões problemáticas que a mediação levanta, no que diz respeito à responsabilidade dos mediadores.

O NRGMS deixa, como se viu, pouca margem à intermediação de seguros, visto que tem, tal como a Directiva, uma grande preocupação de abrangência das situações de distribuição indirecta de seguros.

No entanto, assume que existe intermediação para além da mediação, como não poderia deixar de ser na medida em que transpõe a directiva.

Ficam para a sede da intermediação as "Exclusões" do art. 3.º, que se reconduzem, no essencial, à intermediação ocasional, no âmbito do exercício de outra profissão, que não a mediação de seguros e à comercialização de seguros associados directamente a bens ou serviços, com os rigorosos e pormenorizados contornos que esse artigo estabelece.

A transparência é sempre um valor importante a considerar e, na área seguradora, o NRGMS é mais um passo no sentido de objectivar o mercado e de o tornar claro.

V – CONCLUSÕES

1. A comercialização de seguros pode ser efectuada através de distribuição directa ou indirecta, consoante seja efectuada pelas seguradoras ou por terceiros.

2. Existem vários canais de distribuição indirecta de seguros, de que se destacam a mediação, os bancos e os correios, a Internet e o telefone.

3. Os seguros de grupo são, também, um canal de distribuição indirecta de seguros.

4. A distribuição indirecta origina alguns problemas específicos.

5. A responsabilidade do terceiro que intervém e o cumprimento dos deveres de informação são questões que poderão ter novas respostas com o novo regime.

6. A distribuição indirecta é efectuada através da intermediação de seguros.

7. A intermediação de seguros em sentido lato, engloba a mediação de seguros, exercida no âmbito da lei da mediação e a intermediação em sentido restrito, simplesmente designada por intermediação, exercida fora desse âmbito e dentro dos limites impostos pelo ordenamento jurídico.

8. Mediação de seguros é toda a actividade que tem em vista a celebração e/ou execução de contratos de seguro, sujeita à legislação específica que a regula.

9. Intermediação de seguros stricto sensu é toda a actividade

legal de distribuição de seguros ou execução de contratos de seguro, que não esteja sujeita às regras específicas da mediação.

10. A evolução legislativa recente passa pelo Decreto-Lei n.º 388/91, de 10 de Outubro, pela Directiva 2002/92/CE, do Parlamento Europeu e do Conselho, de 9 de Dezembro e pelo Decreto--Lei n.º 144/2006, 31 de Julho.

11. A intermediação lato sensu, no âmbito do Decreto-Lei n.º 388/91, de 10 de Outubro, é legalmente admitida aos mediadores, aos bancos, às instituições financeiras de crédito, aos correios e às agências de viagens, aos tomadores de seguros. Será, também, admitida, a intermediação ocasional.

12. A Directiva da mediação admite, com mais clareza a possibilidade de intermediação de seguros, a par da mediação de seguros em sentido estrito, prevendo a intermediação ocasional e outras situações de intermediação fora da mediação de seguros, nomeadamente a comercialização de seguros como complemento de bens ou serviços por parte de quem não tem como actividade principal a mediação de seguros, dentro dos apertados limites que estabelece.

13. O Decreto-Lei n.º 144/2006, 31 de Julho reproduz a Directiva, embora com uma arrumação diferente que em muito contribui para criar confusão.

14. A intermediação, com o NRGMS passa a ficar afecta às situações enumeradas no art. 3.º e qualificadas como "exclusões" ao regime da mediação que se reconduzem, no essencial, à intermediação ocasional, no âmbito do exercício de outra profissão, que não a mediação de seguros e à comercialização de seguros associados directamente a bens ou serviços, com os rigorosos e pormenorizados contornos que esse artigo estabelece.

15. A distinção entre intermediação de seguros e mediação é formal.

16. A actividade de mediação propriamente dita só pode ser exercida por mediadores inscritos no Institutos de Seguros de Por-

tugal, que cumpram os requisitos da Lei da Mediação. Qualquer outra intervenção legal de um terceiro na celebração ou assistência de um contrato de seguro será intermediação.

17. A mediação de seguros pode ou não aparecer associada a um contrato de mediação, de agência, de estágio ou outro.

18. A mediação de seguros é uma actividade profissional, com os contornos legalmente definidos, exercida por mediadores autorizados, inscritos num registo próprio e devidamente habilitados ao exercício dessa profissão.

19. As categorias de mediadores no RGMS são os agentes, os angariadores e os corretores de seguros.

20. As categorias de mediadores no NRGMS são os mediadores ligados, os agentes e os corretores de seguros.

21. A mediação de seguros, no RGMS é uma actividade remunerada através de comissão, que tem em vista a celebração, assistência na execução ou ambas de contratos de seguro e operações de seguro, em Portugal, exercida por quem está devidamente registado.

22. No NRGMS a mediação de seguros é qualquer actividade que consista em apresentar ou propor um contrato de seguro, ou praticar outro acto preparatório da sua celebração, em celebrar o contrato de seguro, ou em apoiar a gestão e execução desse contrato, em especial em caso de sinistro, praticada por um mediador de seguros, devidamente registado.

23. No NRGMS a actividade de mediação exercida pelos mediadores de seguros ligados e pelos agentes pressupõe um contrato escrito, celebrado com cada seguradora dos produtos que comercializam.

24. O corretor de seguros é independente e imparcial.

25. A actividade de mediação ou de intermediação fora dos limites legais é ilícita e punível.

26. O âmbito da intermediação fica mais restrito e mais claro com o NRGMS.

27. O NRGMS é um contributo para a transparência do mercado de seguros.

BIBLIOGRAFIA

ALMEIDA, José Carlos Moitinho de – "Cláusulas Abusivas e o Contrato de Seguro", Comunicação no Congresso Luso-Hispano de Direito dos Seguros, Lisboa, Novembro 2005.
 – O Contrato de Seguro no Direito Português e Comparado, Livraria Sá da Costa, Lisboa, 1971.
 – "O Mediador na conclusão e execução do contrato de seguro", in Scientia Iuridica, Tomo LV, n.º 305, Jan.-Mar. 2006, pp. 23 e ss..

ALVES, Eugénia – Guia do Consumidor de Seguros, Instituto do Consumidor e Instituto de Seguros de Portugal, 2ª edição revista, 2002.

ALVES, Paula – "Comunicação e Informação de Cláusulas Contratuais Gerais – Especificidades do Contrato de Seguro", in Fórum, Ano VI, n.º 14, Janeiro 2002, pp. 31 e ss..

AUDIGIER, Isabelle e Stéphane Coutin – «Intermédiaires, Un passeport pour l`Europe», in La Tribune de l`Assurance, n.º 64, Janeiro 2003, pp. 22 e ss..

BAARS, Geoff e Nick Sennett, The fundamentals of group insurance, Swiss Re Zurich, 1994.

BARATA, Carlos Lacerda – Contrato de Mediação, Separata da obra "Estudos de Direito do Consumo", Almedina, 2002.

BARROSO, Maria Ana – "A nova lei da mediação vai beneficiar a banca e os CTT", entrevista ao Presidente da Associação de Corretores de Seguros, in Semanário Económico, 30/09/2005.

BICHOT, Pierre – «Commerce Électronique, La distribution de contrats d'assurance en ligne», in La Tribune de l'Assurances, n.º 97, Février 2006, pág. 23 a 26.

BIGOT, Jean e Daniel Langé – Traité de Droit des Assurances, tome 2, La distribuition de l'assurance, Paris, 1999.

BINON, Jean-Marc et Marie-Anne Crijns – L'Assurance Groupe en Belgique, Collection Droit des Assurances, n.º 9, Academia Bruylant, Bruxelles, 1996.

BRITO, Maria Helena, O Contrato de Concessão Comercial, Almedina, Coimbra, 1990.

CALDAS, Luís Filipe – "Direitos e Deveres de Informação: Sanção das Declarações Inexactas do Tomador", in III Congresso Nacional de Direito dos Seguros, Almedina, 2003, pág. 279 a 289.

CAMACHO CLAVIJO, Sandra – "Contratação Electrónica de Seguros", Comunicação no Congresso Luso-Hispano de Direito dos Seguros, Lisboa, Novembro 2005.

CANDIAN, Aurélio Donato – "Lo scenario dell'intermediazione assicurativa", in Diritto ed Economia dell'Assicurazione", n.º 2-3, 2005, pág. 605 a 645.

CARDOSO, Catarina Figueiredo – "A actividade seguradora na Internet, Alguns Aspectos", in Fórum, Ano VI, n.º 15, Agosto 2003, pp. 19 e ss.
  – "A obrigação de prestação de informações pré-contratuais no âmbito da actividade seguradora e dos fundos de pensões", O comércio electrónico em especial, in Fórum, Ano VIII, n.º 19, Agosto 2004, pp. 19 e ss.
  – "O contrato de Seguro na Internet, Alguns Aspectos", in Fórum, Ano VII, n.º 16, Janeiro 2003, pp. 45 e ss..

CASTANHO, António – "A intermediação de seguros e a sua regulamentação", in Fórum, n.º 11, Agosto, 2000, pp. 29 e ss..

CONDE, Mónica Calonge – "Las Modificaciones del Régimen de Contratación en Seguro en la Ley 34/2003 y en el Real Decreto 397/2004", in Revista Española de Seguros, n.º 120, Outubro / Dezembro 2004, pp. 535 e ss..

CONTANT, Albert – Guide des Assurances, Pierre Roger Cia, Éditeurs, Paris, 1911.

CORDEIRO, António Menezes – Do Contrato de Concessão Comercial, Separata da Revista da Ordem dos Advogados, Abril 2000.
– Manual de Direito Comercial, Almedina, 2001.

CORDEIRO, António Meneses e Carla Teixeira Morgado – Leis dos Seguros anotadas, Almedina, 2002.

CUCINOTTA, Giovanni – "Il rischio, la responsabilità sociale e la Comunicazione Assicurativa", in Assicurazioni Rivista di Diritto, Economia e Finanza delle Assicurazioni Private, Anno LXXII, n.º 3, Luglio-Settembre 2005.

D`ALTE, Sofia Tomé – O Contrato de Concessão Comercial, Separata da Revista da Faculdade de Direito da Universidade de Lisboa, Vol. XLII, n.º 2, Coimbra Editora, 2001.

DEFRANCE, Gerard – «Obligation d`information de la bancque souscriptrice», in L`Argus de L`Assurance, Dossier Juridiques, n.º 6962, 27 Janvier 2006, pp. 1 e ss..

DEVINE, Patrick – Insurance Intermediaries in the EEC, Lloyd`s os London Press, London, 1992.

DIAS, Mónica – À Descoberta dos Seguros, Guias Práticos DECO, 2002.

DUFRÊNE, Catherine e Anne Vathaire, com Gérard Defrance – «Directive sur L`Intermédiation, Le décret que menace le courtiers», L`Argus de L`Assurance, n.º 6968, 10 mars 2006, pp. 8 e ss..

FAGNAT, Jean-Luc – Bancasurfinance, Collection de la Faculté de Droit de l`Université Libre de Bruxelles, Bruylant, Bruxelles, 2005.

GARCIA, Cristina – "Información en y para Internet", in Actualidad aseguradora, n.º 13, año 112, 14-IV-3003, p. 37.

GOMES, José Caramelo – "Contrato de Seguro e Tecnologias de Informação", in III Congresso Nacional de Direito dos Seguros, Almedina, 2003, pp. 65 e ss..

GOMES, Júlio – "O Dever de Informar do Tomador de Seguro na Fase Pré-contratual", in II Congresso Nacional de Direito dos Seguros, Almedina, 2001, pág. 75 a 113.

GONZÁLEZ, Óscar – "Los sistemas de negociación online (e-markets)", in Actualidad aseguradora, n.º 13, año 112, 14-IV-3003, pp. 39 e ss..

GOSSOU, Sylvestre – «Bancassurance Questions de Vocabulaire», in La Tribune de l`Assurance, n.º 97, Janvier 2006, pp. 25 e ss..

GOUVEIA, Mariana França e Jorge Morais Carvalho – Conflitos de Consumo, Almedina, 2006.

GRÉGROIRE, Vanessa de Francquen et Michèle – «Bancassurfinance Devoir d`Information», in Bancassurfinance, sous la direction de Jean-Luc Fagnart, Collection de la Faculté de Droit de L`Université Libre de Bruxelles, Bruylant, Bruxelles, 2005, pág. 339 a 362.

GRETZ, Francis et Claude Pichot – Connaître et Comprendre la Loi sur le Contrat d`Assurance Terrestre, La Tribune de l`Assurance, 1997, Paris.

GUEDES-VIEIRA, Manuel – "Mediação de Seguros: um comentário à nova legislação", in Semanário Económico, 12/03/2004.

GUIMARÃES, Miguel – "Soluções Seguradoras para Desafios Sociais", in O Economista, Anuário da Economia Portuguesa, 2005

HAUTE, Erik van den – «La vente de produits d`Assurance par les Banques: Pièges et Écueils», in Bancassurfinance, sous la direction de Jean-Luc Fagnart, Collection de la Faculté de Droit de L`Université Libre de Bruxelles, Bruylant, Bruxelles, 2005 pág. 203 a 257.

Henley, Christopher – The law of Insurance Broking, Sweet & Maxwell, Londom, 2004.

HARDY, Roland e François Glansdorff– «La Protection à l`Égard des Clauses Abusives», in Bancassurfinance, Collection de la Faculté de Droit de L`Université Libre de Bruxelles, Bruylant, Bruxelles, 2005, pp. 491 e ss.

ILLESCAS ORTIZ, Rafael e Maria José Morrillas Jarilho – Código de Seguros, Séptima Edición, Tecnos, Madrid, 2004.

ILLESCAS ORTIZ, Rafael – "Contratação Electrónica de Seguros", Comunicação no Congresso Luso-Hispano de Direito dos Seguros, Lisboa, Novembro 2005.

INSTITUTO DE SEGUROS DE PORTUGAL – Directiva sobre Intermediação de Seguros, Relatório da Reunião em Bruxelas, de 29/09/1999, disponível na Biblioteca do Instituto de Seguros de Portugal, Cota 04.00/02.0270.

INSTITUTO DE SEGUROS DE PORTUGAL – A Mediação, Prospecto Informativo sobre dados estatísticos de Mediação, referente a 2003, disponível gratuitamente na Biblioteca do Instituto de Seguros de Portugal.

JERRY, Robert H. – Understanding Insurance Law, Legal Texts Series, Matthew Bender, USA, 1996.

LABBÉ, Claire Labbé – «Sida et Assurances», in Les Dossiers du Journal des Tribunaux, n.º 3, Bruxelles, 1994, pp. 56 e ss.

LAFIN, Isabelle Monin – «Vers un meilleur contrôle de l'intermédiation», in Droit & Technique, n.º 98, février 2006, pág. 21 a 22.

LAMBERT-FAIVRE, Yvonne – Droit des Assurances, Dalloz, 11.ª Edição, 2001.

MADEIRA, José Diogo – "E-seguros: Oportunidades e ameaças", Fórum, Ano IV, n.º 12, Dezembro 2000, pp. 47 e ss..

MANGHETTI, Giovanni – "Multinational Insurance Groups: The Main Problem for Supervisors", in The Geneva Papers on Risk and Insurance, Vol. 27, n.º 3 (July 2002), pp. 310 e ss..

MARQUES, Diamantino – "A histórica aliança seguradoras e intermediários", Global, Lisboa, 1998, disponível na Biblioteca do Instituto de Seguros de portugal, cota 04.00/02.0246.

MARTINEZ, Pedro – Teoria e Prática dos Seguros, Lisboa, 1953.

MARTINEZ, Pedro Romano – "Conteúdo do Contrato de Seguro e

114 *Estudos de Direito dos Seguros – Intermediação de Seguros e Seguro de Grupo*

Interpretação das Respectivas Cláusulas", in II Congresso Nacional de Direito dos Seguros, Almedina, 2001, pp. 59 e ss..
– de Seguro e Informática", in III Congresso Nacional de Direito dos Seguros, Almedina, 2003, pp. 27 e ss..
– Direito dos Seguros, Principia, 1ª Edição, 2006.

Martins, José Valente – Notas Práticas sobre o Contrato de Seguro, Quid Juris, 2006.

Martins, Manuel da Costa – "Contributo para a Delimitação do âmbito da Boa Fé no Contrato de Seguro", in III Congresso Nacional de Direito dos Seguros, Almedina, 2003, pp. 167 e ss..

Meira, Carlos – "Bancassurance" in Bolsa dos Seguros, Revista de Seguros e Pensões, Ano 9, n.° 23, Maio 2006, pp. 22 e ss..

Mendoza, Elena – "Internet, evolución de los modelos de negocio", in Actualidad aseguradora, n.° 13, año 112, 14-IV-3003, p. 38.

Monteiro, António Pinto – Contrato de Agência, Anotação ao Decreto-lei n.° 178/86, de 3 de Julho, 2.ª Edição Actualizada, Almedina, Coimbra, 1993.

Morgado, José Pereira – "A Mediação de Seguros", in Boletim Informativo APS, n.° 108, Março 2003, pp. 4 e ss..

Oliveira, Arnaldo Filipe – "Cláusulas Abusivas e o Contrato de Seguro", Comunicação no Congresso Luso-Hispano de Direito dos Seguros, Lisboa, Novembro 2005.
– "Contratos de Seguro Face ao Regime das Cláusulas Contratuais Gerais", in BMJ 448, 1995, pp. 69 e ss..
– "Dois Exemplos Portuguesas da Resistência Material do Contrato de Seguro ao Direito das Cláusulas Contratuais Gerais", in BMJ 467, 1997, pp. 5 e ss..

Pereira, Eduardo Farinha – "Caracterização da actividade de mediação de seguros", in Fórum, n.° 22, Maio 2006, pág. 26 a 62, também publicado no Relatório do Sector Segurador e Fundos de Pensões, disponível no sitio do Instituto de Seguros de Portugal, em http://www.isp.pt/NR/rdonlyres/896BB28B-1D79-4939-8CA9-00F136DDF8B9/0/RelSecSegFP2004 NET.pdf

PIZZARRO, Sebastião Nóbrega e Margarida Mendes Calixto – Contratos Financeiros, Almedina, Coimbra, 1995.

PORTUGAL, Luís – "Banca e Seguros de mãos dadas", Dossier in Bolsa dos Seguros, Revista de Seguros e Pensões, Ano 9, n.º 23, Maio 2006, pp. 28 e ss..

PORRAS RODRIGUEZ, António – El Seguro de Grupo, Aspectos normativos, técnicos y actuariales, Centro de Estudios del Seguro, S.A., Madrid, 1991.

PUTZOLU, Giovanna Volpe – "L´attuazione della direttiva sulla intermediazione assicurativa. Doveri e responsabillità degli intermediari", in Assicurazioni: Rivista di Diritto, Economia e Finnanza dell Assicurazioni Private, n.º 3, Luglio-Settembre 2004, pp. 329 e ss..

QUINTÁNS EIRAS, Rocío – "Proyeto de Ley de Mediación de Seguros y Reaseguros Privados", R.E.S. AIDA, 2005, 122, pp. 287 e ss..

RIBERA, Amparo – "Fidelización en Bancaseguros", in Actualidad Aseguradora, n.º 3/2006, 30 enero, año 115, p. 13.

ROGER, Javier Vergés, Diego Gálvez Ochoa e Juan Fernandés Palacios – Manual de Gestion del Seguro de Vida, Centro de Estudos del Seguro, Madrid, 1992.

ROSSETTI, Marco – "Intermediari: le nuove "regole di gioco"", in Assicurazioni, Rivista di Diritto, Economia e Finnanza dell Assicurazioni Private, Ano LXXII, n.º 2, Aprile-Giugno 2005, p. 301 e ss..

SÁ, Almeno de – Cláusulas Contratuais Gerais e Directiva sobre Cláusulas Abusivas, 2ª Edição, Almedina, 2001.

SALVADOR, Manuel J.G. – Contrato de Mediação, Lisboa, 1964.

SENDIN, Paulo M. E Arnaldo F. Da Costa Oliveira – Seguros e Fundos de Pensões, in Colectânea de Legislação Comercial, Tomo IV, Centro de Direito Comercial e de Direito da Economia da Faculdade de Direito da Universidade Católica Lisboa, Almedina, 2002.

116 *Estudos de Direito dos Seguros – Intermediação de Seguros e Seguro de Grupo*

SILVA, João Calvão da – Banca, Bolsa e Seguros, Tomo I, Parte Geral, Almedina, 2005.

SILVEIRA, Francisco Caeiro da – Seguros em Ambiente Digital – Cadeia de Fornecimento e Qualidade de Serviço, Universidade de Aveiro, 2005.

SOUSA, José Passos de – "Directiva Relativa à Mediação de Seguros", in III Congresso Nacional de Direito dos Seguros, Almedina, 2003, pp. 233 e ss..

TIRADO SUAREZ, Francisco Javier – "Cláusulas Abusivas e o Contrato de Seguro", Comunicação no Congresso Luso-Hispano de Direito dos Seguros, Lisboa, Novembro 2005.

TORRES, José Luis Pérez – "Operadores irresponsables", in Actualidad Aseguradora, n.º 3/2006, 30 enero, año 115, p. 34.

TOURNAI, René Carton de e Charles Deleers – Les Assurances de Groupes, Eléments techniques, juridiques, sociaux et fiscaux, Bruxelles, 1965.

VARENBERG, André Van – «Transparence des Rémunérations et Devoir d`Information, Bienvenue en Absurdie!», in Le Monde de l`Assurance, n.º 2006.1, du 15 au 31 janvier 2006.

VASQUES, José – "Declaração do Risco, Deveres de Informação e Boa Fé", in Boletim Informativo da Spaida, n.º 1, Janeiro 2004.
– Contrato de Seguro, Coimbra Editora, 1999.
– Direito dos Seguros, Coimbra Editora, 2005.

VIEIRA, José Alberto – O Contrato de Concessão Comercial, Relatório de Direito Comercial no Mestrado de Ciências Jurídicas, Faculdade de Direito de Lisboa, 1990.
– "O dever de Informação do Tomador de Seguro em Contrato de Seguro Automóvel", Separata dos Estudos em Memória do Professor Doutor António Marques dos Santos, Volume I, Almedina, 2005.

WALTER, Phillip – "Inversion en tecnología: la mejor estrategia para los mediadores", in Actualidad Aseguradora, n.º 6, año 115, 20/02/2006, pp. 6 e ss..

SÍTIOS NA INTERNET

http://www.portugal.gov.pt (Governo português)

http://www.lojadocidadao.pt (Loja do Cidadão)

http://www.dgci.min-financas.pt (Direcção-Geral das Contribuições e Impostos)

http://www.cfe.iapmei.pt (Centro de Formalidades de Empresas)

http://www.seg-social.pt (Segurança Social)

http://www.dr.incm.pt (Diário da República electrónico)

http://www.dgsi.pt (Instituto das Tecnologias da Informação na Justiça)

http://www.europa.eu.int/eur-lex/pt (Eurolex)

http://www.gddc.pt (Gabinete de Documentação e Direito Comparado)

http://www.oa.pt (Ordem dos Advogados)

http://www.webopedia.internet.com (Enciclopédia da Internet)

http://www.portoeditora.pt (Dicionário de português on-line)

http://www.legifrance.gouv.fr (legislação francesa)

http://www.journal-oficiel.gouv.fr. (legislação francesa)

http://www.ccamip.fr (Comissão de Controle de Seguros)

http://www.millenniumbcp.pt (Millenium BCP)

http://www.stimpostos.pt (Sindicato dos Trabalhadores dos Impostos)

http://www.asjp.pt (Associação Sindical dos Juízes Portugueses)

http://www.ordemeconomistas.pt (Ordem dos Economistas)

http://ant.online.pt (Associação Nacional de Topógrafos)

http://www.aopa.pt (AOPA)

http://www.interpass.pt (Interpass)

http://www.amna.pt (Associação de Município do Norte Alentejano)

http://edp.pt (EDP)

http://www.bancocetelem.pt (Banco Cetelem)

http://www.contasempre.com (Conta Sempre)

http://unibancoseguros.net (Unicre)

http://www.isp.pt (Instituto de Seguros de Portugal)

http://www.aps.pt (Associação Portuguesa de Seguradores)

ANEXO DE LEGISLAÇÃO

DECRETO-LEI N.º 144/2006, DE 31 DE JULHO

Pelo presente decreto-lei procede-se à transposição da Directiva n.º 2002/92/CE, do Parlamento Europeu e do Conselho, de 9 de Dezembro, relativa à mediação de seguros, adiante designada por directiva, que visa, por um lado, a coordenação das disposições nacionais relativas aos requisitos profissionais e ao registo das pessoas que nos diversos Estados membros exercem a actividade de mediação de seguros ou de resseguros, tendo em vista a realização do mercado único no sector e, por outro lado, o reforço da protecção dos consumidores neste domínio.

A necessidade de transposição da directiva constitui, ainda, a oportunidade para a revisão global do actual ordenamento jurídico nacional em matéria de mediação de seguros, uma vez que se reconhece que o mesmo carece de actualização face à evolução do mercado segurador, às novas técnicas de comercialização de seguros e às exigências de aumento da confiança no mercado, mediante o incremento da profissionalização, da credibilidade e da transparência na actividade de mediação de seguros.

Tendo presente esta dupla vertente – transposição da directiva comunitária e revisão global do enquadramento jurídico da actividade de mediação de seguros –, o novo regime jurídico norteia-se por um conjunto de princípios que se reflectem nas soluções consagradas e dos quais se destacam:

a) O evitar o desalinhamento do regime jurídico nacional com o predominante nos restantes Estados membros da União Europeia, ainda que contemplando as especificidades do mercado português;

b) A manutenção de condições de concorrência equitativas entre os mediadores sediados em Portugal face aos operadores dos restantes Estados membros, sobretudo quando o novo regime visa facilitar o exercício da actividade no território de outros Estados membros, através de estabelecimento ou de livre prestação de serviços;

c) A simplificação, racionalização dos recursos e aumento da eficácia da supervisão da mediação de seguros;

d) A co-responsabilização de todos os intervenientes no mercado segurador;

e) A proporcionalidade das exigências face aos benefícios que delas podem decorrer;

f) A necessidade de diminuir a assimetria de informação entre o mediador de seguros e o tomador do seguro.

A partir da entrada em vigor deste decreto-lei, como decorrência da directiva e do correspondente imperativo de profissionalização e de garantia de condições idênticas à generalidade dos operadores, toda e qualquer actividade que consista em apresentar ou propor um contrato de seguro ou de resseguro, praticar outro acto preparatório da sua celebração, celebrar esses contratos ou apoiar a sua gestão e execução, independentemente do canal de distribuição – incluindo os operadores de banca-seguros –, passa a estar sujeita às condições de acesso e de exercício estabelecidas neste decreto-lei.

Excluíram-se, no entanto, em correspondência com o regime previsto na directiva, algumas actividades assimiláveis ou próximas da mediação de seguros ou de resseguros, por se considerar não suscitarem a necessidade de uma intervenção regulamentar equivalente à da mediação, ou por já disporem de um regime jurídico específico.

Em contrapartida, embora a directiva não abranja a actividade de mediação no âmbito de fundos de pensões, considerou-se relevante, na perspectiva da protecção dos interesses dos consumidores e à semelhança do regime vigente até agora, aplicar-lhe o quadro legal da mediação de seguros, sem prejuízo de não beneficiar do sistema de «passaporte comunitário».

Em termos de condições de acesso, consagra-se o princípio de que a actividade de mediação de seguros ou de resseguros no território português só pode ser exercida por pessoas residentes, ou cuja sede social se situe em Portugal, que se encontrem inscritas no registo de mediadores ou por mediadores registados em outros Estados membros da União Europeia.

O Instituto de Seguros de Portugal é a autoridade responsável pela criação, manutenção e actualização permanente do registo electrónico dos mediadores de seguros ou de resseguros residentes ou cuja sede social se situe em Portugal, bem como pela implementação dos meios necessários para que qualquer interessado possa aceder, de forma fácil e rápida, à informação relevante proveniente desse registo.

Se os mediadores de resseguros constituem uma categoria única, os mediadores de seguros passam a poder optar pelo registo numa de três categorias distintas, que se caracterizam, fundamentalmente, pela maior ou menor proximidade ou grau de dependência ou de vinculação às empresas de seguros. Assim, o mediador de seguros ligado exerce a sua actividade em nome e por conta de uma empresa de seguros ou, com autorização desta, de várias empresas de seguros, caso os produtos não sejam concorrentes, não recebe prémios ou somas destinadas aos tomadores de seguros, segurados ou beneficiários e actua sob inteira responsabilidade dessas empresas de seguros. Enquadra-se também nesta categoria o mediador que, nas mesmas condições – excepto no que respeita à limitação do número de empresas em nome das quais pode actuar –, exerce a actividade de mediação de seguros em complemento da sua actividade profissional, sempre que o seguro seja acessório aos bens ou serviços fornecidos no âmbito dessa actividade principal.

O agente de seguros exerce a actividade de mediação de seguros em nome e por conta de uma ou várias empresas de seguros, nos termos do contrato que celebre com essa ou essas empresas de seguros, podendo receber prémios ou somas destinados aos tomadores de seguros, segurados ou beneficiários.

Por último, a qualificação de corretor de seguros fica reservada às pessoas que exercem a actividade de mediação de seguros de forma independente face às empresas de seguros, baseando a sua actividade numa análise imparcial de um número suficiente de contratos de seguro disponíveis no mercado que lhe permita aconselhar o cliente tendo em conta as suas necessidades específicas.

Para poderem inscrever-se no registo de mediadores junto do Instituto de Seguros de Portugal, e manter a respectiva inscrição, todos os mediadores de seguros ou de resseguros têm de preencher um conjunto de condições relevantes que demonstrem os seus conhecimentos, aptidões e idoneidade para o exercício da actividade. No caso de pessoas colectivas, essas condições têm de ser satisfeitas pelos membros do órgão de administração responsáveis pela actividade de mediação e pelas pessoas directamente envolvidas na actividade de mediação.

Adicionalmente, excepto quanto à categoria de mediador de seguros ligado, em que a responsabilidade pela sua actuação é plenamente assumida pela empresa de seguros à qual se encontre vinculado, os mediadores estão obrigados a celebrar um seguro de responsabilidade civil profissional que abranja todo o território da União Europeia.

Por outro lado, o acesso à categoria de corretor de seguros, embora flexibilizado face ao regime anterior, depende do preenchimento de condições ajustadas às características da categoria, como a verificação da aptidão dos detentores de participações qualificadas, ou a exigência de seguro de caução ou garantia bancária para efeitos de garantir o efectivo pagamento dos montantes de que sejam devedores.

O tipo de relacionamento entre o mediador de seguros e as empresas de seguros reflecte-se também na tramitação do processo de inscrição no registo de mediadores.

Assim, quanto à categoria de mediador de seguros ligado, como contrapartida da inteira responsabilidade das empresas de seguros no que respeita à mediação dos respectivos produtos, confere-se-lhes a competência para a verificação do preenchimento dos requisitos de acesso pelo candidato a mediador, cabendo ao Instituto de Seguros de Portugal apenas o respectivo registo. Na categoria de agente de seguros, a estreita conexão com as empresas de seguros em nome e por conta das quais actua justifica a partilha de competências com o Instituto de Seguros de Portugal, cabendo às empresas de seguros a instrução do processo e ao Instituto a verificação do preenchimento dos requisitos de acesso pelo candidato a mediador. Por último, quanto às categorias de corretor de seguros e de mediador de resseguros, o processo de inscrição no registo corre entre o próprio candidato e o Instituto de Seguros de Portugal.

Da directiva resulta, ainda, que a inscrição no registo de um Estado membro habilita o mediador de seguros ou de resseguros a exercer a actividade no território de outros Estados membros da União Europeia. Em consonância com este princípio, o presente decreto-lei limita-se a prever as formalidades necessárias para o início de actividade no território português de mediador registado em outro Estado membro e, ao invés, para o início de actividade de mediador de seguros registado em Portugal no território de outros Estados membros.

No capítulo das condições de exercício, merecem destaque, entre os diversos deveres a cargo dos mediadores, os detalhados deveres de informação ao cliente e as condições em que as informações devem ser transmitidas.

Igualmente relevantes, na perspectiva da protecção dos clientes, são as regras fixadas para a movimentação de fundos relativos ao contrato de seguro. Assim, os prémios entregues ao agente de seguros autorizado a movimentar fundos relativos ao contrato são sempre considerados como se tivessem sido pagos à empresa de seguros, e os montantes entregues pela empresa de seguros ao agente só são tratados como tendo sido pagos ao tomador de seguro, segurado ou beneficiário, depois de estes terem recebido efectivamente esses montantes. Os prémios entregues pelo tomador de seguro ao corretor de seguros são considerados como se tivessem sido pagos à empresa de seguros se o corretor entregar simultaneamente ao tomador o recibo de prémio emitido pela empresa de seguros. Acresce-se que os mediadores de seguros devem depositar as quantias referentes a prémios recebidos para serem entregues às empresas de seguros e os montantes recebidos para serem transferidos para tomadores de seguros, segurados ou beneficiários, em conta «clientes» segregada relativamente ao seu património próprio.

De sublinhar o papel que a formação dos mediadores de seguros, quer inicial quer contínua, assume no contexto do novo regime jurídico, revelando-se essencial para a prossecução dos objectivos que presidiram ao seu estabelecimento.

A supervisão da actividade de mediação de seguros ou de resseguros continua a ser atribuição do Instituto de Seguros de Portugal. Por outro lado, o estabelecimento do sistema de «passaporte comunitário» faz com que avultem as matérias relativas à cooperação com as outras autoridades competentes dos Estados membros da União Europeia, bem como todo o sistema de troca de informações e de garantias de sigilo profissional, que também no presente decreto-lei se encontram consagradas.

No capítulo dedicado às sanções, procurou-se adaptar o sistema previsto no regime jurídico das empresas de seguros, para, por um lado, garantir uma certa uniformidade no processamento de todas as infracções passíveis de contra-ordenação no sector segurador e de gestão de fundos de pensões e, por outro lado, poder ajustar o regime geral das contra-ordenações às necessidades específicas.

Por último, refira-se que se procurou salvaguardar, dentro do contexto admitido pela directiva, a situação das pessoas singulares e colectivas que, à data da entrada em vigor do presente decreto-lei, exercem actividade de mediação de seguros, nos termos do Decreto-Lei n.º 388/91, de 10 de Outubro, e respectiva regulamentação, uma vez que todas elas foram submetidas a um processo de autorização junto da autoridade competente, para efeitos do qual demonstraram deter qualificações, aptidões e experiência equivalentes às exigidas no novo regime.

Encontra-se fundamentada, deste modo, a pretensão subjacente ao novo enquadramento jurídico da actividade de mediação de seguros de con-

126 *Estudos de Direito dos Seguros – Intermediação de Seguros e Seguro de Grupo*

tribuir efectivamente para o aumento da profissionalização, para a transparência na actuação dos mediadores face aos tomadores de seguros, sobretudo pela consciencialização destes quanto ao tipo de vínculo que liga o mediador à empresa de seguros, para a efectiva responsabilização das empresas de seguros pela actividade que é exercida em seu nome e por sua conta e, como resultado de todos estes aspectos, para que a actividade de mediação constitua verdadeiramente uma mais-valia no âmbito do mercado segurador.

Foi promovida a audição do Conselho Nacional do Consumo.

Foi ouvida a Comissão Nacional de Protecção de Dados.

Assim:

No uso da autorização legislativa concedida pela Lei n.º 11/2006, de 4 de Abril, e nos termos das alíneas a) e b) do n.º 1 do artigo 198.º da Constituição, o Governo decreta o seguinte:

CAPÍTULO I
Disposições gerais

ARTIGO 1.º
Objecto

1 – O presente decreto-lei regula as condições de acesso e de exercício da actividade de mediação de seguros ou de resseguros, no território da União Europeia, por pessoas singulares ou colectivas, respectivamente, residentes ou cuja sede social se situe em Portugal.

2 – O presente decreto-lei regula ainda as condições de exercício da actividade de mediação de seguros ou de resseguros, no território português, por mediadores de seguros ou de resseguros registados em outros Estados membros da União Europeia.

3 – O presente decreto-lei transpõe para o ordenamento jurídico interno a Directiva n.º 2002/92/CE, do Parlamento Europeu e do Conselho, de 9 de Dezembro, relativa à mediação de seguros.

ARTIGO 2.º
Âmbito

As regras do presente decreto-lei referentes a mediadores de seguros ou de resseguros registados em outros Estados membros da União Europeia aplicam-se aos mediadores de seguros ou de resseguros registados em Estados que tenham celebrado acordos de associação com a União Europeia, regularmente ratificados ou aprovados pelo Estado Português, nos precisos termos desses acordos.

ARTIGO 3.º
Exclusões

1 – O presente decreto-lei não é aplicável:

a) A actividades assimiláveis a mediação de seguros ou de resseguros, quando exercidas por uma empresa de seguros ou de resseguros, no que se refere aos seus próprios produtos, ou por um trabalhador que actue sob responsabilidade da empresa de seguros ou de resseguros, no quadro do respectivo vínculo laboral;

b) À prestação de informações a título ocasional no contexto de outra actividade profissional, desde que essa actividade não se destine a assistir o cliente na celebração ou na execução de um contrato de seguro ou de resseguro, ou envolva actividades de gestão de sinistros de uma empresa de seguros ou de resseguros numa base profissional, ou de regularização e de peritagem de sinistros;

c) A actividades de mediação de seguros ou de resseguros no que se refere a riscos e responsabilidades localizados fora da União Europeia.

2 – O presente decreto-lei também não é aplicável às pessoas que prestem serviços de mediação em contratos de seguro não obrigatórios nas situações em que se encontrem reunidas, cumulativamente, as seguintes condições:

a) O contrato de seguro requerer exclusivamente o conhecimento da cobertura fornecida pelo seguro;

b) O contrato de seguro não ser um contrato de seguro de vida;

c) O contrato de seguro não prever qualquer cobertura de responsabilidade civil;

d) A actividade profissional principal da pessoa não consistir na mediação de seguros;

e) O seguro ser complementar de um bem ou serviço fornecido por qualquer fornecedor, sempre que esse seguro cubra:

    i) Risco de avaria ou de perda de bens por ele fornecidos ou de danos a esses bens; ou *ii*) Risco de danos ou perda de bagagens e demais riscos associados a uma viagem reservada junto do fornecedor, ainda que o seguro cubra a vida ou a responsabilidade civil, desde que essa cobertura seja acessória em relação à cobertura principal dos riscos associados à viagem;

f) O montante do prémio anual não exceder (euro) 500 e a duração total do contrato de seguro, incluindo eventuais renovações, não exceder um período de cinco anos.

ARTIGO 4.º
Extensão

O regime constante do presente decreto-lei, com excepção do disposto na secção V do capítulo II, é aplicável, com as devidas adaptações, ao acesso e exercício da actividade de mediação no âmbito de fundos de pensões geridos, nos termos legais e regulamentares em vigor, por empresas de seguros ou sociedades gestoras de fundos de pensões autorizadas a operar no território português.

ARTIGO 5.º
Definições

Para efeitos do presente decreto-lei, entende-se por:

a) «Empresa de seguros» uma empresa que tenha recebido da autoridade competente de um dos Estados membros da União Europeia uma autorização para o exercício da actividade seguradora;

b) «Empresa de resseguros» uma empresa que não seja uma empresa de seguros ou uma empresa de seguros de país terceiro, cuja principal actividade consista em aceitar riscos cedidos por uma empresa de seguros, por uma empresa de seguros de país terceiro ou por outras empresas de resseguros;

c) «Mediação de seguros» qualquer actividade que consista em apresentar ou propor um contrato de seguro ou praticar outro acto preparatório da sua celebração, em celebrar o contrato de seguro, ou em apoiar a gestão e execução desse contrato, em especial em caso de sinistro;

d) «Mediação de resseguros» qualquer actividade que consista em apresentar ou propor um contrato de resseguro ou praticar outro acto preparatório da sua celebração, em celebrar o contrato de resseguro, ou em apoiar a gestão e execução desse contrato, em especial em caso de sinistro;

e) «Mediador de seguros» qualquer pessoa singular ou colectiva que inicie ou exerça, mediante remuneração, a actividade de mediação de seguros;

f) «Mediador de resseguros» qualquer pessoa singular ou colectiva que inicie ou exerça, mediante remuneração, a actividade de mediação de resseguros;

g) «Pessoa directamente envolvida na actividade de mediação de seguros ou de resseguros» uma pessoa singular ligada a um mediador de seguros ou de resseguros através de um vínculo laboral ou de qualquer outra natureza e que ao seu serviço exerce ou participa no exercício de qualquer das actividades previstas nas alíneas c) ou d), em qualquer caso, em contacto directo com o cliente;

h) «Carteira de seguros» o conjunto de contratos de seguro relativamente aos quais o mediador de seguros exerce a actividade de mediação e por virtude dos quais são criados na sua esfera jurídica direitos e deveres para com empresas de seguros e tomadores de seguros;

i) «Contrato de seguro» não só o contrato de seguro mas também operações de capitalização, todos celebrados, nos termos legais e regulamentares em vigor, por empresas de seguros autorizadas a operar no território português;

j) «Tomador de seguro» a entidade que celebra o contrato de seguro com a empresa de seguros, sendo responsável pelo pagamento do prémio, incluindo o subscritor, entidade que contrata uma operação de capitalização com uma empresa de seguros, sendo responsável pelo pagamento da prestação;

l) «Grandes riscos» os riscos definidos nos n.ºs 3 a 5 do artigo 2.º do Decreto-Lei n.º 94-B/98, de 17 de Abril;

m) «Estado membro de origem»:

   i) Quando se trate de pessoa singular, o Estado membro em que se situa a residência do mediador de seguros ou de resseguros e em que este exerce a sua actividade;

   ii) Quando se trate de pessoa colectiva, o Estado membro em que se situa a sede social do mediador de seguros ou de resseguros ou, se não dispuser de sede social de acordo com o seu direito nacional, o Estado membro em que se situa o seu estabelecimento principal;

n) «Estado membro de acolhimento» o Estado membro em que o mediador de seguros ou de resseguros exerce a sua actividade em regime de livre prestação de serviços ou através de sucursal;

o) «Estado membro do compromisso» o Estado membro onde o tomador de seguro reside habitualmente ou o Estado membro onde está situado o estabelecimento da pessoa colectiva a que o contrato de seguro respeita;

p) «Autoridades competentes» as autoridades designadas em cada Estado membro da União Europeia para exercerem a supervisão da actividade de mediação de seguros e de resseguros;

q) «Participação qualificada» a participação prevista no n.º 2 do artigo 3.º do Decreto-Lei n.º 94-B/98, de 17 de Abril;

r) «Suporte duradouro» qualquer instrumento que permita ao cliente armazenar informações que lhe sejam dirigidas pessoalmente, de tal forma que possam ser consultadas posteriormente durante um período adequado aos fins dessas informações, e que permita a reprodução exacta das informações armazenadas.

ARTIGO 6.º

Autoridade competente para o exercício da supervisão

O Instituto de Seguros de Portugal é a autoridade competente para o exercício da supervisão da actividade dos mediadores de seguros ou de resseguros residentes ou cuja sede social se situe em Portugal, incluindo a actividade exercida no território de outros Estados membros da União Europeia através das respectivas sucursais ou em regime de livre prestação de serviços.

CAPÍTULO II
Condições de acesso à actividade de mediação de seguros ou de resseguros

SECÇÃO I
Disposições gerais

ARTIGO 7.º
Entidades habilitadas a exercer actividade de mediação de seguros ou de resseguros

1 – A actividade de mediação de seguros ou de resseguros no território português só pode ser exercida por:

a) Pessoas singulares ou colectivas, respectivamente, residentes ou cuja sede social se situe em Portugal, que se encontrem inscritas no registo de mediadores junto do Instituto de Seguros de Portugal;

b) Mediadores de seguros ou de resseguros registados em outros Estados membros da União Europeia, cumpridas as formalidades previstas na secção IV.

2 – A actividade de mediação de seguros ou de resseguros em outros Estados membros da União Europeia pode ser exercida por mediadores de seguros ou de resseguros registados em Portugal, cumpridas as formalidades previstas na secção V.

ARTIGO 8.º
Categorias de mediadores de seguros

As pessoas singulares ou colectivas podem registar-se e exercer a actividade de mediação de seguros numa das seguintes categorias:

a) Mediador de seguros ligado – categoria em que a pessoa exerce a actividade de mediação de seguros:

    i) Em nome e por conta de uma empresa de seguros ou, com autorização desta, de várias empresas de seguros, desde que os produtos que promova não sejam concorrentes, não recebendo prémios ou somas destinados aos tomadores de seguros, segurados ou beneficiários e actuando sob inteira responsabilidade dessa ou dessas empresas de seguros, no que se refere à mediação dos respectivos produtos;

ii) Em complemento da sua actividade profissional, sempre que o seguro seja acessório do bem ou serviço fornecido no âmbito dessa actividade principal, não recebendo prémios ou somas destinados aos tomadores de seguros, segurados ou beneficiários e actuando sob inteira responsabilidade de uma ou várias empresas de seguros, no que se refere à mediação dos respectivos produtos;

b) Agente de seguros – categoria em que a pessoa exerce a actividade de mediação de seguros em nome e por conta de uma ou mais empresas de seguros ou de outro mediador de seguros, nos termos do ou dos contratos que celebre com essas entidades;

c) Corretor de seguros – categoria em que a pessoa exerce a actividade de mediação de seguros de forma independente face às empresas de seguros, baseando a sua actividade numa análise imparcial de um número suficiente de contratos de seguro disponíveis no mercado que lhe permita aconselhar o cliente tendo em conta as suas necessidades específicas.

ARTIGO 9.º
Âmbito da actividade

1 – Os mediadores de seguros ou de resseguros podem inscrever-se no registo e exercer a sua actividade:

a) Apenas no âmbito do ramo «Vida», incluindo operações de capitalização;

b) Apenas no âmbito de todos os ramos «Não vida»;

c) No âmbito de todos os ramos.

2 – A mediação no âmbito de fundos de pensões enquadra-se na alínea a) do número anterior.

SECÇÃO II
Condições comuns de acesso

ARTIGO 10.º
Pessoas singulares

1 – Só podem ser inscritas no registo de mediadores de seguros ou de resseguros as pessoas singulares residentes em Portugal que preencham as seguintes condições:

a) Tenham a nacionalidade portuguesa, de outro Estado membro da União Europeia ou de país terceiro em relação à União Europeia que confira tratamento recíproco a nacionais portugueses no âmbito da actividade de mediação;

b) Sejam maiores ou emancipadas;

c) Tenham capacidade legal para a prática de actos de comércio;

d) Tenham qualificação adequada às características da actividade de mediação que pretendem exercer;

e) Apresentem reconhecida idoneidade para o exercício da actividade de mediação, não se encontrando, designadamente, nas situações previstas no artigo 13.º;

f) Não se encontrem numa das situações de incompatibilidade previstas no artigo 14.º

2 – Sem prejuízo do disposto no número anterior, a pessoa singular pode exercer a actividade de mediação sob a forma de estabelecimento individual de responsabilidade limitada (EIRL).

ARTIGO 11.º
Pessoas colectivas

1 – Só podem ser inscritas no registo de mediadores de seguros ou de resseguros as pessoas colectivas cuja sede social se situe em Portugal e que preencham as seguintes condições:

a) Estejam constituídas de acordo com a lei portuguesa, sob a forma de sociedade por quotas ou de sociedade anónima, devendo, neste último caso, as acções ser nominativas;

b) Não se encontrem, na parte aplicável, numa das situações previstas nas alíneas b) e c) do n.º 1 do artigo 13.º;

134 *Estudos de Direito dos Seguros – Intermediação de Seguros e Seguro de Grupo*

c) Os membros do órgão de administração responsáveis pela actividade de mediação de seguros ou de resseguros e as pessoas directamente envolvidas na actividade de mediação de seguros ou de resseguros preencham as condições fixadas nas alíneas b) a f) do n.º 1 do artigo anterior;

d) Os restantes membros do órgão de administração apresentem reconhecida idoneidade para o exercício da actividade de mediação e não se encontrarem numa das situações de incompatibilidade previstas no artigo 14.º

2 – Sem prejuízo do disposto nas alíneas b) a d) do número anterior, os mediadores de seguros ou de resseguros pessoas colectivas podem assumir a forma de cooperativa ou de agrupamento complementar de empresas.

ARTIGO 12.º
Qualificação adequada

1 – Considera-se que o candidato a mediador de seguros ou de resseguros pessoa singular, os membros do órgão de administração responsáveis pela mediação e as pessoas directamente envolvidas na actividade de mediação de seguros ou de resseguros dispõem de qualificação adequada se, em alternativa:

a) Detiverem, como habilitações literárias mínimas, a escolaridade obrigatória legalmente definida e obtiverem aprovação num curso sobre seguros adequado à actividade que irão desenvolver, reconhecido pelo Instituto de Seguros de Portugal e que respeite os requisitos e os conteúdos mínimos definidos em norma regulamentar do mesmo Instituto;

b) Forem titulares de curso de bacharelato ou de licenciatura, ou de formação de nível pós-secundário, superior ou não, conferente de diploma, cujo plano de estudos inclua os conteúdos mínimos referidos na alínea anterior;

c) Tiverem estado registados como mediadores de seguros ou de resseguros noutro Estado membro da União Europeia ao abrigo de regime resultante da transposição da Directiva n.º 2002/92/CE, do Parlamento Europeu e do Conselho, de 9 de Dezembro, no ano precedente ao do pedido de inscrição no registo junto do Instituto de Seguros de Portugal.

2 – O reconhecimento pelo Instituto de Seguros de Portugal dos cursos referidos na alínea a) do número anterior é precedido de parecer

Anexo de Legislação 135

por uma comissão técnica composta por um representante designado pelas associações de empresas de seguros, um representante designado pelas associações de mediadores de seguros e dois representantes designados pelo Instituto de Seguros de Portugal, um dos quais preside à comissão.

3 – A comissão referida no número anterior funciona nos termos a definir por norma regulamentar do Instituto de Seguros de Portugal.

4 – Para acesso às categorias de corretor ou de mediador de resseguros, o candidato pessoa singular ou um dos membros do órgão de administração responsáveis pela actividade de mediação de pessoa colectiva deve, adicionalmente, deter experiência correspondente ao exercício, durante pelo menos cinco anos consecutivos ou interpolados durante os sete anos que antecedem a inscrição no registo, de actividades como:

a) Mediador de seguros ou de resseguros;

b) Pessoa directamente envolvida na actividade de mediação de seguros ou de resseguros;

c) Trabalhador de empresa de seguros ou de empresa de resseguros, desde que directamente envolvido nas operações descritas nas alíneas c) e d) do artigo 5.º;

d) Membro do órgão de administração de mediador de seguros ou de mediador de resseguros, responsável pela actividade de mediação.

ARTIGO 13.º
Idoneidade

1 – Considera-se indiciador de falta de idoneidade, entre outras circunstâncias atendíveis, o facto de a pessoa em causa:

a) Ter sido condenada por furto, abuso de confiança, roubo, burla, extorsão, infidelidade, abuso de cartão de garantia ou de crédito, emissão de cheque sem provisão, usura, insolvência dolosa, frustração de créditos, insolvência negligente, favorecimento de credores, apropriação ilegítima de bens do sector público ou cooperativo, administração danosa em unidade económica do sector público ou cooperativo, falsificação, falsas declarações, suborno, corrupção, branqueamento de capitais, abuso de informação, manipulação do mercado de valores mobiliários ou pelos crimes previstos no Código das Sociedades Comerciais;

b) Ter sido declarada, por sentença nacional ou estrangeira transitada em julgado, falida ou insolvente ou julgada responsável pela falência

136 *Estudos de Direito dos Seguros – Intermediação de Seguros e Seguro de Grupo*

de empresas cujo domínio haja assegurado ou de que tenha sido administrador, director ou gerente;

c) Ter sido condenada, no País ou no estrangeiro, pela prática de infracções às regras legais ou regulamentares que regem a actividade de mediação de seguros ou de resseguros, bem como as actividades das empresas de seguros ou das sociedades gestoras de fundos de pensões, das instituições de crédito, sociedades financeiras ou instituições financeiras e o mercado de valores mobiliários, quando a gravidade ou a reiteração dessas infracções o justifique.

2 – Presume-se cumprir a condição de idoneidade a pessoa que se encontre já registada junto de autoridade de supervisão do sector financeiro quando esse registo esteja sujeito a condições de idoneidade.

ARTIGO 14.º
Incompatibilidades

1 – Sem prejuízo de outras incompatibilidades legalmente previstas, é incompatível com a actividade de mediação de seguros ou de resseguros o facto de o mediador pessoa singular ou qualquer dos membros do órgão de administração e de as pessoas directamente envolvidas na actividade de mediação:

a) Pertencerem aos órgãos sociais ou ao quadro de pessoal de uma empresa de seguros, de resseguros ou com estas mantiverem vínculo jurídico análogo a relação laboral, excepto se:

> *i*) Se tratar de trabalhadores que se encontrem em situação de pré-reforma; ou
> *ii*) Exercerem a actividade de mediação para a respectiva empresa de seguros, no âmbito da categoria de mediadores prevista na subalínea i) da alínea a) do artigo 8.º;

b) Pertencerem aos órgãos ou ao quadro de pessoal do Instituto de Seguros de Portugal ou com este mantiverem vínculo jurídico análogo a relação laboral;

c) Exercerem funções como perito de sinistros ou serem sócios ou membros do órgão de administração de sociedade que exerça actividade de peritagem de sinistros;

d) Exercerem funções como actuário responsável de uma empresa de seguros ou de resseguros;

e) Exercerem funções como auditor de uma empresa de seguros ou de resseguros.

2 – A inscrição como mediador de seguros numa das categorias de mediadores é incompatível com a inscrição noutra das categorias, mesmo que para o exercício de actividade em ramo ou ramos de seguros diferentes.

3 – A inscrição como mediador de resseguros é incompatível com a inscrição como mediador de seguros, excepto na categoria de corretor de seguros.

4 – Os membros do órgão de administração designados responsáveis pela actividade de mediação de seguros ou de resseguros e as pessoas directamente envolvidas na actividade de mediação não podem exercer essas funções em mais de um mediador de seguros ou de resseguros, salvo se pertencentes ao mesmo grupo societário e com o limite máximo de três.

5 – Os membros do órgão de administração designados responsáveis pela actividade de mediação de seguros ou de resseguros e as pessoas directamente envolvidas na actividade de mediação, enquanto exercerem essas funções, não podem exercer, em simultâneo, actividade como mediadores a título individual.

SECÇÃO III
Condições específicas de acesso

ARTIGO 15.º
Condições específicas de acesso
à categoria de mediador de seguros ligado

1 – Sem prejuízo do disposto na secção II, para efeitos de inscrição no registo como mediador de seguros ligado, a pessoa singular ou colectiva deve, adicionalmente, celebrar um contrato escrito com uma ou com várias empresas de seguros, através do qual cada empresa de seguros assume inteira responsabilidade pela sua actividade, no que se refere à mediação dos respectivos produtos.

2 – O Instituto de Seguros de Portugal define, em norma regulamentar, o conteúdo mínimo do contrato referido no número anterior.

ARTIGO 16.º
Processo de inscrição no registo
na categoria de mediador de seguros ligado

1 – É da responsabilidade da empresa de seguros que pretenda celebrar um contrato nos termos do artigo anterior verificar o preenchimento das condições de acesso pelo candidato a mediador de seguros ligado.

2 – Após verificação do preenchimento das condições de acesso e celebração de contrato com o candidato a mediador de seguros ligado, a empresa de seguros solicita ao Instituto de Seguros de Portugal o respectivo registo.

3 – Enquanto o mediador se mantiver vinculado à empresa de seguros e até cinco anos após ter cessado a respectiva vinculação, esta deve manter em arquivo e facilmente acessível o processo instruído para comprovação das condições de acesso, podendo o Instituto de Seguros de Portugal, a todo o tempo, proceder à respectiva conferência.

4 – O mediador de seguros ligado pode iniciar a sua actividade logo que seja notificada à empresa de seguros em causa, pelo Instituto de Seguros de Portugal, a respectiva inscrição no registo.

5 – A notificação referida no número anterior deve ser feita no prazo máximo de cinco dias após a recepção do pedido de registo.

6 – Cabe ao Instituto de Seguros de Portugal estabelecer, por norma regulamentar, os documentos que devem instruir o processo para efeitos de comprovação das condições de acesso e os elementos relativos ao candidato que a empresa de seguros lhe deve transmitir para efeitos de inscrição no registo.

ARTIGO 17.º
Condições específicas de acesso à categoria de agente de seguros

1 – Sem prejuízo do disposto na secção II, para efeitos de inscrição no registo como agente de seguros, a pessoa singular ou colectiva deve, adicionalmente:

a) Celebrar um contrato escrito com cada uma das empresas de seguros que vai representar, através do qual a empresa de seguros mandata o agente para, em seu nome e por sua conta, exercer a actividade de mediação, devendo aquele contrato delimitar os termos desse exercício;

b) Possuir organização técnica, comercial, administrativa e contabilística própria e estrutura económico-financeira adequadas à dimensão e natureza da sua actividade, nos termos que venham a ser definidos em norma regulamentar do Instituto de Seguros de Portugal;

c) Demonstrar que dispõe, ou que irá dispor à data do início da actividade, de um seguro de responsabilidade civil profissional que abranja todo o território da União Europeia, cujo capital seguro deve corresponder a no mínimo (euro) 1000000 por sinistro e (euro) 1500000 por anuidade, independentemente do número de sinistros, excepto se a cobertura estiver incluída em seguro fornecido pela ou pelas empresas de seguros em nome e por conta da qual ou das quais vai actuar.

2 – O Instituto de Seguros de Portugal define, em norma regulamentar, o conteúdo mínimo do contrato referido na alínea a) do número anterior.

3 – A eficácia de qualquer contrato celebrado nos termos da alínea a) do n.º 1 fica condicionada à efectiva inscrição do agente de seguros no registo junto do Instituto de Seguros de Portugal.

ARTIGO 18.º

Processo de inscrição no registo na categoria de agente de seguros

1 – É da responsabilidade da empresa de seguros que tenha celebrado um contrato nos termos da alínea a) do n.º 1 do artigo anterior, ou que pretenda celebrá-lo, no caso de pessoa colectiva ainda não constituída, verificar da completa instrução do processo pelo candidato e remetê-lo ao Instituto de Seguros de Portugal para efeitos de inscrição no registo.

2 – Compete ao Instituto de Seguros de Portugal verificar o preenchimento das condições de acesso pelo candidato a agente de seguros.

3 – O Instituto de Seguros de Portugal pode solicitar, directa ou indirectamente, através da empresa de seguros proponente, quaisquer esclarecimentos ou elementos que considere úteis ou necessários para a análise do processo.

4 – Sem prejuízo do disposto no número seguinte, o agente de seguros pode iniciar a sua actividade logo que o Instituto de Seguros de Portugal o notifique, bem como à empresa de seguros proponente, da respectiva inscrição no registo.

5 – No caso de pessoa colectiva ainda não constituída, a eficácia da inscrição fica suspensa até à data da respectiva constituição e comunicação ao Instituto de Seguros de Portugal.

6 – A notificação referida no n.º 4 ou a notificação da decisão de recusa de inscrição no registo deve ser feita no prazo máximo de 60 dias a

140 *Estudos de Direito dos Seguros – Intermediação de Seguros e Seguro de Grupo*

contar da recepção do pedido de registo ou, se for o caso, a contar da recepção dos esclarecimentos ou elementos solicitados ao requerente.

7 – Se o processo foi instruído sem que a pessoa colectiva estivesse constituída, a empresa de seguros deve enviar os documentos definitivos ao Instituto de Seguros de Portugal no prazo de seis meses após a data da comunicação da inscrição no registo, sob pena de caducidade do registo.

8 – Cabe ao Instituto de Seguros de Portugal estabelecer, por norma regulamentar, os documentos que devem instruir o processo para efeitos de comprovação das condições de acesso.

ARTIGO 19.º
Condições específicas de acesso à categoria de corretor de seguros

1 – Sem prejuízo do disposto na secção II, para efeitos de inscrição no registo como corretor de seguros, a pessoa singular ou colectiva deve, adicionalmente:

a) No caso de pessoa singular, não exercer qualquer profissão que possa diminuir a independência no exercício da actividade de mediação e, no caso de pessoa colectiva, ter objecto social exclusivo a actividades incluídas no sector financeiro;

b) Possuir organização técnica, comercial, administrativa e contabilística própria e estrutura económico-financeira adequadas ao exercício da actividade, nos termos que venham a ser definidos em norma regulamentar do Instituto de Seguros de Portugal;

c) Demonstrar que dispõe, ou que irá dispor à data do início da actividade, de um seguro de responsabilidade civil profissional que abranja todo o território da União Europeia, cujo capital seguro deve corresponder a no mínimo (euro) 1000000 por sinistro e (euro) 1500000 por anuidade, independentemente do número de sinistros;

d) Demonstrar que dispõe, ou que irá dispor à data do início da actividade, de seguro de caução ou garantia bancária correspondente a no mínimo (euro) 15000 e, nos anos subsequentes ao do início de actividade, a 4% dos prémios recebidos por ano, se superior, destinado a:

> *i)* Cobrir o pagamento de créditos dos tomadores de seguros, segurados ou beneficiários face ao corretor e que respeitem aos fundos que lhe foram confiados com vista a serem transferidos para essas pessoas;

ii) Cobrir o pagamento de créditos dos clientes face ao corretor, resultantes de fundos que este recebeu com vista a serem transferidos para as empresas de seguros para pagamento de prémios que não se incluam no âmbito do n.º 4 do artigo 42.º

2 – No caso de pessoa colectiva, a inscrição no registo como corretor de seguros está ainda dependente do preenchimento das seguintes condições:

a) Um montante de capital social não inferior a (euro) 50000 deve encontrar-se inteiramente realizado na data do acto de constituição;

b) A estrutura societária não constituir um risco para a independência e imparcialidade do corretor face às empresas de seguros;

c) Aptidão dos detentores de uma participação qualificada para garantir a gestão sã e prudente da sociedade.

3 – Na apreciação da aptidão dos detentores de uma participação qualificada para garantir a gestão sã e prudente da sociedade, referida na alínea c) do número anterior, são tidas em consideração, designadamente, as circunstâncias previstas no artigo 50.º do Decreto-Lei n.º 94-B/98, de 17 de Abril.

ARTIGO 20.º
Processo de inscrição no registo na categoria de corretor de seguros

1 – Cabe ao candidato que pretenda inscrever-se no registo instruir o respectivo processo e remetê-lo ao Instituto de Seguros de Portugal, requerendo a sua inscrição.

2 – Compete ao Instituto de Seguros de Portugal verificar o preenchimento das condições de acesso pelo candidato a corretor.

3 – O Instituto de Seguros de Portugal pode solicitar quaisquer esclarecimentos ou elementos que considere úteis ou necessários para a análise do processo.

4 – O corretor de seguros pode iniciar a sua actividade logo que lhe seja notificada, pelo Instituto de Seguros de Portugal, a respectiva inscrição no registo.

5 – No caso de pessoa colectiva ainda não constituída, a eficácia da inscrição fica suspensa até à data da respectiva constituição e comunicação ao Instituto de Seguros de Portugal.

142 *Estudos de Direito dos Seguros – Intermediação de Seguros e Seguro de Grupo*

6 – A notificação referida no n.º 4 ou a notificação da decisão de recusa de inscrição no registo deve ser feita no prazo máximo de 90 dias a contar da recepção do pedido de registo ou, se for o caso, a contar da recepção dos esclarecimentos ou elementos solicitados ao requerente.

7 – Se o processo foi instruído sem que a pessoa colectiva estivesse constituída, o corretor de seguros deve enviar os documentos definitivos ao Instituto de Seguros de Portugal no prazo de seis meses após a data da comunicação da inscrição no registo, sob pena de caducidade do registo.

8 – Cabe ao Instituto de Seguros de Portugal estabelecer, por norma regulamentar, os documentos que devem instruir o processo para efeitos de comprovação das condições de acesso.

ARTIGO 21.º
Mediador de resseguros

Ao acesso à actividade de mediador de resseguros aplica-se, com as devidas adaptações, o disposto nos artigos 19.º e 20.º

SECÇÃO IV
Mediadores de seguros ou de resseguros registados em outros Estados membros da União Europeia

ARTIGO 22.º
Início de actividade no território português

1 – O mediador de seguros ou de resseguros registado em outro Estado membro da União Europeia pode iniciar a sua actividade no território português, através de sucursal ou em regime de livre prestação de serviços, um mês após a data em que tenha sido informado pela autoridade competente do Estado membro de origem da comunicação ao Instituto de Seguros de Portugal da sua pretensão de exercer actividade no território português.

2 – O Instituto de Seguros de Portugal divulga no seu sítio na Internet os mediadores de seguros ou de resseguros registados em outro Estado membro da União Europeia que exercem actividade no território português nos termos do número anterior.

ARTIGO 23.º
Condições de exercício da actividade

1 – O Instituto de Seguros de Portugal comunica às autoridades competentes dos outros Estados membros da União Europeia as condições em que, por razões de interesse geral, a actividade de mediação de seguros ou de resseguros deve ser exercida no território português.

2 – O Instituto de Seguros de Portugal divulga no seu sítio na Internet o elenco das condições referidas no número anterior.

SECÇÃO V
Exercício da actividade no território de outros Estados membros por mediador de seguros ou de resseguros registado em Portugal

ARTIGO 24.º
Informação

O mediador de seguros ou de resseguros registado em Portugal que tencione exercer pela primeira vez actividade, através de sucursal ou em regime de livre prestação de serviços, no território de outro ou de outros Estados membros da União Europeia deve informar previamente o Instituto de Seguros de Portugal, indicando o âmbito da actividade que pretende exercer.

ARTIGO 25.º
Comunicação

1 – O Instituto de Seguros de Portugal comunica a intenção do mediador de seguros ou de resseguros, no prazo de um mês a contar da data da informação referida no artigo anterior, às autoridades competentes do Estado membro ou dos Estados membros da União Europeia em cujo território o mediador de seguros ou de resseguros pretende exercer a sua actividade, se estas o desejarem.

2 – A comunicação referida no número anterior é notificada, pelo Instituto de Seguros de Portugal, em simultâneo ao mediador interessado.

3 – O Instituto de Seguros de Portugal notifica, também, o mediador de seguros ou de resseguros, no prazo de um mês a contar da data da infor-

mação referida no artigo anterior, da circunstância de a autoridade competente do Estado membro de acolhimento prescindir da comunicação referida no n.º 1.

ARTIGO 26.º
Início da actividade

1 – O mediador de seguros ou de resseguros pode iniciar a sua actividade um mês após a data em que tenha sido informado pelo Instituto de Seguros de Portugal da comunicação referida no n.º 2 do artigo anterior.

2 – No caso de a autoridade competente do Estado membro de acolhimento prescindir da comunicação referida no n.º 1 do artigo anterior, o mediador de seguros ou de resseguros pode iniciar a sua actividade logo que seja notificado pelo Instituto de Seguros de Portugal nos termos do n.º 3 do artigo anterior.

ARTIGO 27.º
Alterações

Às alterações ao conteúdo da notificação aplica-se também o regime previsto nos artigos anteriores.

CAPÍTULO III
Condições de exercício

SECÇÃO I
Direitos e deveres

ARTIGO 28.º
Direitos do mediador de seguros

São direitos do mediador de seguros:

a) Obter atempadamente das empresas de seguros todos os elementos, informações e esclarecimentos necessários ao desempenho da sua actividade e à gestão eficiente da sua carteira;

Anexo de Legislação 145

b) Ser informado pelas empresas de seguros da resolução de contratos de seguro por si intermediados;

c) Receber atempadamente das empresas de seguros as remunerações respeitantes aos contratos da sua carteira cujos prémios não esteja autorizado a cobrar;

d) Descontar, no momento da prestação de contas com as empresas de seguros, as remunerações relativas aos prémios cuja cobrança tenha efectuado e esteja autorizado a cobrar.

ARTIGO 29.º

Deveres gerais do mediador de seguros

São deveres gerais do mediador de seguros:

a) Celebrar contratos em nome da empresa de seguros apenas quando esta lhe tenha conferido, por escrito, os necessários poderes;

b) Não assumir em seu próprio nome a cobertura de riscos;

c) Cumprir as disposições legais e regulamentares aplicáveis à actividade seguradora e à actividade de mediação de seguros e não intervir na celebração de contratos que as violem;

d) Assistir correcta e eficientemente os contratos de seguro em que intervenha;

e) Diligenciar no sentido da prevenção de declarações inexactas ou incompletas pelo tomador do seguro e de situações que violem ou constituam fraude à lei ou que indiciem situações de branqueamento de capitais;

f) Guardar segredo profissional, em relação a terceiros, dos factos de que tome conhecimento em consequência do exercício da sua actividade;

g) Exibir o certificado de registo como mediador sempre que tal lhe seja solicitado por qualquer interessado;

h) Manter o registo dos contratos de seguros de que é mediador, bem como dos elementos e informações necessários à prevenção do branqueamento de capitais;

i) Manter actualizada uma listagem com a identificação das pessoas directamente envolvidas na actividade de mediação que estejam ao seu serviço;

j) Ter ao seu serviço o número de pessoas directamente envolvidas na actividade de mediação de seguros, a definir pelo Instituto de Seguros de Portugal por norma regulamentar, tendo em atenção a dimensão e importância do mediador.

ARTIGO 30.º
Deveres do mediador de seguros para com as empresas de seguros e outros mediadores de seguros

Sem prejuízo de outros deveres fixados ao longo do presente decreto-lei, são deveres do mediador de seguros para com as empresas de seguros e outros mediadores que intervenham no contrato:

a) Informar sobre riscos a cobrir e das suas particularidades;

b) Informar sobre alterações aos riscos já cobertos de que tenha conhecimento e que possam influir nas condições do contrato;

c) Prestar contas nos termos legal e contratualmente estabelecidos;

d) Actuar com lealdade;

e) Informar sobre todos os factos de que tenha conhecimento e que possam influir na regularização de sinistros.

ARTIGO 31.º
Deveres do mediador de seguros para com os clientes

Sem prejuízo de outros deveres fixados ao longo do presente decreto-lei, são deveres do mediador de seguros para com os clientes:

a) Informar, nos termos fixados por lei e respectiva regulamentação, dos direitos e deveres que decorrem da celebração de contratos de seguro;

b) Aconselhar, de modo correcto e pormenorizado e de acordo com o exigível pela respectiva categoria de mediador, sobre a modalidade de contrato mais conveniente à transferência de risco ou ao investimento;

c) Não praticar quaisquer actos relacionados com um contrato de seguro sem informar previamente o respectivo tomador de seguro e obter a sua concordância;

d) Transmitir à empresa de seguros, em tempo útil, todas as informações, no âmbito do contrato de seguro, que o tomador do seguro solicite;

e) Prestar ao tomador do seguro todos os esclarecimentos relativos ao contrato de seguro durante a sua execução e durante a pendência dos conflitos dela derivados;

f) Não fazer uso de outra profissão ou cargo que exerça para condicionar a liberdade negocial do cliente;

g) Não impor a obrigatoriedade de celebração de um contrato de seguro com uma determinada empresa de seguros como condição de acesso do cliente a outro bem ou serviço fornecido.

ARTIGO 32.º
Deveres de informação em especial

1 – Antes da celebração de qualquer contrato de seguro inicial e, se necessário, aquando da sua alteração ou renovação, o mediador de seguros deve informar o cliente, pelo menos:

a) Da sua identidade e endereço;

b) Do registo em que foi inscrito, da data da inscrição e dos meios para verificar se foi efectivamente registado;

c) De qualquer participação, directa ou indirecta, superior a 10% nos direitos de voto ou no capital que tenha numa determinada empresa de seguros;

d) De qualquer participação, directa ou indirecta, superior a 10% nos direitos de voto ou no capital do mediador de seguros detida por uma determinada empresa de seguros ou pela empresa mãe de uma determinada empresa de seguros;

e) Se está ou não autorizado a receber prémios para serem entregues à empresa de seguros;

f) Se a sua intervenção se esgota com a celebração do contrato de seguro ou se a sua intervenção envolve a prestação de assistência ao longo do período de vigência do contrato de seguro;

g) Caso aplicável, da sua qualidade de trabalhador de uma empresa de seguros;

h) Do direito do cliente de solicitar informação sobre a remuneração que o mediador receberá pela prestação do serviço de mediação e, em conformidade, fornecer-lhe, a seu pedido, tal informação;

i) Dos procedimentos, referidos no artigo 65.º, que permitem aos tomadores de seguros e a outras partes interessadas apresentarem reclamações contra mediadores de seguros e dos procedimentos extrajudiciais de reclamação e recurso referidos no artigo 43.º

2 – Adicionalmente, o mediador de seguros deve indicar ao cliente, no que se refere ao contrato que é proposto:

a) Se baseia os seus conselhos na obrigação de fornecer uma análise imparcial nos termos do n.º 4; ou

b) Se tem a obrigação contratual de exercer a actividade de mediação de seguros exclusivamente para uma ou mais empresas de seguros ou outros mediadores de seguros; ou

148 *Estudos de Direito dos Seguros – Intermediação de Seguros e Seguro de Grupo*

c) Se não tem a obrigação contratual de exercer a actividade de mediação de seguros exclusivamente para uma ou mais empresas de seguros ou mediadores de seguros e se não baseia os seus conselhos na obrigação de fornecer uma análise imparcial nos termos do n.º 4;

d) Se no contrato intervêm outros mediadores de seguros, identificando-os.

3 – Nos casos previstos nas alíneas b) e c) do número anterior, o mediador de seguros deve informar o cliente do seu direito de solicitar informação sobre o nome da ou das empresas de seguros e mediadores de seguros com os quais trabalha e, em conformidade, fornecer-lhe, a seu pedido, tais informações.

4 – Quando o mediador de seguros informar o cliente que baseia os seus conselhos numa análise imparcial, é obrigado a dar esses conselhos com base na análise de um número suficiente de contratos de seguro disponíveis no mercado que lhe permita fazer uma recomendação, de acordo com critérios profissionais, quanto ao contrato de seguro mais adequado às necessidades do cliente.

5 – Antes da celebração de qualquer contrato de seguro, qualquer mediador de seguros deve, tendo em conta especialmente as informações fornecidas pelo cliente e a complexidade do contrato de seguro proposto, especificar, no mínimo, as respectivas exigências e necessidades e as razões que nortearam os conselhos dados quanto a um determinado produto.

6 – Os mediadores de seguros estão dispensados de prestar as informações previstas no presente artigo quando desenvolvam actividade de mediação referente à cobertura de grandes riscos.

ARTIGO 33.º
Condições de informação

1 – As informações prestadas nos termos do artigo anterior devem ser comunicadas:

a) Em papel ou qualquer outro suporte duradouro acessível ao cliente;

b) Com clareza e exactidão e de forma compreensível para o cliente;

c) Numa língua oficial do Estado membro do compromisso ou em qualquer outra língua convencionada entre as partes.

Anexo de Legislação 149

2 – Os suportes duradouros incluem, nomeadamente, as disquetes informáticas, os CD-ROM, os DVD e o disco rígido do computador do cliente no qual esteja armazenado o correio electrónico, mas não incluem os sítios na Internet, excepto se estes permitirem ao cliente armazenar informações que lhe sejam dirigidas pessoalmente, de tal forma que possam ser consultadas posteriormente durante um período adequado aos fins dessas informações e que permita uma reprodução exacta das informações armazenadas.

3 – Em derrogação ao disposto na alínea a) do n.º 1, as informações referidas no artigo anterior podem ser prestadas oralmente, se o cliente o solicitar ou quando seja necessária uma cobertura imediata, devendo, no entanto, imediatamente após a celebração do contrato de seguro, ser fornecidas em papel ou outro suporte duradouro.

4 – No caso de venda por telefone ou por qualquer outro meio de comunicação a distância, as informações referidas no artigo anterior devem cumprir o regime jurídico relativo à comercialização a distância de serviços financeiros, devendo, ainda, imediatamente após a celebração do contrato de seguro, ser fornecidas em papel ou outro suporte duradouro.

ARTIGO 34.º
**Deveres do mediador de seguros
para com o Instituto de Seguros de Portugal**

Sem prejuízo de outros deveres fixados ao longo do presente decreto-lei, são deveres do mediador de seguros para com o Instituto de Seguros de Portugal:

a) Prestar, nos prazos fixados, todos os esclarecimentos necessários ao desempenho das suas funções de supervisão;

b) Informar de todas as alterações a informações anteriormente prestadas em cumprimento de disposições legais ou regulamentares no prazo de 30 dias contados a partir da data de verificação dessas alterações;

c) Informar de todas as alterações a circunstâncias relevantes para o preenchimento das condições de acesso no prazo de 30 dias contados a partir da data de verificação dessas alterações;

d) Informar da alteração dos membros do órgão de administração responsáveis pela actividade de mediação;

e) Comunicar com a antecedência mínima de 30 dias a abertura de estabelecimentos comerciais próprios afectos ao exercício da sua actividade;

150 *Estudos de Direito dos Seguros – Intermediação de Seguros e Seguro de Grupo*

f) Devolver o certificado de registo em caso de alteração, suspensão ou cancelamento da inscrição no registo.

ARTIGO 35.º
Deveres específicos do corretor de seguros

São deveres específicos do corretor de seguros:

a) Sugerir ao tomador do seguro medidas adequadas à prevenção e redução do risco;

b) Garantir a dispersão de carteira de seguros nos termos que venham a ser definidos por norma regulamentar do Instituto de Seguros de Portugal;

c) Dispor de um documento aprovado pelo órgão de administração no qual se descreva, de forma detalhada, o programa de formação das pessoas directamente envolvidas na actividade de mediação de seguros que se encontrem ao seu serviço;

d) Dispor de um sistema, cujos princípios de funcionamento estejam consignados em documento escrito, que garanta o tratamento equitativo dos clientes, o tratamento adequado dos seus dados pessoais e o tratamento adequado das suas queixas e reclamações;

e) No caso de pessoas colectivas:

> *i)* Mesmo quando tal não resulte já do tipo de sociedade, do contrato de sociedade ou de obrigação legal, designar um revisor oficial de contas para proceder à revisão legal das contas;
>
> *ii)* Enviar anualmente ao Instituto de Seguros de Portugal, até 15 dias após a aprovação das contas, em relação à actividade exercida no ano imediatamente anterior, o relatório e contas anuais, o parecer do órgão de fiscalização e o documento de certificação legal de contas emitido pelo revisor legal de contas e todos os demais elementos definidos em norma regulamentar do Instituto de Seguros de Portugal;
>
> *iii)* Publicar os documentos de prestação de contas nos termos definidos em norma regulamentar do Instituto de Seguros de Portugal.

ARTIGO 36.º
Direitos e deveres do mediador de resseguros

Ao mediador de resseguros é correspondentemente aplicável, com as devidas adaptações, o disposto nos artigos 28.º a 30.º e 34.º e na alínea e) do artigo 35.º

ARTIGO 37.º
Deveres da empresa de seguros

Sem prejuízo de outros deveres fixados ao longo do presente decreto-lei, são deveres da empresa de seguros:

a) Não utilizar serviços de mediação de seguro de pessoas que não se encontrem registadas para esse efeito num Estado membro da União Europeia ou sejam abrangidas pelo disposto no n.º 2 do artigo 3.º;

b) Não utilizar serviços de mediação de seguros em desrespeito do âmbito de actividade em que o mediador está autorizado a exercer;

c) Não utilizar serviços de um mediador de seguros ligado vinculado a outra empresa de seguros, salvo nos casos legalmente previstos;

d) Actuar com lealdade para com os mediadores de seguros com os quais trabalha;

e) A pedido do cliente, informar sobre o montante concreto da remuneração que o mediador receberá pela prestação do serviço de mediação;

f) Dispor de um documento aprovado pelo órgão de administração no qual se descreva, de forma detalhada, o programa de formação dos seus mediadores de seguros ligados e agentes de seguros;

g) Dispor de um sistema, cujos princípios de funcionamento estejam consignados em documento escrito e sejam divulgados aos mediadores de seguros ligados e agentes de seguros ao seu serviço, que garanta o tratamento equitativo dos clientes, o tratamento dos seus dados pessoais e o tratamento das queixas e reclamações;

h) Comunicar de imediato ao Instituto de Seguros de Portugal qualquer facto que tenha chegado ao seu conhecimento e que possa determinar a suspensão ou o cancelamento do registo do mediador de seguros;

i) Prestar ao Instituto de Seguros de Portugal, nos prazos fixados, todos os esclarecimentos e informações relativos à actividade de mediação de seguros necessários ao desempenho das suas funções de supervisão;

j) Comunicar anualmente ao Instituto de Seguros de Portugal a iden-

152 *Estudos de Direito dos Seguros – Intermediação de Seguros e Seguro de Grupo*

tificação dos mediadores com quem colabora e as remunerações pagas pela prestação de serviços de mediação, nos termos definidos em norma regulamentar emitida por aquele Instituto.

ARTIGO 38.º
Deveres da empresa de resseguros

À empresa de seguros é correspondentemente aplicável, com as devidas adaptações, o disposto nas alíneas a), b), d) e h) a j) do artigo anterior.

SECÇÃO II
Do exercício da actividade

ARTIGO 39.º
Intervenção de vários mediadores no contrato de seguro

1 – Caso intervenham, num mesmo contrato de seguro, vários mediadores de seguros, estes são solidariamente responsáveis perante os segurados, os tomadores de seguro e as empresas de seguros pelos actos de intermediação praticados, integrando esse contrato de seguro a carteira do mediador que o coloque na empresa de seguros.

2 – Os agentes que promovam a celebração de contratos por intermédio de outros mediadores de seguros devem fazê-lo nos termos de contrato escrito previamente celebrado, regulando a intervenção de ambos.

3 – Nos contratos de seguro em que intervenha um mediador de seguros ligado não pode intervir qualquer outro mediador de seguros.

ARTIGO 40.º
Direito a escolha ou recusa de mediador

1 – O tomador de seguro tem o direito de escolher livremente o mediador de seguros para os seus contratos.

2 – As empresas de seguros têm o direito de recusar a colaboração de um mediador de seguros.

3 – Sem prejuízo do disposto no n.º 1, o tomador do seguro pode, na data aniversária do contrato ou, nos contratos renováveis, na data da sua renovação, nomear ou dispensar o mediador, devendo, para o efeito,

Anexo de Legislação

comunicar a sua intenção à empresa de seguros com a antecedência mínima de 30 dias relativamente àquelas datas.

4 – O tomador do seguro pode, ainda, na data aniversária do contrato ou, nos contratos renováveis, na data da sua renovação, substituir o mediador, devendo, para o efeito, comunicar essa sua intenção à empresa de seguros com a antecedência mínima de 60 dias relativamente àquelas datas.

5 – Nos casos de nomeação ou de mudança de mediador previstos nos números anteriores e no prazo de 20 dias contados da data de recepção da comunicação neles referida, a empresa de seguros deve notificar a sua recusa ao tomador de seguro, por carta registada ou outro meio do qual fique registo escrito, sem o que se considera aceite o mediador indicado.

6 – No caso de aceitação do mediador indicado, a empresa de seguros deve, até à data aniversária do contrato de seguro ou, nos contratos renováveis, até à data da sua renovação, informar o mediador dispensado ou substituído.

ARTIGO 41.º
Cessação de funções do mediador de seguros

O mediador de seguros pode, na data aniversária do contrato de seguro ou, nos contratos renováveis, na data da sua renovação, deixar de exercer a sua actividade relativamente a um ou mais contratos da sua carteira, desde que comunique tal intenção ao tomador de seguro e à empresa de seguros com a antecedência mínima de 60 dias em relação àquelas datas.

ARTIGO 42.º
Movimentação de fundos relativos ao contrato de seguro

1 – O mediador de seguros ligado não pode receber prémios com vista a serem transferidos para as empresas de seguros ou fundos para serem transferidos para tomadores de seguros, segurados ou beneficiários.

2 – O agente de seguros só pode receber prémios com vista a serem transferidos para as empresas de seguros se tal for convencionado, por escrito, com as respectivas empresas de seguros.

3 – Os prémios entregues pelo tomador de seguro ao agente de seguros autorizado a receber prémios relativos ao contrato são considerados

como se tivessem sido pagos à empresa de seguros, e os montantes entregues pela empresa de seguros ao agente só são tratados como tendo sido pagos ao tomador de seguro, segurado ou beneficiário depois de este ter recebido efectivamente esses montantes.

4 – Os prémios entregues pelo tomador de seguro ao corretor de seguros são considerados como se tivessem sido pagos à empresa de seguros se o corretor entregar simultaneamente ao tomador o recibo de prémio emitido pela empresa de seguros.

5 – Qualquer mediador de seguros que movimente fundos relativos ao contrato de seguro deve depositar as quantias referentes a prémios recebidos para serem entregues às empresas de seguros e os montantes recebidos para serem transferidos para tomadores de seguros, segurados ou beneficiários em contas abertas em instituições de crédito em seu nome mas identificadas como conta «clientes».

6 – O mediador de seguros deve manter um registo detalhado e actualizado dos movimentos efectuados na conta «clientes» relativamente a cada contrato de seguro.

7 – Presume-se, para todos os efeitos legais, que as quantias depositadas em conta «clientes» não constituem património próprio do mediador de seguros, devendo, em caso de insolvência do mediador, ser afectas, preferencialmente, ao pagamento dos créditos dos tomadores de seguros, segurados ou beneficiários.

8 – O Instituto de Seguros de Portugal, no quadro dos princípios previstos nos números anteriores, define por norma regulamentar as regras a que devem obedecer as contas «clientes».

ARTIGO 43.º
Resolução extrajudicial de litígios

Sem prejuízo da possibilidade de recurso aos tribunais judiciais, em caso de litígio emergente da actividade de mediação de seguros, incluindo litígios transfronteiriços, respeitantes a mediadores de seguros registados em outros Estados membros no âmbito da actividade exercida no território português, os consumidores podem recorrer aos organismos de resolução extrajudicial de litígios que, para o efeito, venham a ser criados.

Anexo de Legislação

SECÇÃO III
Das carteiras de seguros

ARTIGO 44.º
Transmissão de carteira de mediador de seguros

1 – As carteiras de seguros são total ou parcialmente transmissíveis, por contrato escrito, devendo o transmissário encontrar-se em condições de poder exercer a actividade de mediação quanto aos referidos contratos de seguro.

2 – A transmissão de carteira de seguros a favor de mediador deve ser precedida da comunicação pelo transmitente por carta registada ou outro meio do qual fique registo escrito e com a antecedência mínima de 60 dias relativamente à data da transmissão:

a) Às empresas de seguros, da identidade do mediador transmissário;

b) Aos tomadores de seguros, dos elementos referidos no n.º 1 do artigo 32.º quanto ao mediador transmissário e do direito de poder recusar a sua intervenção nos termos do número seguinte.

3 – As empresas de seguros e os tomadores de seguros que tenham recebido a comunicação referida no número anterior têm o direito de recusar a intervenção do mediador transmissário nos respectivos contratos de seguro, devendo comunicar a recusa ao mediador transmitente até 30 dias antes da data da transmissão.

4 – A empresa de seguros que, sem adequada fundamentação, recuse a intervenção do mediador transmissário nos termos do número anterior fica sujeita ao ónus de propor ao mediador transmitente a aquisição da carteira de seguros em causa.

5 – As carteiras de seguros são também total ou parcialmente transmissíveis, por contrato escrito, a favor de empresas de seguros, desde que sejam partes em todos os contratos objecto de transmissão.

6 – A transmissão de carteira de seguros a favor de empresa de seguros deve ser precedida da comunicação ao tomador do seguro pela empresa de seguros por carta registada ou outro meio do qual fique registo escrito e com a antecedência mínima de 60 dias relativamente à data da transmissão de que deixa de existir mediador no contrato de seguro, mas que mantém o direito de escolher e nomear, nos termos legais, mediador de seguros para os seus contratos.

7 – Os efeitos da transmissão de contratos que integrem uma carteira de seguros só se produzem, relativamente a cada um deles, na sua data aniversária ou, nos contratos renováveis, na data da sua renovação.

ARTIGO 45.º
Cessação dos contratos com as empresas de seguros

1 – No caso de cessação dos contratos referidos no artigo 15.º e na alínea a) do n.º 1 do artigo 17.º, os contratos passam a directos, devendo as empresas de seguros comunicar essa circunstância aos tomadores de seguros nos termos do n.º 6 do artigo anterior.

2 – No caso referido no número anterior e sem prejuízo de qualquer outra indemnização a que haja lugar, o mediador de seguros tem direito a uma indemnização de clientela, desde que tenha angariado novos clientes para a empresa de seguros ou aumentado substancialmente o volume de negócios com clientela já existente e a empresa de seguros venha a beneficiar, após a cessação do contrato, da actividade por si desenvolvida.

3 – Em caso de cessação do contrato por morte do mediador de seguros, a indemnização de clientela pode ser exigida pelos herdeiros ou legatários.

4 – A indemnização de clientela é fixada em termos equitativos, mas não pode ser inferior ao valor equivalente ao dobro da remuneração média anual do mediador nos últimos cinco anos, ou do período de tempo em que o contrato esteve em vigor, se inferior.

5 – Não é devida indemnização de clientela quando:

a) O contrato tenha sido resolvido por iniciativa do mediador sem justa causa ou por iniciativa da empresa de seguros com justa causa;

b) O mediador tenha cedido a sua posição contratual com o acordo da empresa de seguros.

6 – O ónus da prova da existência de justa causa na cessação cabe à parte que faz cessar o contrato.

7 – Sem prejuízo de outras situações livremente previstas no contrato, considera-se justa causa o comportamento da contraparte que, pela sua gravidade e consequências, torne imediata e praticamente impossível a subsistência da relação contratual.

Anexo de Legislação 157

CAPÍTULO IV
Registo

SECÇÃO I
Disposições gerais

ARTIGO 46.º
Autoridade responsável pelo registo

1 – O Instituto de Seguros de Portugal é a autoridade responsável pela criação, manutenção e actualização permanente do registo electrónico dos mediadores de seguros ou de resseguros residentes ou cuja sede social se situe em Portugal.

2 – O Instituto de Seguros de Portugal define, por norma regulamentar, a forma de organização do registo e os elementos referentes a cada mediador que devem constar do registo.

3 – O Instituto de Seguros de Portugal é, ainda, a autoridade responsável pela criação, manutenção e actualização permanente de um registo central relativo aos processos de contra-ordenação previstos neste decreto-lei que respeite as normas procedimentais, as normas de protecção de dados e as medidas especiais de segurança previstas na Lei da Protecção de Dados Pessoais.

4 – Ao titular dos dados são garantidos os direitos previstos na Lei da Protecção de Dados Pessoais.

ARTIGO 47.º
Certificado de registo

1 – O Instituto de Seguros de Portugal emite um certificado de registo a favor do mediador de seguros ou de resseguros inscrito no registo.

2 – O certificado de registo do mediador de seguros ou de resseguros deve conter, no mínimo, as seguintes informações:

a) Identidade e endereço do mediador;

b) De que se encontra inscrito no registo junto do Instituto de Seguros de Portugal, da data da inscrição e dos meios de que o interessado dispõe se pretender confirmar essa inscrição;

158 *Estudos de Direito dos Seguros – Intermediação de Seguros e Seguro de Grupo*

c) O ramo ou ramos de seguros nos quais o mediador está autorizado a exercer actividade;

d) No caso de pessoas colectivas, o nome dos membros do órgão de administração responsáveis pela actividade de mediação.

3 – No caso de mediador de seguros, o certificado de registo deve, adicionalmente, identificar:

a) A categoria em que o mediador se encontra inscrito;

b) No caso do mediador de seguros ligado, a ou as empresas de seguros com as quais está autorizado a trabalhar.

4 – Ao certificado de registo são averbados os elementos previstos no artigo 54.º

5 – Se, por qualquer motivo, for suspensa ou cancelada a inscrição no registo, o mediador de seguros ou de resseguros deve, de imediato, devolver o respectivo certificado de registo ao Instituto de Seguros de Portugal.

6 – Salvo se relativas a actividades não relacionadas com a mediação de seguros, em toda a publicidade e documentação comercial do mediador de seguros ou de resseguros devem constar as informações previstas nas alíneas a) a c) do n.º 2 e, no caso do mediador de seguros, também as referidas no n.º 3.

ARTIGO 48.º
Acesso à informação

1 – Cabe ao Instituto de Seguros de Portugal implementar os meios necessários para que qualquer interessado possa aceder, de forma fácil e rápida, a informação proveniente do registo dos mediadores de seguros ou de resseguros, designadamente através de mecanismos de consulta pública através da Internet.

2 – O Instituto de Seguros de Portugal define, em norma regulamentar, a informação a disponibilizar aos interessados, que deve incluir, no mínimo, os elementos referidos nos n.ºs 2 a 4 do artigo anterior.

SECÇÃO II
Alterações

ARTIGO 49.º
Comunicação de alterações

1 – As alterações aos elementos relevantes para aferição das condições de acesso previstas nas secções II e III do capítulo II devem ser comunicadas pelo mediador de seguros ou resseguros no prazo de 30 dias a contar da sua ocorrência ao Instituto de Seguros de Portugal, ou, no caso do mediador de seguros ligado, à empresa de seguros, que, de acordo com o que ficar definido na norma regulamentar a que se refere o n.º 6 do artigo 16.º, as transmite ao Instituto de Seguros de Portugal.

2 – Conforme a respectiva natureza, as alterações comunicadas podem dar lugar à alteração dos elementos registados, a averbamento ao registo ou à sua suspensão ou cancelamento.

ARTIGO 50.º
Extensão da actividade a outro ramo ou ramos de seguros

1 – A extensão da actividade a ramo ou ramos de seguros distintos daquele que o mediador de seguros ou de resseguros está autorizado a exercer depende apenas do preenchimento e comprovação da condição de qualificação adequada às características da actividade de mediação que pretende exercer.

2 – À instrução e à tramitação do pedido de averbamento ao registo da extensão é aplicável, com as devidas adaptações, o regime previsto para a inscrição no registo de cada categoria de mediadores.

ARTIGO 51.º
**Extensão da actividade de mediador de seguros
ligado a outra empresa de seguros**

1 – A extensão da actividade de mediador de seguros ligado a outra empresa de seguros, quando admitida, depende do preenchimento das condições de acesso previstas para a inscrição inicial no registo.

2 – No caso de se tratar de mediador ligado que exerce actividade nos termos da subalínea i) da alínea a) do artigo 8.º, à instrução do processo

160 *Estudos de Direito dos Seguros – Intermediação de Seguros e Seguro de Grupo*

deve ser aditado um documento escrito através do qual a empresa ou empresas de seguros em causa autorizem expressamente o candidato a celebrar contrato com outra empresa de seguros nos casos legalmente previstos.

3 – Sem prejuízo do disposto no número anterior, à instrução e à tramitação do pedido de averbamento ao registo da extensão é aplicável, com as devidas adaptações, o regime previsto para a inscrição no registo na categoria de mediador ligado.

ARTIGO 52.º
**Extensão da actividade de agente de seguros
a outra empresa de seguros**

Desde que a empresa de seguros com a qual o agente de seguros pretende operar exerça actividade que se enquadre no âmbito do ramo ou ramos relativamente aos quais esteja autorizado a exercer a actividade, a extensão de actividade depende apenas da celebração do contrato nos termos da alínea a) do n.º 1 do artigo 17.º

ARTIGO 53.º
Controlo das participações qualificadas

1 – Às alterações verificadas quanto a participações qualificadas detidas em corretor de seguros ou em mediador de resseguros é aplicável, com as devidas adaptações, o regime constante dos artigos 43.º a 50.º do Decreto-Lei n.º 94-B/98, de 17 de Abril.

2 – São relevantes para efeitos do número anterior, para além de situações de aquisição de participação qualificada, o seu aumento de tal modo que a percentagem de direitos de voto ou de capital no corretor de seguros ou no mediador de resseguros atinja ou ultrapasse 50% ou que a empresa se transforme em sua filial.

3 – Para efeitos de controlo das participações qualificadas, o Instituto de Seguros de Portugal estabelece em norma regulamentar os elementos e informações que lhe devem ser comunicados.

ARTIGO 54.º
Averbamentos ao registo

É averbada ao registo:

a) A extensão da actividade do mediador nos termos dos artigos 50.º e 51.º;

b) A identificação do ou dos Estados membros da União Europeia em que o mediador de seguros ou de resseguros registado em Portugal exerce a sua actividade, através de sucursal ou em regime de livre prestação de serviços.

SECÇÃO III
Suspensão e cancelamento

ARTIGO 55.º
Suspensão do registo

1 – A inscrição no registo do mediador de seguros ou de resseguros é suspensa:

a) A pedido expresso do mediador, dirigido ao Instituto de Seguros de Portugal, através de carta registada ou de outro meio do qual fique registo escrito, quando pretenda interromper temporariamente o exercício desta actividade, por período, contínuo ou interpolado, não superior a dois anos;

b) Quando o mediador passe a exercer funções incompatíveis, nos termos da lei, com o exercício da actividade de mediação ou cargos públicos, caso em que deve, nos 30 dias anteriores à ocorrência do facto determinante da impossibilidade do exercício da actividade de mediação de seguros, requerer ao Instituto de Seguros de Portugal a suspensão da sua inscrição;

c) No caso de cessação de todos os contratos celebrados nos termos do artigo 15.º, até que celebre novo contrato, pelo prazo máximo de um ano, sob pena de cancelamento do registo;

d) A título de sanção acessória, de acordo com o disposto no artigo 80.º, ou por decisão judicial.

2 – A decisão de suspensão é notificada ao mediador de seguros e no caso do mediador de seguros ligado à empresa de seguros.

162 *Estudos de Direito dos Seguros – Intermediação de Seguros e Seguro de Grupo*

3 – Para além do disposto no número anterior, cabe ao Instituto de Seguros de Portugal dar à decisão de suspensão a publicidade adequada.

4 – No caso de o mediador exercer a sua actividade no território de outro Estado ou Estados membros da União Europeia, o Instituto de Seguros de Portugal informa da suspensão da inscrição no registo as respectivas autoridades competentes.

5 – A cessação do facto que gerou a suspensão da sua inscrição deve ser comunicada pelo mediador de seguros ao Instituto de Seguros de Portugal no prazo máximo de 30 dias após a sua ocorrência.

ARTIGO 56.º
Cancelamento do registo

1 – Sem prejuízo de outras sanções que ao caso couber, o registo do mediador de seguros ou de resseguros é cancelado quando se verifique algum dos seguintes fundamentos:

a) Pedido expresso do mediador, dirigido ao Instituto de Seguros de Portugal, através de carta registada ou de outro meio do qual fique registo escrito;

b) Morte do mediador, liquidação do estabelecimento individual de responsabilidade limitada ou dissolução da sociedade de mediação;

c) A inscrição no registo ter sido obtida por meio de declarações falsas ou inexactas;

d) Falta superveniente de alguma das condições de acesso ou de exercício à actividade de mediação;

e) Impossibilidade, por um período de tempo superior a 90 dias, de o Instituto de Seguros de Portugal contactar o mediador, nomeadamente por via postal;

f) A título de sanção acessória, de acordo com o disposto no artigo 80.º;

g) No caso do corretor de seguros, se não cumprir o dever de dispersão de carteira.

2 – A decisão de revogação é fundamentada e notificada ao mediador de seguros e, no caso do mediador de seguros ligado, à empresa de seguros.

3 – Para além do disposto no número anterior, cabe ao Instituto de Seguros de Portugal dar à decisão de revogação a publicidade adequada e

Anexo de Legislação

adoptar as providências para o imediato encerramento dos estabelecimentos do mediador.

4 – No caso de o mediador de seguros ou de resseguros exercer a sua actividade no território de outro Estado ou Estados membros da União Europeia, o Instituto de Seguros de Portugal informa do cancelamento da inscrição no registo as respectivas autoridades competentes.

ARTIGO 57.º
Efeitos da suspensão e do cancelamento

1 – A suspensão ou o cancelamento da inscrição no registo tem como efeito a transmissão automática dos direitos e deveres sobre os contratos em que interveio o mediador para as empresas de seguros que deles sejam partes, devendo as empresas de seguros comunicar essa circunstância aos tomadores de seguros nos termos do n.º 6 do artigo 44.º

2 – O mediador retoma os direitos e deveres relativos à carteira na data em que seja levantada pelo Instituto de Seguros de Portugal a suspensão da inscrição, salvo nos casos em que o tomador do seguro tenha entretanto escolhido outro mediador.

CAPÍTULO V
Supervisão

ARTIGO 58.º
Poderes

Sem prejuízo dos outros poderes previstos neste decreto-lei e no respectivo Estatuto, o Instituto de Seguros de Portugal, no exercício da actividade de supervisão, dispõe dos poderes e meios para:

a) Verificar a conformidade técnica, financeira e legal da actividade dos mediadores de seguros ou de resseguros;

b) Verificar as condições de funcionamento e a qualidade técnica dos cursos sobre seguros, a que se refere a alínea a) do n.º 1 do artigo 12.º, ministrados para efeitos de acesso à actividade de mediador de seguros ou de resseguros, podendo, em casos devidamente fundamentados, retirar um curso da lista dos cursos reconhecidos;

164   *Estudos de Direito dos Seguros – Intermediação de Seguros e Seguro de Grupo*

c) Obter informações pormenorizadas sobre a situação dos mediadores de seguros ou de resseguros, através, nomeadamente, da recolha de dados, da exigência de documentos relativos ao exercício da actividade de mediação ou de inspecções a realizar localmente no estabelecimento do mediador;

d) Adoptar, em relação aos mediadores de seguros ou de resseguros, seus sócios ou membros dos seus órgãos de administração, todas as medidas adequadas e necessárias para garantir que as suas actividades observam as disposições legais e regulamentares aplicáveis e para evitar ou eliminar qualquer irregularidade que possa prejudicar o interesse dos tomadores de seguros, segurados ou beneficiários ou das próprias empresas de seguros ou de resseguros;

e) Garantir a aplicação efectiva das medidas referidas na alínea anterior, se necessário mediante o recurso às instâncias judiciais;

f) Estabelecer as regras de contabilidade aplicáveis à actividade de mediação de seguros ou de resseguros;

g) Emitir instruções e recomendações para que sejam sanadas as irregularidades que detecte.

ARTIGO 59.º
Supervisão de mediadores registados em outros Estados membros

1 – O mediador de seguros ou de resseguros registado em outro Estado membro da União Europeia que exerça a sua actividade no território português, através de sucursal ou em regime de livre prestação de serviços, fica sujeito às condições de exercício estabelecidas por razões do interesse geral.

2 – Sem prejuízo de outras condições de exercício divulgadas pelo Instituto de Seguros de Portugal nos termos do artigo 23.º, são sempre consideradas como condições de exercício estabelecidas por razões de interesse geral as constantes dos artigos 29.º a 33.º e das alíneas a) e b) do artigo 34.º

3 – No âmbito da supervisão do exercício da actividade no território português pelos mediadores de seguros ou de resseguros referidos no n.º 1, o Instituto de Seguros de Portugal pode solicitar-lhes informações ou exigir-lhes a apresentação de documentos necessários para esse efeito.

4 – Se o Instituto de Seguros de Portugal verificar que um mediador de seguros ou de resseguros registado em outro Estado membro da União

Europeia que exerça a sua actividade no território português, através de sucursal ou em regime de livre prestação de serviços, não respeita as normas legais e regulamentares que lhe são aplicáveis, notifica-o para que ponha fim à situação irregular.

5 – Se o mediador referido no número anterior não regularizar a situação, o Instituto de Seguros de Portugal informa as autoridades competentes do Estado membro de origem, solicitando-lhe que adoptem as medidas adequadas para que o mediador ponha fim à situação irregular.

6 – Se, apesar das medidas tomadas ao abrigo do número anterior, o mediador persistir na situação irregular, o Instituto de Seguros de Portugal, após ter informado as autoridades competentes do Estado membro de origem, adopta as medidas legalmente previstas para reprimir as irregularidades cometidas ou novas situações irregulares, podendo, se necessário, impedir que os infractores iniciem novas operações no território português.

7 – As restrições ao exercício da actividade referidas no número anterior são devidamente fundamentadas e notificadas ao mediador em causa.

8 – O disposto nos números anteriores não prejudica a aplicação aos mediadores de seguros ou de resseguros registados em outros Estados membros da União Europeia das sanções previstas no capítulo VI, no que respeita à actividade exercida no território português.

ARTIGO 60.º
Cooperação com as outras autoridades competentes

1 – Para efeitos do exercício da supervisão da actividade de mediação de seguros ou de resseguros, o Instituto de Seguros de Portugal coopera com as autoridades congéneres de outros Estados membros da União Europeia.

2 – No âmbito desta cooperação, o Instituto de Seguros de Portugal comunica à autoridade competente do Estado membro de origem a aplicação de uma das sanções previstas no capítulo VI ou a adopção de uma medida ao abrigo do n.º 6 do artigo anterior, bem como procede à troca de informações nos termos do artigo seguinte.

ARTIGO 61.º
Troca de informações

1 – Sem prejuízo da sujeição das informações ao dever de sigilo profissional nos termos do artigo 63.º, o Instituto de Seguros de Portugal pode

166 *Estudos de Direito dos Seguros – Intermediação de Seguros e Seguro de Grupo*

proceder à troca de informações necessárias ao exercício da supervisão da actividade de mediação de seguros ou de resseguros com:

a) As autoridades competentes dos outros Estados membros da União Europeia;

b) As autoridades nacionais ou de outros Estados membros da União Europeia investidas da atribuição pública de fiscalização das empresas de seguros ou de resseguros, instituições de crédito e outras instituições financeiras ou encarregadas da supervisão dos mercados financeiros;

c) Os órgãos nacionais ou de outros Estados membros da União Europeia intervenientes na liquidação e no processo de insolvência de mediadores de seguros ou de resseguros e noutros processos análogos, bem como autoridades competentes para a supervisão desses órgãos;

d) As entidades nacionais ou de outros Estados membros da União Europeia responsáveis pela detecção e investigação de infracções ao direito das sociedades;

e) As entidades nacionais ou de outros Estados membros da União Europeia incumbidas da gestão de processos de liquidação ou de fundos de garantia;

f) Bancos centrais, outras entidades de vocação semelhante enquanto autoridades monetárias e outras autoridades encarregadas da supervisão dos sistemas de pagamento, nacionais ou de outros Estados membros da União Europeia.

2 – Adicionalmente, e sem prejuízo da sujeição das informações ao dever de sigilo profissional nos termos do artigo 63.º, o Instituto de Seguros de Portugal pode solicitar informações necessárias ao exercício da supervisão às pessoas encarregadas da certificação legal das contas dos mediadores de seguros ou de resseguros, empresas de seguros e de outras instituições financeiras, bem como às autoridades competentes para a supervisão dessas pessoas.

3 – As informações fornecidas no âmbito dos números anteriores, por autoridade competente de outro Estado membro da União Europeia, só podem ser divulgadas com o seu acordo explícito e, se for caso disso, exclusivamente para os fins relativamente aos quais tenham dado o seu acordo, devendo ser-lhes comunicada a identidade e o mandato preciso das entidades às quais devem ser transmitidas essas informações.

4 – A troca de informações necessárias ao exercício da supervisão da actividade de mediação de seguros ou de resseguros com autoridades competentes de países não membros da União Europeia ou com as autoridades

ou organismos destes países, definidos nas alíneas b), c) e e) do n.º 1 e no n.º 2, está sujeita às garantias de sigilo profissional referidas no número anterior e no artigo 63.º

ARTIGO 62.º
Utilização de informações confidenciais

O Instituto de Seguros de Portugal só pode utilizar as informações confidenciais recebidas nos termos do artigo anterior no exercício das suas funções de supervisão e com as seguintes finalidades:

a) Para análise das condições de acesso à actividade de mediação de seguros ou de resseguros e para supervisão das condições de exercício da mesma;

b) Para a aplicação de sanções;

c) No âmbito de um recurso administrativo ou jurisdicional interposto das decisões tomadas no âmbito do presente decreto-lei e respectiva regulamentação.

ARTIGO 63.º
Sigilo profissional

1 – Os membros dos órgãos do Instituto de Seguros de Portugal, bem como todas as pessoas que pertençam ao seu quadro de pessoal ou de colaboradores, estão sujeitos ao dever de sigilo dos factos relativos à actividade de mediação de seguros ou de resseguros cujo conhecimento lhes advenha exclusivamente pelo exercício das suas funções.

2 – O dever de sigilo profissional mantém-se mesmo após o termo do exercício de funções no Instituto de Seguros de Portugal.

3 – O dever de sigilo profissional referido nos números anteriores determina que qualquer informação confidencial recebida no exercício da actividade profissional não pode ser comunicada a nenhuma pessoa ou autoridade, excepto de forma sumária ou agregada, e de modo que os mediadores de seguros ou de resseguros não possam ser individualmente identificados.

ARTIGO 64.º
Excepções ao dever de sigilo profissional

Fora das situações previstas no artigo 61.º, os factos e elementos abrangidos pelo dever de sigilo profissional só podem ser revelados:

a) No âmbito do processo de declaração de falência de mediador de seguros ou de resseguros ou de decisão judicial da sua liquidação, desde que as informações confidenciais não digam respeito a terceiros implicados nas tentativas de recuperação do mediador;

b) Nos termos previstos na lei penal e de processo penal;

c) Quando exista outra disposição legal que expressamente limite o dever de sigilo profissional.

ARTIGO 65.º
Reclamações

No âmbito das suas competências, cabe ao Instituto de Seguros de Portugal analisar e dar parecer sobre pedidos de informação e reclamações apresentados por consumidores e respectivas associações, contra mediadores de seguros e de resseguros.

ARTIGO 66.º
Taxas de supervisão

1 – Os mediadores de seguros ou de resseguros ficam sujeitos ao pagamento de taxas ao Instituto de Seguros de Portugal por contrapartida dos actos praticados de supervisão, a fixar em função dos custos necessários à regulação das actividades de mediação ou à prestação de serviços de supervisão.

2 – As taxas de supervisão obedecem ao princípio da proporcionalidade e são fixadas de acordo com critérios objectivos e transparentes.

3 – As taxas referidas nos números anteriores são fixadas, liquidadas e cobradas nos termos de norma regulamentar do Instituto de Seguros de Portugal.

ARTIGO 67.º
Recurso judicial dos actos do Instituto de Seguros de Portugal

Dos actos administrativos do Instituto de Seguros de Portugal adoptados ao abrigo do presente decreto-lei e respectiva regulamentação cabe recurso contencioso, nos termos gerais de direito.

CAPÍTULO VI
Sanções

SECÇÃO I
Disposições gerais

ARTIGO 68.º
Âmbito

1 – O disposto no presente capítulo é aplicável aos mediadores de seguros ou de resseguros registados junto do Instituto de Seguros de Portugal e aos mediadores de seguros ou de resseguros registados em outro Estado membro da União Europeia no que se refere à actividade exercida no território português.

2 – O presente capítulo é ainda aplicável:

a) Às empresas de seguros e às sociedades gestoras de fundos de pensões, quanto às contra-ordenações previstas nas alíneas a), c) a f) e l) do artigo 76.º, nas alíneas a), b), d), i) a m) e r) do artigo 77.º e nas alíneas b) e d) do artigo 78.º;

b) Às empresas de resseguros, quanto às contra-ordenações previstas nas alíneas a), c), d) e f) do artigo 76.º, nas alíneas b), j) a m) e r) do artigo 77.º e nas alíneas b) e d) do artigo 78.º;

c) Às pessoas que exercem a actividade de mediação de seguros ou de resseguros sem estarem registadas para esse efeito num Estado membro ou se encontrem abrangidas pela exclusão referida no n.º 2 do artigo 3.º, quanto à contra-ordenação prevista na alínea a) do artigo 78.º;

d) Aos detentores de participações qualificadas em mediador de seguros ou de resseguros, quanto à contra-ordenação prevista na alínea e) do artigo 78.º

170 *Estudos de Direito dos Seguros – Intermediação de Seguros e Seguro de Grupo*

3 – Para efeitos do presente capítulo, a referência a empresa de seguros deve considerar-se como sendo também aplicável a sociedade gestora de fundos de pensões.

ARTIGO 69.º
Aplicação no espaço

1 – O disposto no presente capítulo é aplicável, salvo tratado ou convenção em contrário, independentemente da nacionalidade dos infractores, aos factos praticados:

a) No território português;
b) Em território estrangeiro, desde que sujeitos à supervisão do Instituto de Seguros de Portugal;
c) A bordo de navios ou aeronaves portugueses.

2 – A aplicabilidade do disposto no presente capítulo aos factos praticados em território estrangeiro deve respeitar, com as necessárias adaptações, os princípios enunciados nos n.os 1 e 2 do artigo 6.º do Código Penal.

ARTIGO 70.º
Responsabilidade

1 – Pela prática das contra-ordenações previstas no presente capítulo podem ser responsabilizadas, conjuntamente ou não, pessoas singulares ou colectivas, ainda que irregularmente constituídas, e associações sem personalidade jurídica.

2 – As pessoas colectivas, ainda que irregularmente constituídas, e as associações sem personalidade jurídica são responsáveis pelas contra-ordenações previstas no presente capítulo quando os factos tenham sido praticados em seu nome e no seu interesse e no âmbito dos poderes e funções em que hajam sido investidos os titulares dos seus órgãos sociais, mandatários, trabalhadores ou seus representantes a outros títulos.

3 – A responsabilidade da pessoa colectiva referida no número anterior é excluída quando as pessoas singulares actuem contra ordens ou instruções expressas daquela.

4 – A responsabilidade da pessoa colectiva não preclude a responsabilidade individual das pessoas singulares referidas no n.º 2.

5 – As pessoas singulares que sejam membros de órgãos de administração, de direcção ou de fiscalização da pessoa colectiva incorrem na sanção prevista para o autor, especialmente atenuada, quando, conhecendo ou devendo conhecer a prática da contra-ordenação, não adoptem as medidas adequadas para lhe pôr termo.

6 – A invalidade e a ineficácia jurídicas dos actos em que se funde a relação entre a pessoa singular e a pessoa colectiva não obstam a que seja aplicado o disposto no número anterior.

7 – Não obsta à responsabilidade dos agentes que representem outrem a circunstância de a ilicitude ou o grau de ilicitude depender de certas qualidades ou relações especiais do agente e estas só se verificarem na pessoa do representado, ou de requerer que o agente pratique o acto no seu próprio interesse, tendo o representante actuado no interesse do representado.

ARTIGO 71.º
Graduação da sanção

1 – A medida da coima e as sanções acessórias aplicáveis são determinadas em função da gravidade da contra-ordenação, da culpa, da situação económica do infractor e da sua conduta anterior.

2 – A gravidade da contra-ordenação cometida por pessoa colectiva é avaliada, designadamente, pelas seguintes circunstâncias:

a) Perigo criado ou dano causado às condições de actuação no mercado segurador, à economia nacional ou, em especial, aos tomadores de seguros, segurados ou beneficiários das apólices, ou aos associados, participantes ou beneficiários de fundos de pensões;

b) Carácter ocasional ou reiterado da contra-ordenação;

c) Actos de ocultação, na medida em que dificultem a descoberta da contra-ordenação ou a adequação e eficácia das sanções aplicáveis;

d) Actos destinados a, por sua iniciativa, reparar os danos ou obviar aos perigos causados pela contra-ordenação.

3 – Tratando-se de contra-ordenação cometida por pessoa singular, além das circunstâncias enumeradas no número anterior, atende-se ainda, designadamente, às seguintes:

a) Nível de responsabilidade e esfera de acção na pessoa colectiva em causa que implique um dever especial de não cometer a contra-ordenação;

172   *Estudos de Direito dos Seguros – Intermediação de Seguros e Seguro de Grupo*

b) Benefício, ou intenção de o obter, do próprio, do cônjuge, de parente ou de afim até ao 3.º grau, directo ou por intermédio de empresas em que, directa ou indirectamente, detenham uma participação.

4 – A atenuação decorrente da reparação do dano ou da redução do perigo, quando realizadas por pessoa colectiva, comunica-se a todos os responsáveis individuais, ainda que não tenham pessoalmente contribuído para elas.

5 – A coima deve, sempre que possível, exceder o benefício económico que o infractor ou a pessoa que fosse seu propósito beneficiar tenham retirado da prática da contra-ordenação.

ARTIGO 72.º
Reincidência

1 – É punido como reincidente quem praticar contra-ordenação prevista no presente decreto-lei, depois de ter sido condenado por decisão definitiva ou transitada em julgado pela prática anterior de contra--ordenação nele igualmente prevista, desde que não se tenham completado três anos sobre essa sua prática.

2 – Em caso de reincidência, os limites mínimo e máximo da coima aplicável são elevados em um terço.

ARTIGO 73.º
Cumprimento do dever omitido

1 – Sempre que a contra-ordenação resulte de omissão de um dever, a aplicação das sanções e o pagamento da coima não dispensam o infractor do seu cumprimento, se este ainda for possível.

2 – No caso referido no número anterior, o Instituto de Seguros de Portugal pode ordenar ao infractor que adopte as providências legalmente exigidas.

3 – Se o infractor não adoptar no prazo fixado as providências legalmente exigidas, incorre na sanção prevista para as contra-ordenações muito graves.

ARTIGO 74.º
Concurso de infracções

1 – Salvo o disposto no número seguinte, se o mesmo facto constituir simultaneamente crime e contra-ordenação, são os arguidos responsabilizados por ambas as infracções, instaurando-se, para o efeito, processos distintos a decidir pelas autoridades competentes.

2 – Há lugar apenas ao procedimento criminal quando a contra-ordenação prevista no presente decreto-lei e a infracção criminal tenham sido praticadas pelo mesmo arguido, através de um mesmo facto, violando interesses jurídicos idênticos.

ARTIGO 75.º
Direito subsidiário

Às contra-ordenações previstas no presente capítulo é subsidiariamente aplicável, em tudo o que não contrarie as disposições nele constantes, o regime geral das contra-ordenações.

SECÇÃO II
Ilícitos em especial

ARTIGO 76.º
Contra-ordenações leves

Constitui contra-ordenação leve, punível com coima de (euro) 250 a (euro) 15000 ou de (euro) 750 a (euro) 75000, consoante seja aplicada a pessoa singular ou a pessoa colectiva:

a) O fornecimento de informações incompletas ou inexactas ao Instituto de Seguros de Portugal no âmbito deste decreto-lei e respectiva regulamentação;

b) O fornecimento à empresa de seguros, pelo mediador de seguros ligado, de informações incompletas ou inexactas quando relevantes para aferição das condições de acesso;

c) O incumprimento do dever de envio dentro dos prazos fixados de documentação requerida pelo Instituto de Seguros de Portugal nos termos deste decreto-lei e respectiva regulamentação;

174 *Estudos de Direito dos Seguros – Intermediação de Seguros e Seguro de Grupo*

d) O incumprimento de deveres de informação, comunicação ou esclarecimento para com o Instituto de Seguros de Portugal nos termos deste decreto-lei e respectiva regulamentação;

e) O incumprimento pela empresa de seguros do dever de, nos termos legais, manter em arquivo documentação relevante para comprovação das condições de acesso por mediador de seguros ligado;

f) O incumprimento pelas empresas de seguros ou de resseguros de qualquer dos deveres fixados no artigo 28.°;

g) O incumprimento por mediador de seguros ou de resseguros de qualquer dos deveres fixados nas alíneas c), d), g) a i) do artigo 29.° ou nas alíneas e) e f) do artigo 34.°;

h) O incumprimento por corretor de seguros ou por mediador de resseguros de qualquer dos deveres fixados no artigo 35.° a que estejam sujeitos;

i) O incumprimento por mediador de seguros ou de resseguros do dever referido na alínea c) do artigo 30.°;

j) O incumprimento por mediador de seguros ou de resseguros do dever referido na alínea d) do artigo 30.° ou por empresa de seguros ou de resseguros do dever referido na alínea d) do artigo 37.°;

l) O incumprimento por empresa de seguros dos deveres fixados nas alíneas f) e g) do artigo 37.°;

m) O incumprimento por mediador de seguros ou de resseguros do dever fixado no n.° 6 do artigo 47.°;

n) Quanto ao corretor de seguros ou ao mediador de resseguros, o desrespeito pela inibição do exercício de direitos de voto.

ARTIGO 77.°
Contra-ordenações graves

Constitui contra-ordenação grave, punível com coima de (euro) 750 a (euro) 50000 ou de (euro) 1500 a (euro) 250000, consoante seja aplicada a pessoa singular ou a pessoa colectiva:

a) A proposta por empresa de seguros ao Instituto de Seguros de Portugal da inscrição no registo de candidato a mediador de seguros ligado que não cumpra os requisitos legais de acesso à actividade de mediação;

b) O exercício da actividade de mediação de seguros ou de resseguros em ramo ou ramos que o mediador não esteja autorizado a exercer, bem como a utilização pela empresa de seguros ou de resseguros ou por

Anexo de Legislação 175

mediador de serviços de mediação de seguros ou de resseguros em desrespeito do âmbito de actividade que o mediador esteja autorizado a exercer;

c) O exercício da actividade de mediação de seguros em desrespeito das características da categoria de mediador em que se encontre inscrito;

d) A prestação de serviços como mediador de seguros ligado a mais de uma empresa de seguros fora dos casos legalmente previstos, bem como a utilização pela empresa de seguros de serviços de um mediador de seguros ligado, vinculado a outra empresa de seguros, fora dos casos legalmente previstos;

e) O exercício da actividade de mediação tendo incorrido numa das situações de incompatibilidade referidas no artigo 14.º;

f) O incumprimento superveniente do dever de manutenção dos seguros e garantias bancárias legalmente exigidos para o exercício da actividade de mediação de seguros ou de resseguros;

g) O incumprimento por mediador de seguros ou de resseguros de qualquer dos deveres referidos nas alíneas a), b), e) e f) do artigo 29.º ou nas alíneas a), b) e e) do artigo 30.º;

h) O incumprimento por mediador de seguros de qualquer dos deveres para com os clientes fixados nos artigos 31.º a 33.º;

i) O incumprimento por empresa de seguros do dever fixado na alínea e) do artigo 37.º;

j) O impedimento ou a obstrução ao exercício da supervisão pelo Instituto de Seguros de Portugal, designadamente por incumprimento, nos prazos fixados, das instruções ditadas no caso individual considerado, para cumprimento da lei e respectiva regulamentação;

l) A omissão de entrega de documentação ou de prestação de informações requeridas pelo Instituto de Seguros de Portugal para o caso individualmente considerado;

m) O fornecimento ao Instituto de Seguros de Portugal de informações falsas ou de informações inexactas susceptíveis de induzir em conclusões erróneas de efeito idêntico ou semelhante ao que teriam informações falsas sobre o mesmo objecto;

n) O recebimento por mediador de seguros ligado de prémios ou prestações destinados a serem transferidos para as empresas de seguros ou sociedades gestoras de fundos de pensões ou de fundos para serem transferidos para tomadores de seguros, segurados ou beneficiários;

o) O recebimento por agente de seguros de prémios fora dos casos legalmente previstos;

176 *Estudos de Direito dos Seguros – Intermediação de Seguros e Seguro de Grupo*

p) O incumprimento pelo mediador de seguros autorizado a movimentar fundos relativos ao contrato de seguro das regras relativas à conta «clientes»;

q) A divulgação de dados falsos ou incorrectos relativamente a empresas de seguros, outros mediadores de seguros ou tomadores de seguros;

r) A utilização de interpostas pessoas com a finalidade de atingir um resultado cuja obtenção directa implicaria a prática de contra-ordenação leves ou grave.

ARTIGO 78.º
Contra-ordenações muito graves

Constitui contra-ordenação muito grave, punível com coima de (euro) 1500 a (euro) 150000 ou de (euro) 3000 a (euro) 750000, consoante seja aplicada a pessoa singular ou colectiva:

a) O exercício da actividade de mediação de seguros ou de resseguros no território português por pessoa que não esteja para esse efeito registada num Estado membro da União Europeia nem se encontre abrangida pela exclusão referida no n.º 2 do artigo 3.º;

b) A utilização por empresa de seguros ou de resseguros ou por mediador de seguros ou resseguros de serviços de mediação de seguros ou de resseguros por pessoa que não esteja para esse efeito registada num Estado membro da União Europeia nem se encontre abrangida pela exclusão referida no n.º 2 do artigo 3.º;

c) Os actos de intencional gestão ruinosa, praticados pelos membros dos órgãos de administração de mediador de seguros ou de resseguros, com prejuízo para os tomadores, segurados e beneficiários das apólices de seguros, associados, participantes e beneficiários dos fundos de pensões e demais credores;

d) A utilização de interpostas pessoas com a finalidade de atingir um resultado cuja obtenção directa implicaria a prática de contra-ordenação muito grave;

e) A prática, pelos detentores de participações qualificadas em mediador de seguros ou de resseguros, de actos que impeçam ou dificultem, de forma grave, uma gestão sã e prudente da entidade participada.

Anexo de Legislação 177

ARTIGO 79.º
Punibilidade da negligência e da tentativa

1 – É punível a prática com negligência das contra-ordenações referidas nos artigos 77.º e 78.º

2 – É punível a prática sob a forma tentada das contra-ordenações referidas no artigo anterior.

3 – A tentativa é punível com a sanção aplicável ao ilícito consumado, especialmente atenuada.

4 – A atenuação da responsabilidade do infractor individual comunica-se à pessoa colectiva.

5 – Em caso de negligência, os limites máximo e mínimo da coima são reduzidos a metade.

ARTIGO 80.º
Sanções acessórias

1 – Conjuntamente com as coimas previstas para as contra-ordenações constantes do artigo 77.º, quando praticadas por mediador de seguros ou de resseguros, e das alíneas a), c) e d) do artigo 78.º, podem ser aplicadas as seguintes sanções acessórias:

a) Quando o infractor seja pessoa singular, inibição do exercício de cargos sociais nas entidades sujeitas à supervisão do Instituto de Seguros de Portugal por um período até três anos;

b) Suspensão do exercício de actividade de mediação de seguros ou de resseguros pelo período máximo de dois anos;

c) Inibição de registo como mediador de seguros ou de resseguros pelo período máximo de 10 anos;

d) Cancelamento do registo como mediador de seguros ou de resseguros e inibição de novo registo pelo período máximo de 10 anos;

e) Publicação pelo Instituto de Seguros de Portugal da punição definitiva nos termos do n.º 4.

2 – Conjuntamente com as coimas previstas para as contra-ordenações constantes do artigo 77.º, quando praticadas por empresas de seguros ou de resseguros, e da alínea b) do artigo 78.º, pode ser aplicada a sanção acessória prevista na alínea e) do número anterior.

3 – Conjuntamente com a coima prevista para a contra-ordenação constante da alínea e) do artigo 78.º, podem ser aplicadas as sanções aces-

178 *Estudos de Direito dos Seguros – Intermediação de Seguros e Seguro de Grupo*

sórias previstas nas alíneas a) e e) do n.º 1, bem como a suspensão do exercício do direito a voto atribuído aos sócios das entidades sujeitas à supervisão do Instituto de Seguros de Portugal por um período até três anos.

4 – As publicações referidas na alínea e) do n.º 1 são feitas a expensas do infractor num jornal de larga difusão na localidade da sede ou do estabelecimento permanente do infractor ou, se este for uma pessoa singular, na da sua residência.

SECÇÃO III
Processo

ARTIGO 81.º
Competência

1 – O processamento das contra-ordenações e a aplicação das coimas e das sanções acessórias competem ao Instituto de Seguros de Portugal.

2 – Cabe ao conselho directivo do Instituto de Seguros de Portugal a decisão do processo.

3 – O Instituto de Seguros de Portugal, enquanto entidade competente para instruir os processos de contra-ordenação, pode, quando necessário às averiguações ou à instrução do processo, proceder à apreensão de documentos e valores e proceder à selagem de objectos não apreendidos.

4 – No decurso da averiguação ou da instrução, o Instituto de Seguros de Portugal pode ainda solicitar às entidades policiais e a quaisquer outros serviços públicos ou autoridades toda a colaboração ou auxílio necessários para a realização das finalidades do processo.

5 – As entidades suspeitas da prática de actos ou operações não autorizados devem facultar ao Instituto de Seguros de Portugal todos os documentos e informações que lhes sejam solicitados, no prazo para o efeito estabelecido.

ARTIGO 82.º
Suspensão do processo

1 – Quando a contra-ordenação constitua irregularidade sanável, não lese significativamente nem ponha em perigo iminente e grave os interesses dos tomadores, segurados ou beneficiários das apólices, ou dos associados, participantes ou beneficiários de fundos de pensões, das empresas

de seguros ou de resseguros e das sociedades gestoras de fundos de pensões, o conselho directivo do Instituto de Seguros de Portugal pode suspender o processo, notificando o infractor para, no prazo que lhe fixar, sanar a irregularidade em que incorreu.

2 – A falta de sanação no prazo fixado determina o prosseguimento do processo.

ARTIGO 83.º
Notificações

1 – As notificações são feitas por carta registada, com aviso de recepção, endereçada à sede ou ao domicílio dos visados ou, se necessário, através das autoridades policiais.

2 – A notificação da acusação e da decisão condenatória é feita, na impossibilidade de se cumprir o número anterior, por anúncio publicado em jornal da localidade da sede ou da última residência conhecida no País ou, no caso de aí não haver jornal ou de não ser conhecida sede ou residência no País, em jornal diário de larga difusão nacional.

ARTIGO 84.º
Medidas cautelares

1 – Quando se revele necessário à salvaguarda da instrução do processo ou à protecção dos intervenientes no mercado segurador, o Instituto de Seguros de Portugal pode determinar uma das seguintes medidas:

a) Suspensão preventiva do exercício de alguma ou algumas actividades ou funções exercidas pelo arguido;

b) Sujeição do exercício de funções ou actividades a determinadas condições, necessárias para esse exercício;

c) Publicitação, pelos meios adequados, da identificação de pessoas singulares ou colectivas que não estão legalmente habilitadas a exercer a actividade de mediação de seguros ou de resseguros.

2 – As medidas previstas nas alíneas a) e b) do número anterior vigoram, consoante os casos:

a) Até à revogação pelo Instituto de Seguros de Portugal ou por decisão judicial;

180 *Estudos de Direito dos Seguros – Intermediação de Seguros e Seguro de Grupo*

b) Até ao início do cumprimento de sanção acessória de efeito equivalente.

3 – A determinação da suspensão preventiva pode ser publicada.

4 – Quando, nos termos do n.º 1, seja determinada a suspensão total das actividades ou das funções exercidas pelo arguido e este venha a ser condenado, no mesmo processo, em sanção acessória que consista em interdição ou inibição do exercício das mesmas actividades ou funções, é descontado no cumprimento da sanção acessória o tempo de duração da suspensão preventiva.

ARTIGO 85.º
Dever de comparência

1 – Às testemunhas e aos peritos que não compareçam no dia, hora e local designados para uma diligência do processo nem justifiquem a falta nos cinco dias úteis imediatos é aplicada, pelo Instituto de Seguros de Portugal, uma sanção pecuniária graduada entre um quinto e o salário mínimo nacional mensal mais elevado em vigor à data da prática do facto.

2 – O pagamento é efectuado no prazo de 15 dias a contar da notificação, sob pena de execução.

ARTIGO 86.º
Acusação e defesa

1 – Concluída a instrução, é deduzida acusação ou, se não tiverem sido recolhidos indícios suficientes de ter sido cometida contra-ordenação, são arquivados os autos.

2 – Na acusação são indicados o arguido, os factos que lhe são imputados e as respectivas circunstâncias de tempo e lugar, bem como a lei que os proíbe e pune.

3 – A acusação é notificada ao arguido e às entidades que, nos termos do artigo 70.º, podem responder solidária ou subsidiariamente pelo pagamento da coima, sendo-lhes designado um prazo razoável, entre 10 e 30 dias, tendo em atenção o lugar da residência, sede ou estabelecimento permanente do arguido e a complexidade do processo, para, querendo, identificarem o seu defensor, apresentarem, por escrito, a sua defesa e oferecerem ou requererem meios de prova.

Anexo de Legislação

4 – Cada uma das entidades referidas no número anterior não pode arrolar mais de cinco testemunhas por cada contra-ordenação.

ARTIGO 87.º
Revelia

A falta de comparência do arguido não obsta, em fase alguma do processo, a que este siga os seus termos e seja proferida decisão final.

ARTIGO 88.º
Decisão

1 – Realizadas, oficiosamente ou a requerimento, as diligências pertinentes em consequência da apresentação da defesa, o processo, acompanhado de parecer sobre a matéria de facto e de direito, é apresentado à entidade competente para a decisão.

2 – A decisão é notificada ao arguido e demais interessados nos termos do artigo 83.º

ARTIGO 89.º
Requisitos da decisão condenatória

1 – A decisão condenatória contém:

a) A identificação do arguido e dos eventuais comparticipantes;

b) A descrição do facto imputado e das provas obtidas, bem como das normas segundo as quais se pune e a fundamentação da decisão;

c) A sanção ou sanções aplicadas, com indicação dos elementos que contribuíram para a sua determinação;

d) A indicação dos termos em que a condenação pode ser impugnada judicialmente e se torna exequível;

e) A indicação de que, em caso de impugnação judicial, o juiz pode decidir mediante audiência ou, se o arguido, o Ministério Público e o Instituto de Seguros de Portugal não se opuserem, mediante simples despacho;

f) A indicação de que vigora o princípio da proibição da reformatio in pejus, sem prejuízo da atendibilidade das alterações verificadas na situação económica e financeira do arguido.

182 *Estudos de Direito dos Seguros – Intermediação de Seguros e Seguro de Grupo*

2 – A notificação contém, além dos termos da decisão, a advertência de que a coima deve ser paga no prazo de 15 dias após o termo do prazo para a impugnação judicial, sob pena de se proceder à sua execução.

ARTIGO 90.º
Suspensão da execução da sanção

1 – O Instituto de Seguros de Portugal pode, quando a contra-ordenação não tenha lesado significativamente ou posto em perigo grave os interesses dos tomadores, segurados ou beneficiários das apólices, ou dos associados, participantes ou beneficiários de fundos de pensões, das empresas de seguros ou de resseguros e das sociedades gestoras de fundos de pensões, suspender, total ou parcialmente, a execução da sanção.

2 – A suspensão, a fixar entre dois e cinco anos a contar da data em que se esgotar o prazo da impugnação judicial da decisão condenatória, pode ser sujeita a injunções, designadamente as necessárias à regularização de situações ilegais, à reparação de danos ou à prevenção de perigos.

3 – Se decorrer o tempo de suspensão sem que o infractor tenha praticado contra-ordenação prevista no presente decreto-lei e sem ter violado as obrigações que lhe tenham sido impostas, fica a condenação sem efeito, procedendo-se, no caso contrário, à execução imediata da sanção aplicada.

ARTIGO 91.º
Pagamento das coimas

1 – O pagamento da coima e das custas é efectuado no prazo de 15 dias, nos termos do regime geral das contra-ordenações.

2 – O montante das coimas reverte em 60% para o Estado e em 40% para o Instituto de Seguros de Portugal.

ARTIGO 92.º
Responsabilidade pelo pagamento

1 – As pessoas colectivas, ainda que irregularmente constituídas, e as associações sem personalidade jurídica respondem solidariamente pelo pagamento da coima e das custas em que sejam condenados os titulares dos seus órgãos sociais, mandatários, trabalhadores ou seus representantes

Anexo de Legislação 183

a outros títulos pela prática de contra-ordenações puníveis nos termos do presente decreto-lei.

2 – Os titulares dos órgãos de administração das pessoas colectivas, ainda que irregularmente constituídas, e das associações sem personalidade jurídica que, podendo fazê-lo, não se tenham oposto à prática da contra-ordenação respondem individual e subsidiariamente pelo pagamento da coima e das custas em que aquelas sejam condenadas, ainda que à data da condenação tenham sido dissolvidas ou entrado em liquidação, salvo se provarem que não foi por culpa sua que o património da pessoa colectiva ou equiparada se tornou insuficiente para a satisfação de tais créditos.

SECÇÃO IV
Impugnação judicial

ARTIGO 93.º
Impugnação judicial

1 – Recebido o requerimento de interposição de recurso da decisão que tenha aplicado uma sanção, o Instituto de Seguros de Portugal remete os autos, no prazo de 15 dias, ao magistrado do Ministério Público junto do tribunal referido no artigo seguinte.

2 – O Instituto de Seguros de Portugal pode juntar alegações ou informações que considere relevantes para a decisão da causa.

ARTIGO 94.º
Tribunal competente

O Juízo de Pequena Instância Criminal de Lisboa é o tribunal competente para conhecer do recurso das decisões, despachos e demais medidas tomadas pelo Instituto de Seguros de Portugal no decurso do processo, bem como para proceder à execução das decisões definitivas.

ARTIGO 95.º
Decisão judicial por despacho

O juiz pode decidir por despacho, quando não considere necessária

184 *Estudos de Direito dos Seguros – Intermediação de Seguros e Seguro de Grupo*

a audiência de julgamento e o arguido, o Ministério Público e o Instituto de Seguros de Portugal não se oponham a esta forma de decisão.

ARTIGO 96.º
Intervenção do Instituto de Seguros de Portugal na fase contenciosa

1 – O Instituto de Seguros de Portugal pode participar, através de um representante, na audiência de julgamento, para a qual é notificado.

2 – A desistência da acusação pelo Ministério Público depende sempre da prévia audição do Instituto de Seguros de Portugal.

3 – O Instituto de Seguros de Portugal tem legitimidade para recorrer das decisões proferidas no processo de impugnação e que admitam recurso.

CAPÍTULO VII
Disposições finais e transitórias

ARTIGO 97.º
Actualização

1 – Os montantes em euros referidos na alínea c) do n.º 1 do artigo 17.º e nas alíneas c) e d) do n.º 1 do artigo 19.º são revistos de cinco em cinco anos para reflectirem a evolução do índice europeu de preços no consumidor, publicado pelo Eurostat.

2 – A actualização dos montantes é automática, processando-se pelo aumento dos referidos montantes da percentagem de variação do índice referido no número anterior durante o período compreendido entre a data da última revisão e a data da nova revisão, e arredondado para o euro superior.

3 – A primeira revisão processa-se em 15 de Janeiro de 2008 e considera a variação do índice durante os cinco anos anteriores.

4 – O Instituto de Seguros de Portugal divulga, através de circular, os novos montantes resultantes das actualizações.

ARTIGO 98.º
Transferência de direitos para os segurados

Nas situações em que o tomador do seguro coincide com o mediador do seguro, os direitos do tomador do seguro transferem-se para os segurados.

ARTIGO 99.º
Aplicação no tempo do regime sancionatório

1 – Aos factos previstos nos artigos 76.º a 78.º praticados antes da entrada em vigor do presente decreto-lei e puníveis como contra--ordenações nos termos da legislação agora revogada e em relação aos quais ainda não tenha sido instaurado qualquer processo é aplicável o disposto no presente decreto-lei, sem prejuízo da aplicação da lei mais favorável.

2 – Nos processos pendentes à data da entrada em vigor do presente decreto-lei, continua a ser aplicada aos factos neles constantes a legislação substantiva e processual anterior, sem prejuízo da aplicação da lei mais favorável.

ARTIGO 100.º
Aplicação aos mediadores de seguros autorizados

O presente decreto-lei é plenamente aplicável às pessoas singulares ou colectivas que, à data da entrada em vigor do presente decreto-lei, se encontrem autorizadas a exercer a actividade de mediação de seguros nos termos do Decreto-Lei n.º 388/91, de 10 de Outubro, e respectiva regulamentação, com as adaptações previstas nos artigos seguintes.

ARTIGO 101.º
Regime transitório geral

1 – Sem prejuízo do disposto nos artigos 102.º e 103.º, os mediadores de seguros autorizados nos termos do Decreto-Lei n.º 388/91, de 10 de Outubro, e respectiva regulamentação, são oficiosamente inscritos no registo junto do Instituto de Seguros de Portugal, desde que, cumulativamente:

a) Não se encontrem nas situações de incompatibilidade previstas no artigo 14.º;

b) Contratem um seguro de responsabilidade civil profissional que abranja todo o território da União Europeia, cujo capital seguro deve cor-

186 *Estudos de Direito dos Seguros – Intermediação de Seguros e Seguro de Grupo*

responder a no mínimo (euro) 1000000 por sinistro e (euro) 1500000 por anuidade, independentemente do número de sinistros, excepto se a cobertura estiver incluída em seguro fornecido pela ou pelas empresas de seguros em nome e por conta das quais actuem.

2 – A inscrição oficiosa dos mediadores de seguros registados junto do Instituto de Seguros de Portugal após Agosto de 2000 depende, adicionalmente, da demonstração de reconhecida idoneidade para o exercício da actividade.

3 – Tratando-se de pessoa colectiva, a inscrição oficiosa depende, adicionalmente, do preenchimento dos requisitos fixados no presente decreto-lei para os membros do órgão de administração e para as pessoas directamente envolvidas na actividade de mediação de seguros.

4 – Para efeitos do número anterior:

a) Considera-se membro do órgão de administração responsável pela actividade de mediação o administrador ou gerente que se encontre inscrito como mediador nos termos da alínea f) do n.º 1 do artigo 24.º ou da alínea a) do n.º 1 do artigo 40.º do Decreto-Lei n.º 388/91, de 10 de Outubro;

b) Em alternativa às condições referidas no artigo 12.º, é relevante para aferição da qualificação adequada das pessoas directamente envolvidas na actividade de mediação a experiência enquanto trabalhador de mediador de seguros, desde que directamente envolvido nas operações descritas na alínea c) do artigo 5.º

5 – Para efeito do registo oficioso, as categorias de mediadores de seguros previstas no Decreto-Lei n.º 388/91, de 10 de Outubro, de angariador de seguros, agente de seguros e corretor de seguros correspondem, respectivamente, às categorias de mediador de seguros ligado, agente de seguros e corretor de seguros previstas no presente decreto-lei.

6 – Considera-se que as pessoas singulares que, à data da entrada em vigor do presente decreto-lei, se encontrem autorizadas a exercer a actividade de mediação de seguros nos termos do Decreto-Lei n.º 388/91, de 10 de Outubro, dispõem de qualificação adequada para efeito de inscrição no registo em categoria ou em função diferente da que resulta da aplicação do número anterior, enquanto se mantiverem registadas.

7 – Cabe ao Instituto de Seguros de Portugal, no quadro dos princípios definidos no presente capítulo e no respeito pelos direitos adquiridos, definir, por norma regulamentar, as restantes matérias necessárias ao

Anexo de Legislação

enquadramento nas novas categorias de mediadores, das pessoas singulares ou colectivas autorizadas a exercer actividade de mediação de seguros nos termos do Decreto-Lei n.º 388/91, de 10 de Outubro.

ARTIGO 102.º
Regime transitório específico para inscrição na categoria de mediador de seguros ligado e de agente de seguros

1 – Os mediadores de seguros que, nos termos do artigo anterior, venham a ser inscritos no registo nas categorias de mediador de seguros ligado ou agente de seguros:

a) Dispõem do prazo de 180 dias após a entrada em vigor do presente decreto-lei para dar cumprimento às condições previstas no n.º 1 do artigo 15.º, sob pena de caducidade do registo;

b) Podem manter até final de 2008 contratos de seguro que, à data da publicação do presente decreto-lei, se encontrem na sua carteira mas que se encontrem colocados em empresas de seguros com as quais deixam de poder operar face aos novos requisitos legais.

2 – O seguro de responsabilidade civil profissional previsto na alínea b) do n.º 2 do artigo anterior deixa de ser obrigatório para os mediadores inscritos como mediadores de seguros ligados a partir da data da celebração do contrato previsto no n.º 1 do artigo 15.º ou da data em que deixem de deter na sua carteira contratos que se encontrem colocados em empresas de seguros com as quais deixam de poder operar face aos novos requisitos legais, se esta for posterior.

3 – Os angariadores de seguros que exerciam actividade ao abrigo do Decreto-Lei n.º 388/91, de 10 de Outubro, cujo registo caduque por não terem dado cumprimento às condições referidas no n.º 1 do artigo 15.º podem beneficiar de indemnização de clientela nos termos previstos nos n.os 2 e 4 a 7 do artigo 45.º

4 – Os angariadores de seguros que exerciam actividade ao abrigo do Decreto-Lei n.º 388/91, de 10 de Outubro, por intermédio de um corretor de seguros, continuam a exercer as suas funções junto do respectivo corretor de seguros enquanto pessoa directamente envolvida na actividade de mediação de seguros, procedendo o Instituto de Seguros de Portugal, oficiosamente e nos termos da alínea b) do n.º 1 do artigo 55.º, à suspensão da sua inscrição como mediadores ligados.

ARTIGO 103.º
Regime transitório específico para inscrição na categoria de corretor de seguros

1 – Para além do disposto no artigo 101.º, a inscrição oficiosa de corretores de seguros depende da contratação de seguro de caução ou garantia bancária, nos termos da alínea d) do n.º 1 do artigo 19.º, e sua comunicação ao Instituto de Seguros de Portugal no prazo de 90 dias após a entrada em vigor do presente decreto-lei.

2 – Os corretores de seguros devem adequar a sua estrutura societária ao disposto na alínea b) do n.º 2 do artigo 19.º até ao final de 2008.

ARTIGO 104.º
Regime transitório aplicável ao seguro de caução ou garantia bancária

Até ao fim de 2007, o seguro de caução ou garantia bancária corresponde a no mínimo (euro) 15000, não sendo indexado ao montante de prémios recebidos.

ARTIGO 105.º
Regime transitório aplicável ao requisito de qualificação adequada

Enquanto não existirem cursos sobre seguros reconhecidos nos termos da alínea a) do n.º 1 do artigo 12.º com capacidade suficiente para satisfazer as necessidade dos candidatos a mediador, o Instituto de Seguros de Portugal pode considerar como equivalente a qualificação adequada a obtenção de aprovação em provas perante si prestadas.

ARTIGO 106.º
Norma revogatória

É revogado o Decreto-Lei n.º 388/91, de 10 de Outubro.

ARTIGO 107.º
Entrada em vigor

1 – O presente decreto-lei entra em vigor 180 dias após a sua publicação, sem prejuízo do disposto no número seguinte.

2 – As disposições que habilitam o Instituto de Seguros de Portugal a emitir normas regulamentares entram em vigor no dia seguinte ao da publicação do presente decreto-lei.

3 – As entidades autorizadas a comercializar contratos de seguro fora do quadro legal do Decreto-Lei n.º 388/91, de 10 de Outubro, devem conformar-se com as disposições constantes no presente decreto-lei, no prazo de 180 dias após a entrada em vigor do mesmo.

Visto e aprovado em Conselho de Ministros de 18 de Maio de 2006. – *José Sócrates Carvalho Pinto de Sousa – João Titterington Gomes Cravinho – Fernando Teixeira dos Santos – Alberto Bernardes Costa – Manuel António Gomes de Almeida de Pinho – Maria de Lurdes Reis Rodrigues – José Mariano Rebelo Pires Gago.*

Promulgado em 13 de Julho de 2006.

Publique-se.

O Presidente da República, ANÍBAL CAVACO SILVA.

Referendado em 17 de Julho de 2006.

O Primeiro-Ministro, *José Sócrates Carvalho Pinto de Sousa.*

NORMA REGULAMENTAR N.º 17/2006-R
REGULAMENTO N.º 16/2007, DE 29 DE JANEIRO

MEDIAÇÃO DE SEGUROS – REGULAMENTAÇÃO DO DECRETO-LEI N.º 144/2006, DE 31 DE JULHO

O Decreto-Lei n.º 144/2006, de 31 de Julho, em transposição para o ordenamento jurídico interno da Directiva n.º 2002/92/CE, do Parlamento Europeu e do Conselho, de 9 de Dezembro, relativa à mediação de seguros,aprovou o novo regime jurídico de acesso e de exercício da actividade de mediação de seguros e de resseguros, remetendo para regulamentação pelo Instituto de Seguros de Portugal um conjunto de questões essencialmente de índole operacional.

Tendo presente este enquadramento, a presente Norma Regulamentar pretende consagrar soluções, que – dentro dos limites dos princípios e das regras do Decreto-Lei n.º 144/2006, de 31 de Julho – melhor correspondam aos objectivos de profissionalização, de aumento da transparência, de melhoria da eficiência da supervisão, e, sobretudo, de valorização da mediação de seguros e de resseguros enquanto actividade de relevância crucial para o bom funcionamento do mercado segurador.

De salientar ainda que a Norma Regulamentar visa introduzir soluções que imponham os menores ónus possíveis aos operadores e incrementar a desmaterialização de procedimentos, através do recurso às novas tecnologias de informação e comunicação.

Em matéria de acesso à actividade de mediação de seguros ou de resseguros, a presente Norma Regulamentar regula os processos de registo dos mediadores de seguros ou de resseguros junto do Instituto de Seguros de Portugal, com especial ênfase para a definição do conteúdo mínimo do contrato a celebrar entre o mediador de seguros ligado ou agente de seguros e a empresa de seguros, das condições a preencher pelo mediador em matéria de organização técnica, comercial, administrativa e contabilística e dos requisitos dos cursos que conferem qualificação para o acesso à actividade.

Em matéria de exercício da actividade, a Norma Regulamentar centra-se na regulamentação das contas «clientes» de que devem dispôr os agentes de seguros dotados de poderes de cobrança e os corretores de seguros, e, especificamente, como critério relevante de aferição da independência do corretor de seguros, na fixação dos requisitos aplicáveis à dispersão da respectiva carteira de seguros.

É ainda regulamentado o conteúdo do registo electrónico dos mediadores de seguros ou de resseguros residentes ou cuja sede social se situe em Portugal, bem como o respectivo acesso público e processo de alteração.

De sublinhar a operacionalização do regime transitório aplicável, por forma a permitir que a entrada em vigor do novo regime jurídico, sem prejuízo de determinar alterações ao modelo de organização e funcionamento da actividade de mediação de seguros, se processe sem que seja afectada a respectiva continuidade e eficiência e com garantia de estabilidade e do bom funcionamento do mercado segurador.

Por último, de referir que oportunamente serão divulgados através do Portal ISPnet os formulários inerentes ao processo de registo junto do Instituto de Seguros de Portugal.

Assim, o Instituto de Seguros de Portugal, ao abrigo do disposto na alínea a) do n.º 1 e no n.º 3 do artigo 12.º, no n.º 2 do artigo 15.º, no n.º 6 do artigo 16.º, na alínea b) do n.º 1 e no n.º 2 do artigo 17.º, no n.º 8 do artigo 18.º, na alínea b) do n.º 1 do artigo 19.º, no n.º 8 do artigo 20.º, na alínea j) do artigo 29.º, na alínea b) e nas subalíneas ii) e iii) da alínea e) do artigo 35.º, na alínea j) do artigo 37.º, no n.º 8 do artigo 42.º, no n.º 2 do artigo 46.º, no n.º 2 do artigo 48.º, no n.º 1 do artigo 49.º, no n.º 3 do artigo 53.º, no n.º 3 do artigo 66.º e no n.º 7 do artigo 101.º do Decreto-Lei n.º 144/2006, de 31 de Julho e no n.º 3 do artigo 4.º do seu Estatuto, aprovado pelo

Decreto-Lei n.º 289/2001, de 13 de Novembro, emite a seguinte:

NORMA REGULAMENTAR

CAPÍTULO I
Disposições gerais

ARTIGO 1.º
Objecto

A presente Norma Regulamentar visa regulamentar o Decreto-Lei n.º 144/2006, de 31 de Julho, diploma que regula as condições de acesso e de exercício da actividade de mediação de seguros e de resseguros.

CAPÍTULO II
Acesso

SECÇÃO I
Inscrição no registo

SUBSECÇÃO I
Inscrição no registo de mediador de seguros ligado

ARTIGO 2.º
**Instrução do processo de registo de mediador de seguros
ligado pessoa singular**

Para comprovação das condições de acesso previstas no artigo 10.º do Decreto-Lei n.º 144/2006, de 31 de Julho, o candidato a mediador de seguros ligado pessoa singular deve instruir um processo com os seguintes documentos:

a) Formulário de inscrição que inclua as informações constantes do anexo I à presente Norma Regulamentar;
b) Cópia do documento de identificação;
c) Documentos comprovativos da respectiva qualificação;
d) Em relação a cada pessoa directamente envolvida na actividade

194 *Estudos de Direito dos Seguros – Intermediação de Seguros e Seguro de Grupo*

de mediação de seguros ao seu serviço, os documentos referidos nas alíneas anteriores;

e) Outros elementos considerados relevantes pela empresa de seguros proponente da inscrição do mediador de seguros ligado.

ARTIGO 3.º
Instrução do processo de registo de mediador de seguros ligado pessoa colectiva

1 – Para comprovação das condições de acesso previstas no artigo 11.º do Decreto-Lei n.º 144/2006, de 31 de Julho, o candidato a mediador de seguros ligado pessoa colectiva deve instruir um processo com os seguintes documentos:

a) Formulário de inscrição que inclua as informações constantes do anexo II à presente Norma Regulamentar;

b) Certidão do registo comercial;

c) Em relação a cada um dos membros do órgão de administração responsáveis pela actividade de mediação de seguros e pessoas directamente envolvidas na actividade de mediação de seguros, os documentos referidos nas alíneas a) a c) do artigo anterior;

d) Em relação aos restantes membros do órgão de administração, os documentos referidos nas alíneas a) e b) do artigo anterior;

e) Outros elementos considerados relevantes pela empresa de seguros proponente da inscrição do mediador de seguros ligado.

2 – O mediador de seguros ligado pessoa colectiva deve assegurar a presença em permanência, no mínimo, de um membro do órgão de administração responsável pela actividade de mediação de seguros ou de uma pessoa directamente envolvida na actividade de mediação de seguros, por cada estabelecimento aberto ao público.

ARTIGO 4.º
Conteúdo mínimo do contrato de mediador de seguros ligado

1 – O conteúdo mínimo do contrato previsto no n.º 1 do artigo 15.º do Decreto-Lei n.º 144/2006, de 31 de Julho, é o seguinte:

a) Identificação das partes;

b) Ramos e modalidades, ou produtos a intermediar pelo mediador no âmbito do contrato;

c) Autorização, ou não, para o mediador exercer a actividade em nome e por conta de outras empresas de seguros;

d) Referência à outorga, ou não, de poderes para celebrar contratos de seguro em nome da empresa de seguros;

e) Montante, forma de cálculo e de actualização da remuneração;

f) Regras relativas à indemnização de clientela;

g) Período de vigência e âmbito territorial do contrato.

2 – Em caso de mudança de categoria do mediador que não determine a impossibilidade de prestar assistência aos contratos, se as partes pretenderem que os contratos de seguro integrantes da respectiva carteira passem a directos, esse facto deve estar previsto no contrato.

3 – Quaisquer alterações posteriores ao contrato acordadas pelas partes são válidas desde que consignadas por escrito.

ARTIGO 5.º
Processo de inscrição no registo de mediador de seguros ligado

1 – Cabe à empresa de seguros que pretenda celebrar um contrato nos termos do n.º 1 do artigo 15.º do Decreto-Lei n.º 144/2006, de 31 de Julho, verificar o preenchimento das condições de acesso pelo candidato a mediador de seguros ligado, através da análise dos documentos referidos nos artigos 2.º e 3.º, consoante os casos.

2 – Após verificação do preenchimento das condições de acesso e celebração do contrato com o candidato a mediador de seguros ligado, a empresa de seguros requer ao Instituto de Seguros de Portugal o respectivo registo através do portal ISPnet, transmitindo as informações previstas no anexo IV à presente Norma Regulamentar.

3 – A empresa de seguros proponente da inscrição do mediador de seguros ligado assume a responsabilidade pela actualização do respectivo registo junto do Instituto de Seguros de Portugal.

196 *Estudos de Direito dos Seguros – Intermediação de Seguros e Seguro de Grupo*

SUBSECÇÃO II
Inscrição no registo de agente de seguros

ARTIGO 6.º
Instrução do processo de registo
de agente de seguros pessoa singular

Para comprovação das condições de acesso previstas no artigo 10.º e nas alíneas b) e c) do n.º 1 do artigo 17.º do Decreto-Lei n.º 144/2006, de 31 de Julho, o candidato a agente de seguros pessoa singular deve instruir um processo com os seguintes documentos:

a) Formulário de inscrição que inclua as informações constantes do anexo I à presente Norma Regulamentar;

b) Cópia do documento de identificação;

c) Documentos comprovativos da respectiva qualificação;

d) Em relação a cada pessoa directamente envolvida na actividade de mediação de seguros, os documentos referidos nas alíneas anteriores;

e) Documento comprovativo de que dispõe, ou de que irá dispor à data do início de actividade, de seguro de responsabilidade civil profissional que abranja todo o território da União Europeia, cujo capital seguro deve corresponder a no mínimo € 1 000 000 por sinistro e € 1 500 000 por anuidade, independentemente do número de sinistros ou de que essa cobertura está já incluída em seguro fornecido pela empresa ou empresas de seguros em nome e por conta da qual ou quais vai actuar.

ARTIGO 7.º
Instrução do processo de registo de agente
de seguros pessoa colectiva

1 – Para comprovação das condições de acesso previstas no artigo 11.º e nas alíneas b) e c) do n.º 1 do artigo 17.º do Decreto-Lei n.º 144/2006, de 31 de Julho, o candidato a agente de seguros pessoa colectiva deve instruir um processo com os seguintes documentos:

a) Formulário de inscrição que inclua as informações constantes do anexo II à presente Norma Regulamentar;

b) Certidão do registo comercial;

c) Em relação a cada um dos membros do órgão de administração responsáveis pela actividade de mediação de seguros e pessoas directamente envolvidas na actividade de mediação de seguros, os documentos referidos nas alíneas a) a c) do artigo anterior;

d) Em relação aos restantes membros do órgão de administração, os documentos referidos nas alíneas a) e b) do artigo anterior;

e) Documentos de prestação de contas anuais referentes ao último exercício;

f) Documento comprovativo de que dispõe, ou de que irá dispor à data do início de actividade, de seguro de responsabilidade civil profissional que abranja todo o território da União Europeia, cujo capital seguro deve corresponder a no mínimo € 1 000 000 por sinistro e € 1 500 000 por anuidade, independentemente do número de sinistros ou de que essa cobertura está já incluída em seguro fornecido pela empresa ou empresas de seguros em nome e por conta da qual ou quais vai actuar.

2 – No caso da pessoa colectiva não se encontrar ainda constituída à data da instrução do processo para inscrição no registo, os documentos referidos nas alíneas c) e d) do número anterior são reportados aos futuros membros do órgão da administração e pessoas directamente envolvidas na actividade de mediação de seguros da pessoa colectiva a constituir.

ARTIGO 8.º
Conteúdo mínimo do contrato de agente de seguros

1 – O conteúdo mínimo do contrato previsto na alínea a) do n.º 1 do artigo 17.º do Decreto-Lei n.º 144/2006, de 31 de Julho, é o seguinte:

a) Identificação das partes;

b) Ramos e modalidades ou produtos, a intermediar pelo agente de seguros no âmbito do contrato;

c) Delimitação dos termos do exercício, incluindo, designadamente, a existência ou não de vínculos de exclusividade;

d) Possibilidade, ou não, do agente de seguros colaborar com outros mediadores de seguros;

e) Referência à outorga, ou não, de poderes para celebrar contratos de seguro em nome da empresa de seguros;

f) Referência à outorga, ou não, de poderes de cobrança e/ou de regularização de sinistros e modo de prestação de contas;

198 *Estudos de Direito dos Seguros – Intermediação de Seguros e Seguro de Grupo*

g) Montante, forma de cálculo e de actualização da remuneração;
h) Regras relativas à indemnização de clientela;
i) Período de vigência e âmbito territorial do contrato.

2 – Em caso de mudança de categoria do mediador que não determine a impossibilidade de prestar assistência aos contratos, se as partes pretenderem que os contratos de seguro integrantes da respectiva carteira passem a directos, esse facto deve estar previsto no contrato.

3 – Quaisquer alterações posteriores ao contrato acordadas pelas partes são válidas, desde que consignadas por escrito.

ARTIGO 9.º
Organização do agente de seguros

1 – Para os efeitos da alínea b) do n.º 1 do artigo 17.º do Decreto-Lei n.º 144/2006, de 31 de Julho, o agente de seguros pessoa singular deve, sem prejuízo de outras legalmente exigíveis, preencher as seguintes condições:

a) Dispor de meios informáticos que permitam a comunicação por via electrónica e o acesso à Internet;
b) Dispor de arquivo próprio, nomeadamente para efeitos do registo dos contratos de seguro dos quais é mediador, nos termos previstos na alínea h) do artigo 29.º do Decreto-Lei n.º 144/2006, de 31 de Julho, e dos documentos comprovativos do preenchimento dos requisitos legais pelas pessoas directamente envolvidas na actividade de mediação de seguros;
c) Assegurar a presença, em permanência, no mínimo, de uma pessoa directamente envolvida na actividade de mediação de seguros por cada estabelecimento aberto ao público, excepto quando exerça actividade através de um único estabelecimento.

2 – Para os efeitos da alínea b) do n.º 1 do artigo 17.º do Decreto-Lei n.º 144/2006, de 31 de Julho, o agente de seguros pessoa colectiva deve, sem prejuízo de outras legalmente exigíveis, preencher as seguintes condições:

a) As condições previstas nas alíneas a) e b) do número anterior;
b) Dispor, no mínimo, de um estabelecimento aberto ao público;
c) Assegurar a presença em permanência, no mínimo, de um membro do órgão de administração responsável pela actividade de mediação de

seguros ou de uma pessoa directamente envolvida na actividade de mediação de seguros, por cada estabelecimento aberto ao público.

3 – Na análise da adequação da estrutura económica e financeira do agente de seguros pessoa colectiva, são considerados a situação líquida, a autonomia financeira, o nível de endividamento e a realização do capital social.

4 – Presume-se existir uma estrutura económico-financeira adequada, com dispensa da análise prevista no número anterior, quando a pessoa colectiva se encontre já registada junto de autoridade de supervisão do sector financeiro, e esse registo esteja sujeito a verificação da capacidade financeira.

ARTIGO 10.º
Processo de inscrição no registo de agente de seguros

Cabe à empresa de seguros que tiver celebrado um contrato nos termos da alínea a) do n.º 1 do artigo 17.º do Decreto-Lei n.º 144/2006, de 31 de Julho, ou pretenda celebrá-lo, no caso de pessoa colectiva ainda não constituída, verificar da completa instrução do processo pelo candidato a agente de seguros e requerer ao Instituto de Seguros de Portugal o respectivo registo através do portal ISPnet, remetendo, pela mesma via, a documentação legalmente exigida.

SUBSECÇÃO III
Inscrição no registo de corretor de seguros

ARTIGO 11.º
**Instrução do processo de registo
de corretor de seguros pessoa singular**

Para efeitos da comprovação das condições de acesso previstas no artigo 10.º e no n.º 1 do artigo 19.º do Decreto-Lei n.º 144/2006, de 31 de Julho, o candidato a corretor de seguros pessoa singular, deve instruir um processo com os seguintes documentos:

a) Formulário de inscrição que inclua as informações constantes do anexo I à presente Norma Regulamentar;

200 *Estudos de Direito dos Seguros – Intermediação de Seguros e Seguro de Grupo*

b) Cópia do documento de identificação;
c) Documentos comprovativos da respectiva qualificação;
d) Programa de actividades a três anos, incluindo:

i) Programa de formação das pessoas directamente envolvidas na actividade de mediação de seguros que irão estar ao seu serviço;
ii) Indicação dos princípios de funcionamento do sistema de garantia do tratamento equitativo dos clientes, do tratamento adequado dos seus dados pessoais e do tratamento adequado das suas queixas e reclamações;
iii) Procedimentos aplicáveis à recepção de valores de clientes e à movimentação de contas «clientes».

e) Em relação a cada uma das pessoas directamente envolvidas na actividade de mediação de seguros, os documentos referidos nas alíneas a) a c);

f) Documento comprovativo de que dispõe, ou de que irá dispor à data do início de actividade, de seguro de responsabilidade civil profissional que abranja todo o território da União Europeia, cujo capital seguro deve corresponder a no mínimo € 1 000 000 por sinistro e € 1 500 000 por anuidade, independentemente do número de sinistros;

g) Documento comprovativo de que dispõe, ou de que irá dispor à data do início de actividade, do seguro caução ou garantia bancária adequado, nos termos da alínea d) do n.º 1 do artigo 19.º do Decreto-Lei n.º 144/2006, de 31 de Julho.

ARTIGO 12.º
**Instrução do processo de registo
de corretor de seguros pessoa colectiva**

1 – Para efeitos da comprovação das condições de acesso previstas nos artigos 11.º e 19.º do Decreto-Lei n.º 144/2006, de 31 de Julho, o candidato a corretor de seguros pessoa colectiva, deve instruir um processo com os seguintes documentos:

a) Formulário de inscrição que inclua as informações constantes do anexo II à presente Norma Regulamentar;
b) Certidão do registo comercial;
c) Em relação aos detentores de uma participação qualificada aferidas nos termos do artigo 38.º, os documentos referidos no anexo V à pre-

Anexo de Legislação

sente Norma Regulamentar e, no caso de pessoas singulares, adicionalmente, o formulário que inclua as informações constantes do anexo I à presente Norma Regulamentar;

d) Em relação a cada um dos membros do órgão de administração responsáveis pela actividade de mediação de seguros e pessoas directamente envolvidas na actividade de mediação de seguros, os documentos referidos nas alíneas a) a c) do artigo anterior;

e) Em relação aos restantes membros do órgão de administração, os documentos referidos nas alíneas a) e b) do artigo anterior;

f) Documentos de prestação de contas anuais referentes ao último exercício;

g) Documentos previstos nas alíneas d), f) e g) do artigo anterior.

2 – No caso de a sociedade não se encontrar ainda constituída à data da instrução do processo para inscrição no registo:

a) A certidão do registo comercial é substituída pelo projecto de estatutos da sociedade;

b) Os documentos referidos nas alíneas c) a e) do número anterior são reportados aos futuros sócios, membros do órgão da administração e pessoas directamente envolvidas na actividade de mediação de seguros da sociedade a constituir.

ARTIGO 13.º
Organização e estrutura económico-financeira do corretor de seguros

1 – Para os efeitos da alínea b) do n.º 1 do artigo 19.º do Decreto--Lei n.º 144/2006, de 31 de Julho, o corretor de seguros deve, sem prejuízo de outras legalmente exigíveis, preencher as seguintes condições:

a) Possuir contabilidade organizada;

b) Dispor de meios informáticos que permitam a comunicação por via electrónica e o acesso à Internet;

c) Dispor de arquivo próprio, nomeadamente para efeitos do registo dos contratos de seguro dos quais é mediador, nos termos previstos na alínea h) do artigo 29.º do Decreto-Lei n.º 144/2006, de 31 de Julho, e dos documentos comprovativos do preenchimento dos requisitos legais pelas pessoas directamente envolvidas na actividade de mediação de seguros;

202 *Estudos de Direito dos Seguros – Intermediação de Seguros e Seguro de Grupo*

d) Dispor, no mínimo, de um estabelecimento aberto ao público;

e) Manter ao seu serviço um analista de risco, caso exerça actividade nos ramos «Não vida»;

f) Dispor de um sítio na Internet onde constem as informações que está obrigado a prestar nos termos dos n.ᵒˢ 1 a 3 do artigo 32.º e do n.º 6 do artigo 47.º do Decreto-Lei n.º 144/2006, de 31 de Julho, bem como os seus documentos de prestação de contas;

g) Sendo pessoa singular, dispôr, no mínimo, de duas pessoas directamente envolvidas na actividade de mediação de seguros por cada estabelecimento aberto ao público, uma das quais em permanência no estabelecimento, excepto quando exerça actividade através de um único estabelecimento, caso em que a exigência se reduz à manutenção, em permanência no estabelecimento, de uma pessoa directamente envolvida na actividade de mediação de seguros;

h) Sendo pessoa colectiva, dispôr, no mínimo, de dois membros do órgão de administração responsáveis pela actividade de mediação de seguros ou pessoas directamente envolvidas na actividade de mediação de seguros, por cada estabelecimento aberto ao público, um dos quais em permanência no estabelecimento.

2 – Na análise da adequação da estrutura económica e financeira do corretor de seguros pessoa colectiva, são considerados a situação líquida, a autonomia financeira, o nível de endividamento e a realização do capital social.

3 – Presume-se existir uma estrutura económica-financeira adequada, com dispensa da análise prevista no número anterior, quando a pessoa colectiva se encontre já registada junto de autoridade de supervisão do sector financeiro, e esse registo esteja sujeito a verificação da capacidade financeira.

ARTIGO 14.º
**Processo de inscrição no registo na categoria
de corretor de seguros**

O candidato a corretor de seguros que se pretenda inscrever no registo, deve instruir o respectivo processo e requerer ao Instituto de Seguros de Portugal o respectivo registo através do portal ISPnet, remetendo, pela mesma via, a documentação legalmente exigida.

Anexo de Legislação 203

SUBSECÇÃO IV
Inscrição no registo de mediadores de resseguros

ARTIGO 15.º
**Instrução e processo de inscrição no registo
de mediadores de resseguros**

A subsecção anterior é aplicável, com as necessárias adaptações, aos mediadores de resseguros.

SECÇÃO II
Qualificação

ARTIGO 16.º
Requisitos dos cursos de seguros

1 – Para efeitos do reconhecimento dos cursos de formação previstos na alínea a) do n.º 1 do artigo 12.º do Decreto-Lei n.º 144/2006, de 31 de Julho, devem os mesmos preencher os seguintes requisitos:

a) O plano curricular incluir os conteúdos mínimos constantes do anexo III à presente Norma Regulamentar;

b) A duração mínima do curso ser de:

i) 25 horas para o ramo «Vida», 35 horas para os ramos «Não vida» ou 45 horas no caso de abranger o ramo «Vida» e os ramos «Não vida», para acesso à categoria de mediador de seguros ligado, sempre que a actividade de mediação de seguros seja acessória da actividade principal do mediador;

ii) 50 horas para o ramo «Vida», 65 horas para os ramos «Não vida» ou 80 horas no caso de abranger o ramo «Vida» e os ramos «Não vida», para acesso à categoria de mediador de seguros ligado, nos casos não previstos na subalínea anterior;

iii) 85 horas para o ramo «Vida», 100 horas para os ramos «Não vida» ou 130 horas, no caso de abranger o ramo «Vida» e os ramos «Não vida», para acesso às categorias de agente de seguros, corretor de seguros ou mediador de resseguros;

c) Serem ministrados por entidades que disponham dos meios humanos, técnicos e logísticos adequados para o efeito;

d) Serem ministrados por formadores que, para além das competências técnicas adequadas, sejam dotados de certificado de aptidão pedagógica de formador conferido pelo Instituto do Emprego e Formação Profissional;

e) O número máximo de formandos por grupo não ultrapassar a capacidade formativa da entidade que ministra o curso, designadamente em termos dos meios humanos, técnicos e logísticos;

f) O sistema de avaliação determinar a submissão do formando a uma prova de avaliação final presencial, sem prejuízo de poder incluir elementos de avaliação formativa e contínua do formando.

2 – São admitidos cursos de formação à distância, desde que cumpram, com as devidas adaptações, os requisitos fixados no número anterior e que submetam os formandos a uma prova de avaliação final presencial.

3 – Em alternativa ao disposto nos números anteriores, considera-se que preenchem os requisitos necessários a conferir qualificação adequada, os cursos reconhecidos pelo Instituto do Emprego e Formação Profissional ou pelo Ministério da Educação, cujo plano curricular inclua os conteúdos mínimos constantes do anexo III à presente Norma Regulamentar.

4 – Os cursos para efeitos da qualificação enquanto membro do órgão de administração responsável pela actividade de mediação de seguros ou resseguros devem respeitar os requisitos estabelecidos nos números anteriores para a respectiva categoria de mediador de seguros ou de resseguros.

5 – Os cursos para efeitos da qualificação enquanto pessoa directamente envolvida na actividade de mediação de seguros devem respeitar os requisitos estabelecidos nos n.os 1 a 3 para a respectiva categoria de mediador de seguros ou de resseguros, podendo incluir na carga horária mínima os conteúdos relativos aos produtos específicos que vão intermediar, ajustando em conformidade os conteúdos mínimos constantes do anexo III à presente Norma Regulamentar.

6 – As entidades promotoras, salvaguardando o cumprimento das exigências horárias e formativas legal e regulamentarmente previstas, podem reconhecer aos seus formandos, no âmbito dos cursos que ministrem, a formação em disciplinas ou módulos formativos por estes frequentados com aproveitamento noutros cursos adequados à qualificação para ramos ou produtos específicos diferentes reconhecidos nos termos da presente Secção, desde que esses cursos sejam aptos à obtenção da qualificação adequada à mesma categoria ou subcategoria de mediador de seguros ou resseguros.

Anexo de Legislação 205

ARTIGO 17.º
Requerimento inicial

1 – Para o reconhecimento dos cursos referidos nos n.ºs 1, 2, 4 e 5 do artigo anterior, devem as entidades promotoras apresentar ao Instituto de Seguros de Portugal o plano de curso que inclua:

a) Número total de horas de duração;
b) Plano curricular;
c) Meios humanos, técnicos e logísticos de que a entidade dispõe para a formação;
d) Regras de controlo da assiduidade dos formandos;
e) Regras de avaliação dos formandos.

2 – Para o reconhecimento dos cursos referidos no n.º 3 do artigo anterior, devem as entidades promotoras apresentar ao Instituto de Seguros de Portugal o respectivo plano curricular.

ARTIGO 18.º
Procedimento para reconhecimento

1 – O pedido de reconhecimento é apreciado no prazo máximo de trinta dias contados a partir da data da recepção do requerimento, ou da recepção dos elementos ou informações complementares solicitados no âmbito da sua apreciação, pela comissão técnica prevista no n.º 2 do artigo 12.º do Decreto-Lei n.º 144/2006, de 31 de Julho.

2 – Cabe à comissão técnica avaliar o preenchimento pelo curso dos requisitos definidos legal e regulamentarmente, emitindo o respectivo parecer fundamentado em conformidade.

3 – Compete ao conselho directivo do Instituto de Seguros de Portugal, com base no parecer da comissão técnica, decidir sobre o reconhecimento do curso.

ARTIGO 19.º
Comissão técnica

1 – Os membros da comissão técnica são nomeados pelo conselho directivo do Instituto de Seguros de Portugal, pelo período de um ano, renovável.

2 – As associações de seguradores e de mediadores de seguros, para efeitos da nomeação mencionada no número anterior, devem designar os seus representantes e respectivos suplentes num prazo de trinta dias após terem sido instadas pelo Instituto de Seguros de Portugal para o efeito.

3 – No caso de as associações de seguradores ou de mediadores de seguros não chegarem a acordo em tempo útil quanto à designação do respectivo representante, a designação é feita pelo conselho directivo do Instituto de Seguros de Portugal de entre aqueles que sejam indicados pelas associações.

4 – Compete ao presidente da comissão técnica convocar as reuniões e dirigi-las.

5 – A comissão técnica reúne com todos os seus membros nas instalações cedidas para o efeito pelo Instituto de Seguros de Portugal.

6 – Das reuniões da comissão técnica são lavradas actas, que ficam arquivadas no Instituto de Seguros de Portugal.

7 – Por cada reunião, os membros da comissão técnica são remunerados através de senhas de presença, cujo montante é fixado pelo conselho directivo do Instituto de Seguros de Portugal.

ARTIGO 20.º
Alterações ao requerimento inicial

1 – As entidades formadoras devem comunicar ao Instituto de Seguros de Portugal, previamente à sua concretização, quaisquer alterações às informações prestadas nos termos do artigo 17.º

2 – A falta da comunicação prevista no número anterior é fundamento para retirada do curso da lista dos cursos reconhecidos nos termos da alínea b) do artigo 58.º do Decreto-Lei n.º 144/2006, de 31 de Julho.

3 – Na apreciação das alterações é aplicável, com as devidas adaptações, o disposto no artigo 18.º

ARTIGO 21.º
Retirada de curso da lista dos reconhecidos

Aos procedimentos previstos na alínea b) do artigo 58.º do Decreto-Lei n.º 144/2006, de 31 de Julho, para retirar um curso da lista dos cursos reconhecidos é aplicável, com as devidas adaptações, o disposto no artigo 18.º

Anexo de Legislação   207

ARTIGO 22.º
Verificação de outros cursos

Por requerimento do interessado, o Instituto de Seguros de Portugal verifica se o plano de estudos dos cursos previstos na alínea b) do n.º 1 do artigo 12.º do Decreto-Lei n.º 144/2006, de 31 de Julho, inclui os conteúdos mínimos constantes do anexo III à presente Norma Regulamentar.

CAPÍTULO III
Exercício

SECÇÃO I
Princípio geral

ARTIGO 23.º
Manutenção das condições de acesso

O mediador de seguros ou de resseguros, para além do cumprimento dos deveres e condições de exercício da actividade deve, para manutenção do registo, continuar a preencher, de forma permanente, todas as condições relevantes para o respectivo acesso.

SECÇÃO II
Contas «clientes»

ARTIGO 24.º
Princípios gerais

1 – Os montantes entregues pelos tomadores de seguros ao mediador de seguros, bem como aqueles que lhe sejam entregues pelas empresas de seguros para os tomadores de seguros, segurados ou beneficiários, são depositados em contas «clientes», nos termos do n.º 5 do artigo 42.º do Decreto-Lei n.º 144/2006, de 31 de Julho e da presente secção, e abertas junto de instituições de crédito autorizadas a exercer actividade na União Europeia.

2 – As contas «clientes» são abertas pelo agente de seguros com poderes de cobrança, em seu nome, podendo cada conta respeitar a uma única ou a uma pluralidade de empresas de seguros.

3 – As contas «clientes» são abertas pelo corretor de seguros, em seu nome, podendo cada contarespeitar a um único ou a uma pluralidade de clientes.

ARTIGO 25.º
Movimentação de contas «clientes»

1 – O mediador de seguros disponibiliza aos tomadores de seguros, segurados ou beneficiários, os valores que lhes sejam devidos por quaisquer operações relativas aos respectivos contratos de seguro, incluindo o recebimento de estornos de prémios e de indemnizações de sinistros:

a) No próprio dia em que os valores em causa estejam disponíveis na conta «clientes»;

b) Até ao dia útil seguinte, quando as regras do sistema de liquidação das operações sejam incompatíveis com o disposto na alínea anterior; ou

c) Na data fixada por convenção escrita com o tomador de seguros.

2 – O mediador de seguros só pode movimentar a débito as contas «clientes», através de transferência bancária para:

a) Contas abertas em nome das empresas de seguros para entrega de prémios;

b) Contas abertas em nome dos tomadores de seguros, segurados ou beneficiários, ou outras por estes determinadas por escrito, para entrega de estornos ou pagamento de indemnizações relativas a sinistros;

c) Contas abertas em seu nome para pagamento das comissões que lhe sejam devidas.

ARTIGO 26.º
Registo dos movimentos

1 – Os mediador de seguros regista diariamente em suporte informático, na sua contabilidade, todos os movimentos a débito e a crédito relativos a cada cliente e às suas remunerações.

Anexo de Legislação 209

2 – O registo é sequencial, contendo o registo de cada movimento de conta os seguintes elementos:

a) Data;
b) Nome da empresa de seguros;
c) Nome do cliente;
d) Número de apólice;
e) Número do recibo;
f) Valor;
g) Natureza do movimento (a débito ou a crédito);
h) Descrição do movimento;
i) Saldo.

ARTIGO 27.º
Controlo

1 – Por forma a assegurar a exactidão dos registos diários efectuados, o mediador de seguros procede,com a frequência necessária e no mínimo com uma periodicidade mensal, à reconciliação dos movimentos e saldos que constam dos registos por ele efectuados com os extractos dos movimentos das contas bancárias ou outros documentos relevantes.

2 – As divergências que resultem da conferência referida no número anterior são regularizadas no prazo de cinco dias.

ARTIGO 28.º
Informação a fornecer aos tomadores e empresas de seguros

1 – Com periodicidade mínima anual, e sempre que lhe seja solicitado, o corretor de seguros envia ao tomador de seguro um extracto dos movimentos efectuados no âmbito dos respectivos contratos e nas respectivas contas.

2 – Quando as contas não apresentem movimentos, o corretor de seguros pode optar por não enviar ao cliente o extracto mencionado no número anterior.

3 – O agente de seguros disponibiliza às empresas de seguros o extracto dos movimentos, sempre que seja efectuada a prestação de contas ou sempre que estas o solicitem.

ARTIGO 29.º
Procedimentos aplicáveis à recepção de valores de clientes e à movimentação de contas

1 – O corretor de seguros estabelece procedimentos escritos aplicáveis à recepção de valores de clientes, nos quais se definem designadamente os seguintes elementos:

a) Meios de pagamento aceites para provisionamento das contas pelos clientes;

b) Tipo de comprovativo do pagamento a entregar ao cliente;

c) Regras relativas ao local onde são guardados os valores até serem depositados e ao arquivo dos documentos respectivos;

d) Periodicidade com que deve ser efectuado o depósito dos valores entregues pelos clientes nas respectivas contas bancárias;

e) Mecanismos de prevenção do branqueamento de capitais.

2 – O corretor de seguros estabelece, ainda, procedimentos escritos aplicáveis à movimentação de contas «clientes».

SECÇÃO III
Regras específicas aplicáveis aos corretores de seguros

ARTIGO 30.º
Dispersão da carteira

1 – Para efeitos do disposto na alínea b) do artigo 35.º do Decreto-Lei n.º 144/2006, de 31 de Julho, a carteira de seguros do corretor, quer no ramo "Vida", quer nos ramos «Não vida», deve cumprir os seguintes requisitos de dispersão:

a) A percentagem de remunerações recebidas pelo corretor de seguros por contratos colocados numa empresa de seguros não pode exceder 50% do total das remunerações auferidas pela sua carteira;

b) Existência de, no mínimo, seis empresas de seguros cujas remunerações pagas ao corretor de seguros representem, cada uma, pelo menos 5% do total das remunerações auferidas pela sua carteira.

2 – Em casos devidamente fundamentados, quando mais de 50% da remuneração do corretor resulte de seguros de modalidades do ramo

«Vida» ou de ramos «Não vida» em que o grau de concentração do mercado nessas modalidades ou ramos não permita o cumprimento dos requisitos previstos no número anterior, o Instituto de Seguros de Portugal pode aceitar rácios de concentração superiores.

CAPÍTULO IV
Registo

SECÇÃO I
Disposições gerais

ARTIGO 31.º
Conteúdo

1 – Para efeitos de supervisão e nos termos do artigo 46.º do Decreto-Lei n.º 144/2006, de 31 de Julho, o Instituto de Seguros de Portugal mantém um registo electrónico dos mediadores de seguros ou de resseguros residentes ou cuja sede social se situe em Portugal.

2 – Os elementos referentes a cada mediador de seguros ou de resseguros que constam do registo são os identificados no anexo IV à presente Norma Regulamentar.

ARTIGO 32.º
Acesso à informação

O Instituto de Seguros de Portugal disponibiliza no seu sítio da Internet as seguintes informações referentes a cada mediador de seguros ou de resseguros, pessoa singular ou colectiva:

a) Identidade e endereço do mediador;

b) Categoria do mediador;

c) Data de inscrição na respectiva categoria;

d) Ramo ou ramos de seguros nos quais o mediador está autorizado a exercer a actividade;

e) Morada dos estabelecimentos onde exerce a actividade de mediação de seguros ou indicação do sítio da Internet onde essa informação está disponível;

212   *Estudos de Direito dos Seguros – Intermediação de Seguros e Seguro de Grupo*

f) No caso de pessoa colectiva, a identificação do ou dos membros do órgão de administração responsáveis pela actividade de mediação;

g) Identificação da empresa de seguros a que se encontre vinculado o agente de seguros por contrato de exclusividade para o conjunto dos ramos "Não Vida" ou para o ramo "Vida";

h) No caso de mediador de seguros ligado, a ou as empresas de seguros com as quais está autorizado a trabalhar;

i) A identificação do ou dos Estados membros da União Europeia em que o mediador de seguros ou de resseguros exerce a sua actividade em regime de livre prestação de serviços;

j) A identificação do ou dos Estados membros da União Europeia em que o mediador de seguros ou de resseguros exerce a sua actividade através de sucursal, incluindo:

i) Morada do estabelecimento;

ii) Responsável do estabelecimento.

ARTIGO 33.º
Certidões de elementos registados

O Instituto de Seguros de Portugal pode emitir certidões de elementos sujeitos a registo, a quem demonstre interesse legítimo.

SECÇÃO II
Alterações

ARTIGO 34.º
Alteração de elementos referentes a mediador de seguros ligado

1 – Para efeitos do disposto no artigo 49.º do Decreto-Lei n.º 144//2006, de 31 de Julho, a empresa de seguros proponente da inscrição do mediador de seguros ligado é a responsável pelo seu registo junto do Instituto de Seguros de Portugal, mesmo que o mediador possa colaborar com outras empresas de seguros, sem prejuízo do disposto no números seguintes e do artigo 37.º

2 – No caso do mediador de seguros ligado pertencer aos órgãos sociais ou ao quadro de pessoal de uma empresa de seguros, a responsável pelo seu registo é obrigatoriamente a empresa de seguros com a qual mantém tal vínculo.

3 – O mediador de seguros ligado deve, no prazo de trinta dias após a sua ocorrência, comunicar à empresa de seguros responsável pelo seu registo quaisquer alterações aos elementos sujeitos a registo nos termos do artigo 31.º

4 – Se a alteração referida no número anterior implicar a desactualização da informação incluída no certificado de registo mencionado no artigo 47.º do Decreto-Lei n.º 144/2006, de 31 de Julho, deve o mediador remeter à empresa de seguros o original daquele documento, para que esta requeira ao Instituto de Seguros de Portugal a emissão de novo certificado de registo.

5 – A empresa de seguros deve, no prazo de dez dias após as comunicações referidas no n.º 3, transmitir ao Instituto de Seguros de Portugal por via electrónica através do portal ISPnet, as alterações aos elementos sujeitos a registo.

6 – No caso de cessação do contrato celebrado com a empresa de seguros mencionada no n.º 1, o mediador de seguros ligado designa, no prazo máximo de trinta dias, uma outra empresa com a qual tenha celebrado o contrato previsto no n.º 1 do artigo 15.º do Decreto-Lei n.º 144/2006, de 31 de Julho, como entidade responsável pelo seu registo.

7 – Salvo no caso previsto no n.º 2, o mediador de seguros ligado pode alterar a empresa de seguros responsável pelo seu registo a todo tempo.

8 – No caso de alteração da empresa de seguros designada como responsável pelo registo, a empresa de seguros que cessa o exercício dessa função e a empresa de seguros designada devem, no prazo de trinta dias após essa alteração, comunicar esse facto através do portal ISPnet.

9 – O disposto nos números anteriores não prejudica o dever das empresas de seguros, com as quais o mediador de seguros ligado colabore e que não assumam a responsabilidade pelo seu registo, de comunicar ao Instituto de Seguros de Portugal todas as desconformidades que tenham conhecimento relativas a esse registo.

10 – Quaisquer alterações ao registo, resultantes do exercício da actividade de mediação de seguros noutros Estados membros da União Europeia, em regime de livre prestação de serviços ou através de sucursal, são comunicadas ao Instituto de Seguros de Portugal por via electrónica, através do portal ISPnet.

214 *Estudos de Direito dos Seguros – Intermediação de Seguros e Seguro de Grupo*

ARTIGO 35.º
Alteração de elementos referentes a agente, corretor ou mediador de resseguros

1 – Para efeitos do disposto no artigo 49.º do Decreto-Lei n.º 144/ /2006, de 31 de Julho, o agente, corretor ou mediador de resseguros deve, no prazo de trinta dias após a sua ocorrência, comunicar ao Instituto de Seguros de Portugal por via electrónica, através do portal ISPnet, quaisquer alterações aos elementos sujeitos a registo nos termos do artigo 31.º

2 – Se a alteração referida no número anterior implicar a desactualização da informação incluída no certificado de registo mencionado no artigo 47.º do Decreto-Lei n.º 144/2006, de 31 de Julho, deve o mediador enviar ao Instituto de Seguros de Portugal o original daquele documento, requerendo a emissão de novo certificado de registo.

3 – O agente, corretor ou mediador de resseguros que revista a natureza de pessoa colectiva, deve comunicar ao Instituto de Seguros de Portugal por via electrónica através do portal ISPnet, no prazo referido no n.º 1, quaisquer alterações relativas à composição dos seus órgãos sociais, ou do seu pacto social, juntando para o efeito os documentos requeridos no registo inicial.

4 – Quaisquer alterações ao registo, resultantes do exercício da actividade de mediação de seguros noutros Estados membros da União Europeia, em regime de livre prestação de serviços ou através de sucursal, são comunicadas ao Instituto de Seguros de Portugal por via electrónica, através do portal ISPnet.

ARTIGO 36.º
Alteração de categoria

1 – O requerimento para a alteração da categoria de mediador de seguros ou de resseguros é da iniciativa da entidade com competência legal para requerer o registo na nova categoria.

2 – Ao procedimento para a alteração de categoria de mediador de seguros ou de resseguros aplicam-se, com as necessárias adaptações, as disposições relativas ao registo inicial.

3 – No caso do mediador pretender alterar a sua categoria para mediador de seguros ligado ou agente de seguros, a empresa de seguros deve juntar ao processo um pedido do mediador para o cancelamento do

registo na categoria em que estava anteriormente inscrito, acompanhado do respectivo certificado de mediador.

ARTIGO 37.º
Extensão da actividade

1 – Ao requerimento para registo da extensão da actividade dos mediadores de seguros ou resseguros previsto nos artigos 50.º e 51.º do Decreto-Lei n.º 144/2006, de 31 de Julho, aplicam-se, com as necessárias adaptações, as disposições relativas ao registo inicial.

2 – O requerimento para extensão da actividade do mediador ligado referido no n.º 2 do artigo 34.º, a outro ramo ou a outra empresa de seguros, cabe à empresa de seguros responsável pelo registo do mediador.

SECÇÃO III
Participações qualificadas

ARTIGO 38.º
Controlo de participações qualificadas

1 – Para os efeitos do n.º 3 do artigo 53.º do Decreto-Lei n.º 144/ /2006, de 31 de Julho, qualquer pessoa, singular ou colectiva, ou entidade legalmente equiparada, que pretenda deter participação qualificada superior a 10% do capital de um corretor de seguros ou mediador de resseguros, ou aumentar participação qualificada já detida, de tal modo que a percentagem de direitos de voto ou de capital atinja ou ultrapasse 50% ou que a empresa se transforme em sua filial, deve comunicar ao Instituto de Seguros de Portugal os elementos previstos no anexo V à presente Norma Regulamentar.

2 – Quando o conjunto dos detentores das participações qualificadas directas e indirectas mencionados no n.º 1, e pertencentes a um mesmo grupo societário, seja superior a dois, apenas os detentores directos e a empresa mãe do grupo societário devem comunicar os elementos referidos no número anterior.

3 – Tratando-se de pessoa singular, deve ainda a comunicação ser instruída com o formulário que inclua as informações constantes do anexo I à presente Norma Regulamentar.

216 *Estudos de Direito dos Seguros – Intermediação de Seguros e Seguro de Grupo*

4 – O corretor de seguros e o mediador de resseguros devem comunicar as alterações relativas aos seus sócios ou accionistas detentores de participações qualificadas, no prazo de cinco dias após tomarem conhecimento de tais factos.

CAPÍTULO V
Supervisão

ARTIGO 39.º
Cooperação

A competência do Instituto de Seguros de Portugal de supervisão de mediadores de seguros simultaneamente sujeitos à supervisão de outras autoridades de supervisão do sector financeiro, exerce-se em articulação e cooperação com as autoridades de supervisão envolvidas.

ARTIGO 40.º
Deveres de comunicação das empresas de seguros

Para efeitos do cumprimento do disposto na alínea j) do artigo 37.º do Decreto-Lei n.º 144/2006, de 31 de Julho, a empresa de seguros deve transmitir ao Instituto de Seguros de Portugal anualmente, até 31 de Março, através do portal ISPnet:

a) Relativamente ao conjunto de mediadores de seguros ligados que lhe prestem serviços, total de remunerações postas à sua disposição especificando o tipo de mediadores e os ramos deseguros;

b) Relativamente a cada agente de seguros e a cada corretor de seguros, a relação anual do valor dos prémios referentes a contratos da respectiva carteira de seguros e o total de remunerações postas à sua disposição, especificadas por ramo «Vida» e ramos «Não vida».

ARTIGO 41.º
Elementos contabilísticos

1 – Os corretores de seguros e mediadores de resseguros devem enviar ao Instituto de Seguros de Portugal, nos termos da subalínea ii) da

Anexo de Legislação 217

alínea e) do artigo 35.º do Decreto-Lei n.º 144/2006, de 31 de Julho, o relatório e contas anuais, o parecer do órgão de fiscalização e o documento de certificação legal de contas emitido pelo revisor legal de contas.

2 – O relatório e as contas anuais devem discriminar, por empresa de seguros, o total das remunerações relativas aos contratos de seguro que nelas foram colocados, independentemente da entidade que as tenha pago.

ARTIGO 42.º
Taxas

1 – São devidas ao Instituto de Seguros de Portugal as taxas previstas no anexo VI à presente Norma Regulamentar.

2 – O pagamento das taxas mencionadas no número anterior deve ser feito por transferência bancária para a conta com o número de identificação bancária 0781 0112 01120012245 74 (Banco do Tesouro), no prazo de 24 horas após o requerimento do acto gerador da taxa, remetendo no mesmo prazo, por correio electrónico, informação sobre o número de identificação bancária da conta de origem, a data, o nome do requerente e o valor da transferência, para o e-mail mediadores@isp.pt.

CAPÍTULO VI
Disposições finais e transitórias

ARTIGO 43.º
Regime transitório geral

1 – Os mediadores de seguros autorizados nos termos do Decreto-Lei n.º 388/91, de 10 de Outubro, para efeitos de inscrição oficiosa devem, no prazo de noventa dias após a entrada em vigor da presente Norma Regulamentar, transmitir ao Instituto de Seguros de Portugal, por via electrónica através do portal ISPnet, os seguintes elementos:

a) Identificação do número de apólice de seguro de responsabilidade civil profissional legalmente exigido, da empresa de seguros que garante o risco em causa e do prazo de validade da apólice;

b) No caso de mediadores de seguros pessoas singulares, as informações previstas nos n.os 1, 2 e 5 do anexo I à presente Norma Regulamentar;

218   *Estudos de Direito dos Seguros – Intermediação de Seguros e Seguro de Grupo*

c) No caso de mediadores de seguros pessoas colectivas, as informações previstas nos n.ᵒˢ 1, 2, 4 e 5 do anexo I à presente Norma Regulamentar; relativamente a cada membro do órgão de administração;

d) Actualização de todos os factos constantes do registo que estejam desactualizados ou em falta.

2 – Os mediadores de seguros registados no Instituto de Seguros de Portugal após Agosto de 2000, devem, adicionalmente, transmitir a informação constante do n.º 4 do anexo I à presente Norma Regulamentar, no caso de pessoas singulares ou do n.º 3 do anexo II à presente Norma Regulamentar, no caso de pessoas colectivas.

3 – Para efeitos do disposto no n.º 3 do artigo 101.º do Decreto-Lei n.º 388/91, de 10 de Outubro, no que se refere às pessoas directamente envolvidas na actividade de mediação de seguros, devem os mediadores de seguros manter em arquivo os formulários devidamente preenchidos que incluam as informações constantes do anexo I à presente Norma Regulamentar.

ARTIGO 44.º
Regime transitório específico para mediador de seguros ligado

1 – Os mediadores de seguros autorizados nos termos do Decreto-Lei n.º 388/91, de 10 de Outubro, que, no prazo previsto no n.º 1 do artigo anterior, optem por requerer, através de uma empresa de seguros, o registo junto do Instituto de Seguros de Portugal como mediadores de seguros ligados, transmitem os elementos previstos nos n.ᵒˢ 1 e 2 do artigo anterior, com excepção do previsto na alínea a) do n.º 1, à empresa de seguros que proponha o seu registo, ficando dispensados de os apresentar ao Instituto de Seguros de Portugal.

2 – Os angariadores de seguros autorizados nos termos do Decreto-Lei n.º 388/91, de 10 de Outubro, registados ao abrigo do n.º 5 do artigo 101.º do Decreto-Lei n.º 144/2006, de 31 de Julho, como mediadores de seguros ligados, transmitem os elementos previstos no número anterior à empresa de seguros com a qual venham a celebrar o contrato previsto no n.º 1 do artigo 15.º do citado Decreto-Lei, no acto da celebração desse contrato, ficando dispensados de apresentar aqueles documentos ao Instituto de Seguros de Portugal.

3 – As empresas de seguros que celebrem os contratos previstos no n.º 1 do artigo 15.º do Decreto-Lei n.º 144/2006, de 31 de Julho, com

Anexo de Legislação

mediadores de seguros inscritos oficiosamente no registo na categoria de mediador de seguros ligado, devem, no prazo de trinta dias após a celebração desses contratos, comunicar esse facto ao Instituto de Seguros de Portugal, através do portal ISPnet, actualizando o registo do mediador.

ARTIGO 45.º
Regime transitório específico para o corretor de seguros

1 – Sem prejuízo do disposto no artigo 43.º e no prazo neste previsto, os corretores de seguros, devem, adicionalmente, transmitir ao Instituto de Seguros de Portugal, por via electrónica através do portal ISPnet, o número do contrato, valor e entidade que presta o seguro de caução ou garantia bancária legalmente exigidos.

2 – O disposto no artigo 30.º é apenas aplicável a partir de 2008.

ARTIGO 46.º
**Regime transitório das entidades autorizadas
a comercializar contratos de seguro**

1 – Para efeitos do disposto no n.º 3 do artigo 107.º do Decreto-Lei n.º 144/2006, de 31 de Julho, às entidades autorizadas a comercializar contratos de seguro fora do quadro legal do Decreto-Lei n.º 388/91, de 10 de Outubro, aplica-se o disposto no n.º 4 do artigo 101.º do mesmo diploma, com as adaptações previstas nos números seguintes.

2 – Considera-se que cumpre as condições legais exigidas para o membro do órgão de administração responsável pela actividade de mediação, o membro do órgão de administração que até à data da entrada em vigor do Decreto-Lei n.º 144/2006, de 31 de Julho, incluísse entre as matérias sujeitas ao seu pelouro a actividade de comercialização de seguros.

3 – Em alternativa às condições referidas no artigo 12.º do Decreto-Lei n.º 144/2006, de 31 de Julho, é relevante para aferição da qualificação adequada das pessoas directamente envolvidas na actividade de mediação, a experiência enquanto trabalhador de entidade autorizada a comercializar contratos de seguro, até à data da entrada em vigor do Decreto-Lei n.º 144/2006, de 31 de Julho, desde que directamente envolvido nas operações descritas na alínea c) do artigo 5.º daquele Decreto-Lei.

4 – No caso de a entidade se registar como mediador de seguros ligado, cabe à empresa de seguros proponente da inscrição aferir quais os

220 *Estudos de Direito dos Seguros – Intermediação de Seguros e Seguro de Grupo*

trabalhadores que comprovadamente estavam directamente envolvidos na actividade de mediação de seguros.

5 – Após o registo como mediador de seguros, a entidade autorizada a comercializar contratos de seguro fora do quadro legal do Decreto-Lei n.º 388/91, de 10 de Outubro, caso pretenda prestar assistência aos contratos de seguros por si comercializados antes da data do registo, deve, até noventa dias antes da renovação desses contratos:

a) Prestar as informações previstas no artigo 32.º do Decreto-Lei n.º 144/2006, de 31 de Julho;

b) Informar o tomador do seguro do direito de livre escolha de mediador de seguros para os seus contratos, a exercer nos termos do artigo 40.º do mesmo Decreto-Lei.

ARTIGO 47.º
Qualificação dos mediadores

1 – As provas previstas no artigo 105.º do Decreto-Lei n.º 144/2006, de 31 de Julho, a prestar perante o Instituto de Seguros de Portugal versam sobre as matérias enunciadas no anexo III à presente Norma Regulamentar.

2 – Para efeitos da prestação das provas mencionadas no número anterior, os candidatos podem-se auto-propor ou ser propostos pelas empresas de seguros que lhes tenham ministrado formação.

ARTIGO 48.º
Certificação de formadores

A exigência de certificação de aptidão pedagógica de formador conferida pelo Instituto do Emprego e Formação Profissional aos formadores, mencionada na alínea d) do n.º 1 do artigo 16.º, apenas será aplicável a partir de 1 de Janeiro 2008.

ARTIGO 49.º
Extensão

O regime constante da presente norma regulamentar, é aplicável, com as devidas adaptações, ao acesso e exercício da actividade de media-

Anexo de Legislação 221

ção no âmbito de fundos de pensões geridos, nos termos legais e regulamentares em vigor.

ARTIGO 50.º
Revogação

É revogada a Norma Regulamentar 17/94-R, de 6 de Dezembro.

ARTIGO 51.º
Entrada em Vigor

A presente Norma Regulamentar entra em vigor no dia 27 de Janeiro de 2007.

O CONSELHO DIRECTIVO

ANEXO I

Informação a constar do formulário de inscrição de pessoa singular

1. Informação prévia
   - Identificação da categoria pretendida:
     - Mediador de seguros ligado
       (i) ao abrigo da subalínea i) da alínea a) do artigo 8.º do Decreto-Lei n.º 144/2006, de 31 de Julho
       (ii) ao abrigo da subalínea ii) da alínea a) do artigo 8.º do Decreto-Lei n.º 144/2006, de 31 de Julho
     - Agente de seguros
     - Corretor de seguros
     - Mediador de resseguros
   - Identificação da qualidade de quem preenche
     - Mediador
     - Membro do órgão de administração responsável pela actividade de mediação
     - Membro do órgão de administração que não foi designado responsável pela actividade de mediação de seguros ou de resseguros
     - Pessoa directamente envolvida na actividade de mediação
     - Adquirente de participação qualificada
   - Identificação do Ramo ou Ramos nos quais vai exercer actividade
   - Identificação do EIRL

2. Identificação pessoal
   - Nome completo
   - Sexo
   - Data de nascimento
   - Nacionalidade
   - Bilhete de Identidade ou autorização de residência (número, data e local de emissão)
   - Contribuinte (número e repartição de finanças)
   - Morada Profissional
   - Endereço de e-mail (obrigatório só para agentes e corretores de seguros e mediadores de resseguros)
   - Endereço da página da Internet (obrigatório só para corretores de seguros e mediadores de resseguros)
   - Morada do(s) estabelecimento(s) em que comercialize seguros ou indicação do sítio da Internet onde essa informação está disponível (obrigatório só para mediadores de seguros e resseguros)

Anexo de Legislação

3. Qualificação (não aplicável a membros do órgão de administração que não sejam responsáveis pela actividade de mediação de seguros)
   – Habilitações literárias
   – Indicação sobre se está incluído na alínea a), b) ou c) do n.º 1 do artigo 12.º do Decreto-Lei n.º 144/2006, de 31 de Julho:
     • Caso esteja incluído na alínea a), identificação do curso de seguros
     • Caso esteja incluído na alínea b), identificação do curso de bacharelato ou de licenciatura ou de formação de nível pós-secundário
     • Caso esteja incluído na alínea c), identificação do Estado membro da União Europeia em que esteve registado como mediador de seguros ou resseguros
   – Experiência profissional (obrigatório só para corretores de seguros e mediadores de resseguros) como:
     • Mediador de seguros ou de resseguros
     • Pessoa directamente envolvida na actividade de mediação de seguros ou de resseguros
     • Trabalhador de empresa de seguros ou de empresa de resseguros, desde que directamente envolvido nas operações análogas à de mediação de seguros ou de resseguros
     • Membro do órgão de administração de mediador de seguros ou de mediador de resseguros, responsável pela actividade de mediação
   – Qualificação obtida ao abrigo do regime anterior

4. Idoneidade

   4.1. Para efeitos do n.º 2 do artigo 13.º do Decreto-Lei n.º 144/2006, de 31 de Julho
   – Informação sobre se a pessoa já se encontra registada junto de autoridade de supervisão do sector financeiro e esse registo está sujeito a condições de idoneidade:
     • Em caso afirmativo, identificação do título a que está registado e da autoridade de supervisão
     • Em caso negativo, informação constante do ponto seguinte

   4.2. Para efeitos da alínea a) do n.º 1 do artigo 13.º do Decreto-Lei n.º 144/2006, de 31 de Julho
   – Informação sobre se a pessoa alguma vez foi condenada em processo (em Portugal ou no estrangeiro) pela prática do crime de furto, abuso de confiança, roubo, burla, extorsão, infidelidade, abuso de cartão de garantia ou de crédito, emissão de cheques sem cobertura, usura, insolvência dolosa, falência não intencional, favorecimento de credores, apropriação ilegítima de bens do sector público ou cooperativo, administração danosa em unidade económica do sector público ou cooperativo, falsificação, falsas declarações, suborno, corrupção, branqueamento de capitais, abuso de informação,

224   *Estudos de Direito dos Seguros – Intermediação de Seguros e Seguro de Grupo*

manipulação do mercado de valores mobiliários, pelos crimes previstos no Código das Sociedades Comerciais ou por qualquer outro no exercício de actividades financeiras
- Em caso afirmativo, indicar o tipo de crime, a data da condenação, a pena e o tribunal que condenou
- Informação sobre se corre em algum tribunal processo sendo a pessoa arguida acusada dos crimes de furto, abuso de confiança, roubo, burla, extorsão, infidelidade, abuso de cartão de garantia ou de crédito, emissão de cheques sem cobertura, usura, insolvência dolosa, falência não intencional, favorecimento de credores, apropriação ilegítima de bens do sector público ou cooperativo, administração danosa em unidade económica do sector público ou cooperativo, falsificação, falsas declarações, suborno, corrupção, branqueamento de capitais, abuso de informação, manipulação do mercado de valores mobiliários, outros previstos no Código das Sociedades Comerciais ou qualquer outro no exercício de actividades financeiras
- Em caso afirmativo, indicar o(s) facto(s) que motivou(aram) a sua instauração e a fase em que o mesmo se encontra

4.3. Para efeitos da alínea b) do n.º 1 do artigo 13.º do Decreto-Lei n.º 144/ /2006, de 31 de Julho
- Informação sobre se a pessoa já foi declarada insolvente ou julgada responsável pela falência de alguma empresa
- Em caso afirmativo, indicar quando, a denominação da entidade e a natureza do domínio exercido ou a função que nela exercia
- Informação sobre se alguma entidade da qual tenha sido administrador, director ou gerente ou cujo domínio haja assegurado foi declarada em estado de falência
- Em caso afirmativo, indicar quando, a denominação da entidade e a natureza do domínio exercido ou a função que nela exercia
- Informação sobre se alguma entidade da qual tenha sido administrador, director ou gerente ou cujo domínio haja assegurado entrou em situação de insolvência
- Em caso afirmativo, acrescentar informação suplementar

4.4. Para efeitos da alínea c) do n.º 1 do artigo 13.º do Decreto-Lei n.º 144/ /2006, de 31 de Julho
- Informação sobre se a pessoa alguma vez foi condenada (em Portugal ou no estrangeiro) pela prática de infracções às regras legais ou regulamentares que regem a actividade de mediação de seguros ou de resseguros, bem como as actividades das empresas de seguros ou das sociedades gestoras de fundos de pensões, das instituições de crédito, sociedades financeiras ou instituições financeiras e o mercado de valores mobiliários

Anexo de Legislação 225

- Em caso afirmativo, indicar os factos praticados, as entidades que instruíram os processos e as sanções aplicadas
- Informação sobre se corre termos junto de alguma autoridade administrativa processo por infracção às regras legais ou regulamentares supra referidas
- Em caso afirmativo, indicar o(s) facto(s) que motivou(aram) a sua instauração e a fase em que o mesmo se encontra

5. Incompatibilidades
   - Informação sobre se pertence aos órgãos sociais ou ao quadro de pessoal de uma empresa de seguros, de resseguros ou com estas mantém vínculo jurídico análogo a relação laboral
   - Em caso afirmativo, indicar se se trata de trabalhador em situação de pré--reforma – Informação sobre se pertence aos órgãos ou ao quadro de pessoal do Instituto de Seguros de Portugal ou com este mantém vínculo jurídico análogo a relação laboral
   - Informação sobre se exerce funções como perito de sinistros ou é sócio ou membro do órgão de administração de sociedade que exerça actividade de peritagem de sinistros
   - Informação sobre se exerce funções como actuário responsável de uma empresa de seguros ou de resseguros
   - Informação sobre se exerce funções como auditor de uma empresa de seguros ou de resseguros

6. Organização e estrutura (preenchimento obrigatório só por agentes de seguros, corretores de seguros e mediadores de resseguros)
   - Informação sobre se possui contabilidade organizada
   - Identificação dos meios informáticos que permitam a comunicação por via electrónica
   - Informação sobre a existência de arquivo próprio
   - Informação relativa aos poderes para movimentar fundos relativos ao contrato de seguro (obrigatória só para agentes)
   - Informação sobre se dispõe de contas «clientes»
   - Identificação do analista de risco (obrigatório para corretores e mediadores de resseguros que exerçam actividade nos ramos «Não vida»)

ANEXO II

Informação a constar do formulário de inscrição de pessoa colectiva

1. Informação prévia
   – Identificação da categoria pretendida por quem preenche:
     • Mediador de seguros ligado
       (i) ao abrigo da subalínea i) da alínea a) do artigo 8.º do Decreto-Lei n.º 144/2006, de 31 de Julho
       (ii) ao abrigo da subalínea ii) da alínea a) do artigo 8.º do Decreto-Lei n.º 144/2006, de 31 de Julho
     • Agente de seguros
     • Corretor de seguros
     • Mediador de resseguros
   – Identificação do Ramo ou Ramos em que vai exercer actividade

2. Identificação
   – Denominação social
   – Número de pessoa colectiva
   – Natureza societária/cooperativa ou de agrupamento complementar de empresas
   – Sede social
   – Morada do(s) estabelecimento(s) em que comercialize seguros ou indicação do sítio da Internet onde essa informação está disponível
   – Identificação de todos os titulares do órgão de administração da sociedade
   – Identificação dos titulares do órgão de administração da sociedade responsáveis pela actividade de mediação de seguros ou de resseguros
   – Identificação do revisor oficial de contas (obrigatório só para corretores de seguros)
   – Caso se integre num grupo de empresas, identificação da empresa-mãe do grupo e respectivo número de pessoa colectiva
   – Endereço de e-mail institucional (obrigatório só para agentes e corretores de seguros e mediadores de resseguros)
   – Endereço da página da Internet (obrigatório só para corretores de seguros e mediadores de resseguros)

Anexo de Legislação

3. Idoneidade

   3.1. Para efeitos do n.º 2 do artigo 13.º do Decreto-Lei n.º 144/2006, de 31 de Julho
- Informação sobre se a pessoa já se encontra registada junto de autoridade de supervisão do sector financeiro e esse registo está sujeito a condições de idoneidade
- Em caso afirmativo, identificação do título a que está registado e da autoridade de supervisão
- Em caso negativo, informação constante do ponto seguinte

   3.2. Para efeitos da alínea b) do n.º 1 artigo 13.º do Decreto-Lei n.º 144/2006, de 31 de Julho
- Informação sobre se a pessoa já foi declarada insolvente
- Informação sobre se alguma entidade da qual tenha sido administrador, director ou gerente ou cujo domínio haja assegurado foi declarada em estado de falência
- Em caso afirmativo, indicar quando, a denominação da entidade e a natureza do domínio exercido ou a função que nela exercia
- Informação sobre se alguma entidade da qual tenha sido administrador, director ou gerente ou cujo domínio haja assegurado entrou em situação de insolvência
- Em caso afirmativo, acrescentar informação suplementar

   3.3. Para efeitos da alínea c) do n.º 1 do artigo 13.º do Decreto-Lei n.º 144/ /2006, de 31 de Julho
- Informação sobre se a pessoa alguma vez foi condenada (em Portugal ou no estrangeiro) pela prática de infracções às regras legais ou regulamentares que regem a actividade de mediação de seguros ou de resseguros, bem como as actividades das empresas de seguros ou das sociedades gestoras de fundos de pensões, das instituições de crédito, sociedades financeiras ou instituições financeiras e o mercado de valores mobiliários
- Em caso afirmativo, indicar os factos praticados, as entidades que instruíram os processos e as sanções aplicadas
- Informação sobre se corre termos junto de alguma autoridade administrativa processo por infracção às regras legais ou regulamentares supra referidas
- Em caso afirmativo, indicar o(s) facto(s) que motivou(aram) a sua instauração e a fase em que o mesmo se encontra

4. Organização e estrutura (preenchimento obrigatório só por agentes e corretores de seguros)
- Informação sobre se possui contabilidade organizada
- Identificação dos meios informáticos que permitam a comunicação por via electrónica

228 *Estudos de Direito dos Seguros – Intermediação de Seguros e Seguro de Grupo*

- Informação sobre a existência de arquivo próprio
- Informação relativa aos poderes para movimentar fundos relativos ao contrato de seguro (obrigatória só para agentes)
- Informação se dispõe de contas cliente
- Identificação do analista de risco (obrigatório para corretor e mediadores de resseguros que exerçam actividade nos ramos «Não vida»)
- Identificação dos sócios, titulares de participação directa ou indirecta, sejam pessoas singulares ou colectivas, com especificação do montante do capital social correspondente a cada participação e informação detalhada relativa à estrutura do grupo em que eventualmente se insira (obrigatório para corretores de seguros e mediadores de resseguros)

ANEXO III

Conteúdos mínimos dos cursos sobre seguros

I – CONTEÚDOS MÍNIMOS PARA A QUALIFICAÇÃO DE MEDIADORES DE SEGUROS LIGADOS RAMO VIDA

1. A Organização Institucional da Actividade Seguradora em Portugal

2. Ordenamento Jurídico de Seguros

3. Mediadores de Seguros
   - Estatuto do mediador: enquadramento da actividade em Portugal e no espaço comunitário
   - Obrigações do mediador de seguros
     - para com o Instituto de Seguros de Portugal
     - para com os tomadores de seguros
     - para com as empresas de seguros
     - para com outros mediadores

4. Teoria Geral de Seguros
   - Elementos formais do contrato
   - Elementos pessoais ou personalizados do contrato
   - Âmbito do contrato de seguro
   - Direitos sobre a Apólice
   - Capitais e Rendas seguras
   - Eficácia do contrato de seguro
   - Característica não indemnizatória do seguro de vida
   - Riscos cobertos, riscos excluídos
   - Classificação dos seguros

5. Modalidades de seguros, Bases Técnicas, Prémios e Fiscalidade
   - Seguros em caso de vida ou de capitalização, seguros em caso de morte ou de pura previdência, seguros mistos, seguros de capital variável, seguros de rendas, seguros com contra-seguro, seguros de vida com conta poupança e planos poupança reforma
   - Prémio de risco, prémio de capitalização
   - Sobre-prémios/agravamento de prémios
   - Formas e prazos de pagamento dos prémios
   - Benefícios, deduções e penalizações fiscais

6. Fundos de pensões
   – Enquadramento legal
   – Tipos de fundos de pensões e de planos de pensões
   – Direitos dos participantes e beneficiários
   – Fiscalidade

7. Aspectos práticos e sinistros

II – CONTEÚDOS MÍNIMOS PARA A QUALIFICAÇÃO DE MEDIADORES DE SEGUROS LIGADOS RAMOS NÃO VIDA

1. A Organização Institucional da Actividade Seguradora em Portugal

2. Ordenamento Jurídico de Seguros

3. Mediadores de Seguros
   – Estatuto do mediador: enquadramento da actividade em Portugal e no espaço comunitário
   – Obrigações do mediador de seguros
     • para com o Instituto de Seguros de Portugal
     • para com os tomadores de seguros
     • para com as empresas de seguros
     • para com outros mediadores

4. Teoria Geral de Seguros
   – Elementos formais do contrato
   – Elementos pessoais ou personalizados do contrato
   – Âmbito do contrato de seguro
   – Capitais ou valores seguros e franquias
   – Agravamentos e descontos ou bonificações
   – Taxas e prémios
   – Eficácia do contrato de seguro
   – Características indemnizatórias/não indemnizatórias do contrato de seguro
   – Riscos cobertos, riscos excluídos, indemnizações ou prestações, regra proporcional, limites de indemnização
   – Classificação dos seguros

5. Ramos/modalidades de seguros
   – Modalidade de acidentes de trabalho
   – Ramo doença
   – Ramo incêndio e elementos da natureza
   – Seguro automóvel

Anexo de Legislação

6. Aspectos práticos
   - Informações pré-contratuais
   - Preenchimento de propostas

7. Sinistros
   - Prazos de participação
   - Documentos de participação
   - Direitos e obrigações do segurado/pessoa segura/beneficiário em caso de sinistro

III – CONTEÚDOS MÍNIMOS PARA A QUALIFICAÇÃO DE AGENTES, CORRETORES DE SEGUROS OU MEDIADORES DE RESSEGUROS RAMO VIDA

1. A Organização Institucional da Actividade Seguradora em Portugal

2. Ordenamento Jurídico de Seguros e Branqueamento de Capitais

3. Mediadores de Seguros
   - Estatuto do mediador: enquadramento da actividade em Portugal e no espaço comunitário
   - Obrigações do mediador de seguros
     • para com o Instituto de Seguros de Portugal
     • para com os tomadores de seguros
     • para com as empresas de seguros
     • para com outros mediadores

4. Teoria Geral de Seguros
   - Elementos formais do contrato
   - Elementos pessoais ou personalizados do contrato
   - Âmbito do contrato de seguro
   - Direitos sobre a Apólice
   - Capitais e Rendas seguras
   - Eficácia do contrato de seguro
   - Característica não indemnizatória do seguro de vida
   - Riscos cobertos, riscos excluídos,
   - Classificação dos seguros

5. Modalidades de seguros, Bases Técnicas, Prémios e Fiscalidade
   - Seguros em caso de vida ou de capitalização, seguros em caso de morte ou de pura previdência, seguros mistos, seguros de capital variável, seguros de

rendas, seguros com contra-seguro, seguros de vida com conta poupança eplanos poupança reforma
- Noções de probabilidade, taxas de juro, encargos
- Provisões técnicas e margens de solvência
- Determinação da taxa, idades, prazo do contrato
- Prémio de risco, prémio de capitalização
- Sobre-prémios/agravamento de prémios
- Formas e prazos de pagamento dos prémios
- Benefícios, deduções e penalizações fiscais

6. Fundos de pensões
- Enquadramento legal
- Natureza dos fundos de pensões
- Tipos de fundos de pensões e de planos de pensões
- Estruturas de governação dos fundos de pensões
- Informação aos participantes e beneficiários
- Direitos dos participantes e beneficiários
- Gestão e supervisão dos fundos de pensões
- Fiscalidade

7. Resseguro
- O resseguro como salvaguarda da solvência das empresas de seguros e da eficácia dos contratos de seguro
  • resseguro cedido e aceite
  • tratados de resseguro
  • resseguro obrigatório e resseguro facultativo
  • retenção por risco, por evento ou por sinistro
  • comissões de resseguro cedido e aceite

8. Sinistros
- Identificação do sinistro
- Prazos de participação
- Documentos de participação
- Direitos e obrigações do segurado/pessoa segura/beneficiário em caso de sinistro

9. Aspectos práticos
- Informações pré-contratuais
- Cálculo de prémios
- Preenchimento de propostas
- Preenchimento de questionários médicos
- Procedimentos necessários para recebimento dos capitais e das rendas

IV – CONTEÚDOS MÍNIMOS PARA A QUALIFICAÇÃO DE AGENTES, CORRETORES DE SEGUROS OU MEDIADORES DE RESSEGUROS RAMOS NÃO VIDA

1. A Organização Institucional da Actividade Seguradora em Portugal

2. Ordenamento Jurídico de Seguros e Branqueamento de Capitais

3. Mediadores de Seguros
   – Estatuto do mediador: enquadramento da actividade em Portugal e no espaço comunitário
   – Obrigações do mediador de seguros
     • para com o Instituto de Seguros de Portugal
     • para com os tomadores de seguros
     • para com as empresas de seguros
     • para com outros mediadores

4. Teoria Geral de Seguros
   – Elementos formais do contrato
   – Elementos pessoais ou personalizados do contrato
   – Âmbito do contrato de seguro
   – Capitais ou valores seguros
   – Franquias, agravamentos e descontos ou bonificações
   – Taxas e prémios
   – Eficácia do contrato de seguro
   – Características indemnizatórias/não indemnizatórias do contrato de seguro
   – Riscos cobertos, riscos excluídos, indemnizações ou prestações, regra proporcional, limites de indemnização.
   – Classificação dos seguros

5. Ramos/modalidades de seguros
   – Modalidade de acidentes de trabalho
   – Ramo doença
   – Ramo incêndio e elementos da natureza
   – Seguro automóvel

6. Resseguro
   – O resseguro como salvaguarda da solvência das empresas de seguros e da eficácia dos contratos de seguro
     • resseguro cedido e aceite
     • tratados de resseguro
     • resseguro obrigatório e resseguro facultativo

234 *Estudos de Direito dos Seguros – Intermediação de Seguros e Seguro de Grupo*

- retenção por risco, por evento ou por sinistro
- comissões de resseguro cedido e aceite

7. Aspectos práticos
   - Informações pré-contratuais
   - Cálculo de prémios
   - Preenchimento de propostas
   - Preenchimento de declaração amigável de acidente automóvel
   - IDS – Indemnização Directa ao Segurado

8. Sinistros
   - Identificação do sinistro
   - Prazos de participação
   - Documentos de participação
   - Direitos e obrigações do segurado/pessoa segura/beneficiário em caso de sinistro

ANEXO IV

Elementos a incluir no registo de mediadores de seguros ou de resseguros

I – MEDIADORES PESSOAS SINGULARES

a) Identidade e local de exercício profissional, sendo o caso, telefone, telecópia e apartado;
b) Sexo;
c) Data de nascimento;
d) Nacionalidade;
e) Número de documento de identificação (bilhete de identidade ou autorização de residência);
f) Número de identificação fiscal;
g) Nome comercial/marca;
h) Profissão;
i) Endereço electrónico (obrigatório só para agentes, corretores de seguros e mediadores de resseguros);
j) Página na Internet (obrigatório só para corretores de seguros e mediadores de resseguros);
k) Número de mediador;
l) Categoria e subcategoria;
m) Empresa de seguro ou sociedade gestora de fundos de pensões de que seja trabalhador ou titular de órgão social (só para mediadores de seguros ligados);
n) Data de inscrição na respectiva categoria;
o) O ramo ou ramos de seguros nos quais está autorizado a exercer actividade;
p) Qualificação, incluindo habilitações literárias;
q) Morada do(s) estabelecimento(s) em que comercialize seguros, ou indicação da página na internet onde essa informação esteja disponível;
r) Identificação do analista de risco (obrigatório para corretor e mediadores de resseguros que exerçam actividade nos ramos «Não vida»);
s) Vicissitudes do registo, nomeadamente suspensões e cancelamentos e respectivas datas;
t) Estados membros da União Europeia em que o mediador exerce a sua actividade em regime de livre prestação de serviços e datas de notificação;
u) Estados membros da União Europeia em que o mediador detém umestabelecimento, incluindo a morada e o responsável e datas de notificação;

236 *Estudos de Direito dos Seguros – Intermediação de Seguros e Seguro de Grupo*

v) No caso de mediador de seguros ligado, empresas de seguros com as quais está autorizado a trabalhar e identificação da responsável pelo seu registo;

w) No caso de mediador de seguros ligado referido na subalínea i) da alínea a) do artigo 8.º do Decreto-Lei n.º 144/2006, de 31 de Julho, a empresa de seguros à qual o mediador tem o vínculo principal;

x) No caso de agente de seguros: entidade que garante a responsabilidade civil, número de apólice e período de validade do contrato de seguro;

y) Identificação da empresa de seguros a que se encontre vinculado o agente de seguros por contrato de exclusividade para o conjunto dos ramos "Não Vida" ou para o ramo "Vida";

z) No caso de corretor de seguros e mediador de resseguros:

i) Entidade que garante a responsabilidade civil do corretor, número de apólice e período de validade do contrato de seguro;

ii) Entidade que presta a caução ou garantia bancária para o exercício, identificação do tipo de contrato, número de contrato e o período de vigência e o valor.

II – MEDIADORES PESSOAS COLECTIVAS

a) Denominação social e sede social e, sendo o caso, telefone, telecópia e apartado;

b) Nome comercial/marca;

c) Número de identificação fiscal;

d) Código de Actividade Económica;

e) Endereço electrónico (obrigatório só para agentes, corretores de seguros e mediadores de resseguros);

f) Página na Internet(obrigatório só para corretores de seguros e mediadores de resseguros);

g) Número de mediador;

h) Categoria e subcategoria;

i) Data de inscrição na respectiva categoria;

j) O ramo ou ramos de seguros nos quais está autorizado a exercer actividade;

k) Identificação dos membros do órgão de administração que são responsáveis pela actividade de mediação, incluindo as informações mencionadas das alíneas c), d) e l) do número referente às pessoas singulares e período dos mandatos;

l) Identificação dos restantes membros do órgão de administração e período dos mandatos;

m) Morada do(s) estabelecimento(s) em que comercialize seguros, ou indicação do sítio na internet onde essa informação esteja disponível;

Anexo de Legislação 237

n) Vicissitudes do registo, nomeadamente suspensões e cancelamentos e respectivas datas;

o) Estados membros da União Europeia em que o mediador exerce a sua actividade em regime de livre prestação de serviços e datas de notificação;

p) Estados membros da União Europeia em que o mediador exerce a sua actividade através de sucursal, incluindo a morada e o responsável e datas de notificação;

q) No caso de mediador de seguros ligado: empresas de seguros com as quais está autorizado a trabalhar e identificação daquela responsável pelas informações de registo;

r) No caso de agente de seguros: entidade que garante a responsabilidade civil, número de apólice e período de validade do contrato de seguro;

s) Identificação da empresa de seguros a que se encontre vinculado o agente de seguros por contrato de exclusividade para o conjunto dos ramos "Não Vida" ou para o ramo "Vida";

t) No caso de corretor de seguros ou mediador de resseguros:

   i) Entidade que garante a responsabilidade civil do corretor, número de apólice e período de validade do contrato de seguro;

   ii) Entidade que presta a caução ou garantia bancária para o exercício, identificação do tipo de contrato, número de contrato e o período de vigência e o valor;

   iii) Identificação do revisor oficial de contas e período do respectivo mandato;

   iv) Identificação da sociedade empresa-mãe do grupo societário em que esteja integrado, se aplicável, incluindo o número de identificação fiscal;

   v) Identificação dos sócios com participações qualificadas no mediador e percentagens dessas participações;

   vi) Identificação do analista de risco (obrigatório para corretor e mediadores de resseguros que exerçam actividade nos ramos «Não vida»).

238 *Estudos de Direito dos Seguros – Intermediação de Seguros e Seguro de Grupo*

ANEXO V

Elementos de informação para efeito do controlo das participações qualificadas

a) Identificação da pessoa, singular ou colectiva, ou entidade legalmente equiparada, que pretende adquirir ou aumentar a participação qualificada, especificando, nomeadamente, a denominação social, a forma jurídica, o local da sede do adquirente e ou detentor quando for pessoa colectiva ou o nome, a data e o local do nascimento, a nacionalidade e o domicílio quando for pessoa singular, bem como, relativamente a entidades ou cidadãos portugueses, respectivamente, o número de identificação de pessoa colectiva ou o número do bilhete de identidade;

b) Identificação da empresa participada ou na qual pretende deter a participação;

c) Montante da participação detida, no caso de aumento de participação qualificada;

d) Montante da participação a deter, com indicação do respectivo valor nominal e da percentagem que representa no capital social e ou dos direitos de voto ou a estes equiparados;

e) Descrição da operação projectada;

f) Descrição da principal actividade do participante e enunciado de outras actividades que desenvolva;

g) Se o participante for uma sociedade que se encontre ligada a outras sociedades por relações de domínio ou de grupo, organograma completo, até ao topo, com indicação das percentagens (do capital e dos direitos de voto) de todas as participações;

h) Se o participante for uma pessoa singular, indicação das sociedades em que, directa ou indirectamente, disponha de, pelo menos, 50% do respectivo capital ou dos direitos de voto e indicação das respectivas percentagens;

i) Se o participante for uma sociedade não enquadrável na alínea anterior, indicação dos sócios ou accionistas principais e das respectivas percentagens (do capital e dos direitos de voto);

j) Indicação das entidades abrangidas pelas alíneas a) a f) do n.º 2 do artigo 3.º do Decreto-Lei n.º 94-B/98, de 17 de Abril, e dos respectivos direitos de voto, descrição do essencial dos acordos a que se referem as alíneas e), f) e i) do mesmo artigo e indicação das situações previstas nas alíneas g), h) e j) da mesma disposição;

k) Descrição das fontes e forma de financiamento da aquisição da participação;

l) Indicações que permitam avaliar a sua situação patrimonial do adquirente, caso se trate de uma pessoa singular;

m) No caso de o adquirente ser uma pessoa colectiva, cópia do balanço e da conta de ganhos e perdas dos três últimos exercícios e, quando exigível, os mesmos elementos deverão ser apresentados em base consolidada ou indicação que constitua uma empresa comunitária objecto de supervisão por uma autoridade do sector financeiro;

n) Indicação das declarações de falência ou de insolvência de que tenha sido objecto o participante, empresas do grupo a que pertença ou empresas por ele participadas ou geridas ou indicação que constitua uma empresa comunitária objecto de supervisão por uma autoridade do sector financeiro;

o) Indicação das providências de recuperação de empresas ou de outros meios preventivos ou suspensivos da falência de que o participante, empresas do grupo a que este pertença ou empresas por este participadas ou geridas tenham sido objecto ou indicação que constitua uma empresa comunitária objecto de supervisão por uma autoridade do sector financeiro;

p) Estrutura e características do grupo em que a sociedade corretora de seguros ou mediadora de resseguros passaria a estar integrada.

ANEXO VI

Taxas por serviços de supervisão da actividade de mediação de seguros

São devidas ao Instituto de Seguros de Portugal, pelos mediadores de seguros ou de resseguros que solicitem tais serviços, as seguintes taxas:

a) Inscrição no registo de agente de seguros pessoa singular: € 125;
b) Extensão da actividade a outro ramo por agente de seguros pessoa singular: € 75;
c) Inscrição no registo de agente de seguros pessoa colectiva: € 250;
d) Alteração dos titulares dos órgãos de administração de agente de seguros pessoa colectiva: € 50;
e) Extensão da actividade a outro ramo por agente de seguros pessoa colectiva: € 125;
f) Inscrição no registo como corretor de seguros ou mediador de resseguros: € 500;
g) Extensão da actividade a outro ramo por corretor de seguros ou mediador de resseguros: € 250;
h) Alteração dos titulares dos órgãos de administração de corretor de seguros pessoa colectiva: € 100;
i) Aquisição directa ou indirecta de participação qualificada de domínio em corretor de seguros ou mediador de resseguros: € 350;
j) Notificação para o exercício da actividade de mediação de seguros em regime de livre prestação de serviços noutro Estado membro: € 250;
k) Inscrição notificação para o exercício da actividade de mediação de seguros em regime de estabelecimento noutro Estado membro: € 300;
l) Emissão de certificado de registo de mediador de seguros: € 25;
m) Emissão de certidões relativas a factos registados no Instituto de Seguros de Portugal relacionados com a actividade de mediação de seguros: € 25;
n) Realização de exame requerido pelo candidato: € 50.

SEGURO DE GRUPO

I – INTRODUÇÃO

NOTA: Relatório apresentado no Curso de Mestrado em Direito dos Seguros, da Faculdade de Direito de Lisboa, na disciplina de Direito dos Seguros – Contrato de Seguro, sob a regência do Prof. Doutor Pedro Romano Martinez.

O seguro de grupo é uma realidade que se tem vindo a impor no mercado dos seguros, encontrando-se cada vez mais presente em diversas áreas.

O recurso ao seguro de grupo por parte das mais diversas entidades revela que este modo de contratar se mostra eficaz para responder às necessidades do tomador de seguro, das pessoas seguras e da seguradora.

Esta clara implantação no mercado, esta proliferação crescente e o facto de os seguros de grupo já serem preponderantes em algumas áreas, como a saúde e a vida não têm, surpreendentemente, levado, nem o legislador, nem a doutrina a debruçarem-se sobre esta figura.

Se é certo que estamos perante um seguro que como tal deve ser tratado, esse seguro, na sua estrutura, tem muito pouco a ver com o seguro individual.

O seguro individual assenta num contrato celebrado entre duas partes, a seguradora e o tomador e, embora possam existir mais do que uma pessoa segura, o seu universo é sempre reduzido.

O seguro de grupo, pressupõe a existência de um conjunto de pessoas, que pode ser mais ou menos vasto, que se relacionam entre si e com o tomador de seguro. Começa com um contrato entre a seguradora e o tomador de seguro a que, posteriormente, aderem os membros do grupo. Cada adesão origina uma relação tripartida entre a seguradora, o tomador de seguro e o aderente. O seguro de grupo comporta, além da relação entre a seguradora e o tomador, tantas relações quantas as adesões, num feixe extremamente complexo de direitos e obrigações recíprocos.

Esta realidade tão distinta é quase ignorada pelo legislador, que se limita a estabelecer uma disposição legal sobre o seguro de grupo e a referir-se-lhe em poucas outras disposições. O que implica que tenha de se encontrar o regime jurídico do seguro de grupo na regulamentação do seguro individual, procedendo a permanentes adaptações e que nos deparemos com muitas situações em que essa aplicação se torna muito difícil.

Tratar como iguais estes dois tipos de contratos tão distintos, só será possível assentando numa ficção de identidade.

Propomo-nos, neste trabalho, abordar o seguro de grupo.

O tema é muito vasto dado que todas as questões que se colocam em relação ao contrato de seguro se colocam, de um modo muito mais intenso e complexo, ao seguro de grupo[1]. Não é, pois, possível abarcar toda esta problemática.

Vamos, portanto, centrar a atenção nas particularidades do seguro de grupo, procurando estabelecer as diferenças em relação ao seguro individual, trazer alguma luz ao seu regime jurídico e delinear a sua natureza jurídica.

Julgamos que um enquadramento de base do seguro de grupo, a identificação das suas características, a determinação das regras jurídicas aplicáveis e a sua qualificação jurídica poderão ajudar a que, face a cada questão concreta que se venha a colocar, se possa proceder à sua análise dentro da lógica deste tipo de seguro, desenquadrando-a do seguro individual e evitando a distorção de uma e outra figura que a sua confusão origina.

Procuraremos, assim, proceder a um enquadramento prévio do seguro de grupo, através da sua definição legal e doutrinária e de uma breve abordagem da sua evolução histórica.

Seguidamente, identificaremos algumas razões de interesse no seguro de grupo e verificaremos a existência de várias espécies de seguros de grupo na realidade concreta que é o mercado de seguros português.

Seguem-se as características do seguro de grupo, nomeadamente, o facto de ser um contrato de seguro, de pressupor um grupo,

---

[1] Cfr. sobre a problemática geral dos seguros Pedro Romano Martinez, Direito dos Seguros, Principia, 1ª Edição, 2006. Veja-se, também, menos recente, José Carlos Moitinho de Almeida, O Contrato de Seguro no Direito Português e Comparado, Livraria Sá da Costa, Lisboa, 1971 e José Vasques, Contrato de Seguro, Coimbra Editora, 1999 e idem, Direito dos Seguros, Coimbra Editora, 2005, numa perspectiva institucional.

de se formar em dois momentos distintos, de assentar numa relação tripartida e de ser uma realidade muito complexa, formada por um feixe de relações recíprocas.

Analisaremos, depois, a legislação aplicável ao seguro de grupo e o seu regime jurídico procurando, por fim, determinar a sua natureza jurídica.

A – ENQUADRAMENTO

O seguro de grupo, embora não tenha sido objecto de regulamentação específica por parte do legislador, que só lhe dedicou uma norma jurídica[2], é legalmente definido, no Decreto-Lei n.° 176/95, de 26 de Julho.

A partir dessa definição legal e de algumas definições doutrinárias, juntamente com uma breve referência histórica, procuraremos deixar previamente clara a realidade do seguro de grupo que, depois, aprofundaremos.

1. Definições legais

O legislador português, no Decreto-Lei n.° 176/95, de 26 de Julho[3], dedicado à transparência nos seguros, decidiu definir uma série de conceitos e termos usados nesta área[4].

Esta preocupação resultou, certamente, do facto de existir uma terminologia própria, característica dos seguros, que não encontra paralelo noutras latitudes[5].

---

[2] O art. 4.° do Decreto-Lei n.° 176/95, de 26 de Julho, embora se lhe refira em algumas outras disposições legais.

[3] Adiante designado DL 176/95.

[4] O art. 1.° do DL 176/95 apresenta um elenco de definições "Para os efeitos do presente diploma, (…)" de a) a z).

[5] Cfr. neste sentido António Menezes Cordeiro, Manual de Direito Comercial, Almedina, 2001, pp. 445.

248   *Estudos de Direito dos Seguros – Intermediação de Seguros e Seguro de Grupo*

No que ao "Seguro de grupo"[6] diz respeito, definiu o legislador, desde logo, que é o "(...) seguro de um conjunto de pessoas ligadas entre si e ao tomador do seguro por um vínculo ou interesse comum;"[7].

Distingue, depois, o ""Seguro de grupo contributivo" – seguro de grupo em que os segurados contribuem no todo ou em parte para o pagamento do prémio;"[8] do ""Seguro de grupo não contributivo" – seguro de grupo em que o tomador de seguro contribui na totalidade para o pagamento do prémio;"[9]

Destacam-se, ainda, as definições de "Empresa de seguros ou seguradora", "Tomador de seguro", "Segurado", "Subscritor", "Beneficiário", bem como "Apólice" e "Âmbito do contrato", que virão a ser relevantes para a definição dos contornos do seguro de grupo.

2. Algumas Definições Doutrinárias

As definições doutrinárias analisadas[10] podem-se agrupar em dois conjuntos.

---

[6] Cfr. art. 1.º alínea g) do DL 176/95.

[7] O legislador francês também define seguro de grupo. No art. L 140-1 do "Code des Assurances" apresenta a seguinte definição: "É um contrato de seguro de grupo o contrato subscrito por uma pessoa colectiva ou um chefe de empresa com vista à adesão de um conjunto de pessoas que preencham as condições definidas no contrato, para cobertura de riscos dependentes da duração da vida humana, de riscos atinentes à integridade física da pessoa ou relacionados com a maternidade, de riscos de incapacidade para o trabalho ou de invalidez ou do risco de empréstimo. Os aderentes devem ter uma ligação da mesma natureza com o subscritor (tomador).". Cfr. Código de Seguros francês anotado por Francis Gretz et Claude Pichot, Connaître et Comprendre la Loi sur le Contrat d`Assurance Terrestre, La Tribune de l`Assurance, 1997, Paris, art. L-140.

[8] Cfr. art. 1.º alínea h) do DL 176/95.

[9] Cfr. art. 1.º alínea i) do DL 176/95.

[10] A doutrina portuguesa é muito escassa no que diz respeito aos seguros de grupo e as definições que apresenta referem-se ao contrato de seguro. Noutros

O primeiro engloba os que consideram o seguro de grupo como uma espécie de prolongamento da Previdência.

O segundo apresenta o seguro de grupo como contraponto ao seguro individual.

2.1. *Seguro de Grupo como Previdência*

Os contratos de seguro têm sido, muitas vezes, entendidos como um complemento das prestações do Estado[11], sendo-lhe atribuída uma inequívoca função social[12].

---

países da União Europeia, de que se destacam a França e a Bélgica, e nos Estados Unidos da América, alguns autores já têm dedicado a sua atenção especificamente aos seguros de grupo. Na pesquisa bibliográfica efectuada surgiu, também, um trabalho que dá uma perspectiva de outra área geográfica muito distinta, a realidade sul-americana, nomeadamente da Argentina. Cfr. Rubén S. Stiglitz, El Seguro Colectivo o de grupo en Argentina, in Revista Española de Seguros, n.º 116, Outubro / Dezembro 2003, pp. 439 e ss..

[11] P. Casbas, Technique, pratique de l`Assurance Groupe, Largus, Paris, 1976, p. 7 afirma «L`Assurance de Groupe s`applique à une collectivité de personnes réunies entre elles par un lien commum qui leur permet de bénéficier des conditions particulières réservées à cette branche. Elle se subdivise en deux grandes parties, la Prévoyance et la Retraite.» e p. 8, «Dès lors, l`Assurance de Groupe perd son caractère facultatif pour devenir régime complémentaire à la Sécurité Sociale.».

[12] Sobre a função social do seguro, veja-se AAVV, Assurance des groupes ou fonds de pension, in Le Monde de l`Assurance, 2006, pp. 25 e ss., B.C.A.C., Guide de l`Assurance de Groupe, Paris, 1981, pp. 1 e ss., Guilherme da Palma Carlos, Valor e Função Social do Contrato de Seguro, in II Congresso Nacional de Direito dos Seguros, Almedina, 2001, pp. 117 e ss., Manuel da Costa Martins, Considerações sobre o Valor e Função Social do Contrato de Seguro, in II Congresso Nacional de Direito dos Seguros, Almedina, 2001, pp. 141 e ss., Mireille Weinberg, Assurance Collectives, Um Marché sans Pitié, in La Tribune de l`Assurance, n.º 22, Mars 1999, pp. 24 e ss. e Pedro Romano Martinez, Direito dos Seguros, Principia, cit., pp. 23 e ss..

Começa, também a desenvolver-se a ideia de seguro social[13], usualmente associada a novos riscos catastróficos, naturais ou provocados pelo homem, e a novos riscos emergentes relacionados com a saúde ou com avanços científicos ou tecnológicos[14].

Surge a noção de "seguro colectivo"[15] num sentido diferente

---

[13] Encontra-se, na ordem jurídica portuguesa, uma situação interessante que o legislador qualifica como "seguro social voluntário" e que se apresenta como um sistema paralelo à Segurança Social, para quem é voluntário e não esteja abrangido por regime obrigatório de protecção social. A Lei n.° 71/98, de 3 de Novembro, que aprova as Bases do enquadramento jurídico do voluntariado, no art. 7.° n.° 1 alínea c) consagra como direito do voluntário "Enquadrar-se no regime do seguro social voluntário, no caso de não estar abrangido por um regime obrigatório de segurança social;" e o Decreto-Lei n.° 389/99, de 30 de Setembro que a regulamenta estabelece, no art. 6.° e ss. os requisitos para esse enquadramento.

[14] Cfr. Giovanni Cucinotta, Il rischio, la responsabilità sociale e la Comunicazione Assicurativa, in Assicurazioni Rivista di Diritto, Economia e Finanza delle Assicurazioni Private, Anno LXXII, n.° 3, Luglio-Settembre 2005, pp. 379 e ss. que defende que o surgimento de novos riscos catastróficos, implica que o Estado passe a desempenhar um papel nessa área. "La nuova dimensione che i rischi moderni vanno assumendo chiama in causa il ruolo delle assicurazioni collective, la loro sostenibilitá da parte dello Stato(...)". Veja-se, também, Miguel Guimarães, Soluções Seguradoras para Desafios Sociais, in O Economista, Anuário da Economia Portuguesa, 2005, pp. 212 e ss. que também refere riscos catastróficos e novos riscos emergentes «(...) tenham eles origem em fenómenos da natureza (sismos, tempestades, inundações) ou em actos humanos (terrorismo, poluição, epidemias), mas também riscos emergentes relacionados com a saúde (cancro, tabaco, asbestos) ou com avanços na ciência e na tecnologia (exposição a químicos, modificações genéticas).".

[15] Neste novo sentido, o seguro colectivo não é um seguro de grupo propriamente dito, mas sim um seguro da colectividade, muitas vezes associado a Fundos para os quais os cidadãos contribuem e que serão accionados no caso de verificação do risco para que foram criados. Importante será também distinguir seguro de grupo, de grupo de seguradoras. Neste caso o que está em causa é o agrupamento de seguradoras em "conglomerados" económicos, o que como refere Giovanni Manghetti, Multinational Insurance Groups: The Main Problem for Supervisors, in The Geneva Papers on Risk and Insurance, Vol. 27, n.° 3

Seguro de Grupo   251

daquele que normalmente tem, como sinónimo de seguro de grupo[16].

O seguro de grupo, para os autores que o apresentam relacionado com a Previdência, aparece muito ligado à relação laboral[17] e como modo de complementar os benefícios sociais dos trabalhadores e surge restringido a certos ramos ou tipos[18], de que se destacam o seguro de vida[19] e o seguro de saúde[20]/[21].

(July 2002), pp. 310 e ss. origina novos problemas de supervisão. Sobre conglomerados financeiros e os cuidados acrescidos ao nível da supervisão que provocam, veja-se, com mais desenvolvimento, João Calvão da Silva, Banca, Bolsa e Seguros, Tomo I, Parte Geral, Almedina, 2005, pp. 27 e ss..

[16] Cfr. Pedro Romano Martinez, Direito dos Seguros, p. 67, que considera o seguros de grupo um seguro de âmbito colectivo.

[17] Cfr. Claire Labbé, Sida et Assurances, in Les Dossiers du Journal des Tribunaux, n.º 3, Bruxelles, 1994, p. 55, que define seguros de grupo por referência à relação laboral: «Les assurances de groupe, c`est-à-dire les assurances conclues auprès d`une entreprise par un ou plusieurs employeurs au profit de tout ou partie de leur personnel ou des dirigeants.». O mesmo acontece com Jean--Marc Binon et Marie-Anne Crijns – L`Assurance Groupe en Belgique, Collection Droit des Assurances, n.º 9, Academia Bruylant, Bruxelles, 1996, p. 13, «L`assurance groupe est une assurance collective souscrite par un employeur au profit de tout ou partie des membres de son personnel.».

[18] Cfr. Rubén S. Stiglitz, El Seguro Colectivo o de grupo en Argentina, cit., p. 440 que refere que a lei argentina restringe a contratação a riscos de vida, acidentes pessoais e saúde.

[19] Cfr. René Carton de Tournai e Charles Deleers, Les Assurances de Groupes, Eléments techniques, juridiques, sociaux et fiscaux, Bruxelles, 1965, pp. 36 e ss., que apresenta as definições de vários autores e afirma «(...) on entend par assurance de groupe une assurance souscrite par un preneur d`assurance sur la vie d`un groupe de personnes, au moyen d`un contrat unique.» e destaca a originalidade das concepções anglo-saxónicas.

[20] Embora reconheçamos que será mais correcto, do ponto de vista da classificação por ramos, a denominação seguro de doença, usaremos a expressão "seguro de saúde", por ser a que é mais frequentemente usada na doutrina e a que melhor se adequa neste caso, dada a proximidade em alguns países, dos seguros de grupo aos Planos Nacionais de Saúde.

[21] Cfr. José Vasques, Contrato de Seguro, cit., p. 62, que refere a possibi-

2.2. *Seguro de grupo como contraponto do seguro individual*

O segundo conjunto de autores engloba os que consideram o seguro de grupo como um modo[22] de celebrar o contrato de seguro[23], por contraposição ao seguro individual[24].

No seguro individual a relação estabelece-se entre a seguradora e o interessado, embora possa comportar um conjunto de pessoas[25].

No seguro de grupo estabelece-se, inicialmente, uma relação entre o tomador de seguro e a seguradora e, num segundo momento,

---

lidade de o seguro de doença se implementar como complemento e como alternativa ao Serviço Nacional de Saúde.

[22] Cfr. Geoff Baars e Nick Sennett, The fundamentals of group insurance, Swiss Re Zurich, 1994, pp. 5 e ss., que define seguro de grupo como "a method of providing insurance coverage to a group of people under one contract".

[23] Cfr. René Carton de Tournai e Charles Deleers, Les Assurances de Groupes, Eléments techniques, juridiques, sociaux et fiscaux, cit., p. 25 e p. 27, embora associe o nascimento dos seguros de grupo à previdência, apresenta depois uma definição mais abrangente. "Née de l'initiative privée et développée en marge de la législation sociale, l'assurance de groupe apparaît à un nombre croissant de dirigeants de sociétés comme une formule équilibrée de prévoyance collective et de rémunération indirecte.». « Il s'agit d'un contrat par lequel l'assureur, moyennant une prime ou une cotisation, laquelle peut être soit unique soit périodique, promet une somme d'argent au contractant, à ses ayants droit ou à toute personne désignée par lui, sous certaines éventualités dépendant de la vie ou de la mort du contractant ou du tiers assuré.».

[24] Cfr. Pedro Romano Martinez, Direito dos Seguros, cit., p. 67, que refere que "Por via de regra, o contrato de seguro é bilateralmente individual – uma seguradora e um tomador de seguro –, mas tanto do lado da seguradora como do do segurado pode haver pluralidade de sujeitos; neste âmbito colectivo têm particular relevância os seguros mútuos e de grupo.".

[25] O art. 1.º alínea f) do Decreto-Lei n.º 176/95, de 26 de Julho define "Seguro Individual" como o "Seguro efectuado relativamente a uma pessoa, podendo o contrato incluir no âmbito de cobertura o agregado familiar ou um conjunto de pessoas que vivam em economia comum."; e como "Seguro efectuado conjuntamente sobre duas ou mais cabeças;".

uma relação entre o tomador de seguro, a seguradora e cada um dos aderentes.

A aceitação duma noção de seguro de grupo dissociada da Previdência e assente na diferente estruturação do contrato tem como consequências a admissão de que poderá ser celebrado um contrato de seguro de grupo, independentemente do ramo que esteja em questão[26].

O seguro de grupo terá como elementos distintivos o facto de pressupor um grupo e de haver um tomador de seguro que contrata directamente com a seguradora, com vista à adesão dos membros do grupo[27].

Associado à Previdência ou emancipado em relação a ela, certo é que o seguro de grupo tem vindo a desenvolver-se de um modo muito significativo, desde a sua génese, até à actualidade.

---

[26] Cfr. François Berdot, L`Assurance de Groupe après les réformes législatives du 31 décembre 1989, in RGAT, n.º 4, 1990, p. 778, que afirma, em face da definição de seguro de grupo dada pela lei francesa (cfr. nota 4), que embora o legislador enumere os riscos « (…) riscos dependentes da duração da vida humana, de riscos atinentes à integridade física da pessoa ou relacionados com a maternidade, de riscos de incapacidade para o trabalho ou de invalidez ou do risco de empréstimo.", essa disposição não exclui a possibilidade de existirem seguros de grupo em relação a outros riscos que não os enumerados.

[27] Cfr. António Porras Rodriguez, El Seguro de Grupo, Aspectos normativos, técnicos y actuariales, Centro de Estudios del Seguro, S.A., Madrid, 1991, p. 366 define seguro de grupo como o "contrato único, suscrito por una persona, en interés de otras, conteniendo una pluralidad de seguros, a los que sierve de marco jurídico.", embora também afirme que é "(...) contrato subscrito por el Empleador en interés su personal (...)" (p. 68). O mesmo autor cita, nessa obra, pp. 69 e ss, várias definições de outros autores de que destacamos, Ivone Lambert-Faive, professora da Universidade de Lyon, "seguros de grupo son los suscritos colectivamente por un conjunto de personas que presentan características comunes." E John M. Mill, "una Póliza de Grupo es un acuerdo entre un segurador y un Tomador para asegurar las vidas o la salud de los miembros componentes de un grupo determinado de personas y hacer frente al pago de prestaciones de seguro a favor de las personas aseguradas o de sus beneficiarios.".

254 *Estudos de Direito dos Seguros – Intermediação de Seguros e Seguro de Grupo*

E, tudo indica, continuará nessa senda de desenvolvimento no futuro[28].

B – BREVE REFERÊNCIA À EVOLUÇÃO HISTÓRICA DOS SEGUROS DE GRUPO

Da Roma antiga até à actualidade, os seguros de grupo trilharam o seu caminho. A Segunda Guerra Mundial representa um momento de grande incremento deste tipo de seguros iniciando-se, no pós-guerra, a era moderna dos seguros de grupo. Desde então, esta realidade vem ganhando força e volume sendo, hoje em dia, os seguros de grupo uma realidade incontornável.

1. As primeiras apólices de seguro de grupo

As primeiras apólices de seguro de grupo tinham propósitos macabros[29]. No início do século XIX os comerciantes de escravos designaram-se beneficiários de um seguro de grupo sobre as vidas dos escravos transportados de África para a América[30].

Algumas décadas mais tarde, foi contratado um seguro de grupo sobre as vidas dos trabalhadores chineses transportados da China para o Panamá, para trabalharem no Canal do Panamá[31].

---

[28] Na medida em que seja possível, da realidade actual extrapolar o futuro, tudo indica que o seguro de grupo continuará em franca expansão.

[29] Sobre a história do seguro de grupo veja-se Robert H. Jerry, II, Understanding Insurance Law, Legal Texts Series, Matthew Bender, USA, 1996, pp. 827 e ss..

[30] É muito discutível que esteja verdadeiramente em causa um seguro de grupo de vida, uma vez que se tratava do risco duma viagem de escravos, cujo estatuto jurídico como pessoas não seria admitido.

[31] Nesta situação, tratando-se de trabalhadores livres, parece poder-se admitir que já se vislumbram os contornos de um seguro de grupo de vida.

Seguro de Grupo 255

As origens do seguro de grupo poderão ser ainda mais remotas, encontrando-se nas guildas da Idade Média ou mesmo na Roma antiga[32].

2. Planos nacionais de saúde e seguro de grupo de saúde

Um forte ímpeto ao movimento relativo ao incremento dos benefícios sociais de grupo foi dado, em 1883, sob o Governo de Bismark, através da criação, na Alemanha, de um Plano nacional de saúde obrigatório[33].

Em 1870, nos Estados Unidos da América foi também criado o primeiro plano de saúde de grupo e, em 1890, foi contratado um seguro para os Bombeiros de Baltimore, que é apontado como um dos primeiros seguro de grupo de saúde[34].

3. O moderno seguro de grupo

Mas a história do moderno seguro de grupo começa mais tarde, com os esforços da empresa Montgomery Ward and Company, para contratar um seguro de vida de grupo para os seus empregados[35]. Este terá sido o primeiro seguro de grupo vida.

O plano negociado por esta empresa serviu de modelo a muitos outros que começaram a ser contratados, em 1911 e 1912, nos EUA[36].

---

[32] Sobre a história do seguro de grupo veja-se também Richard S. Bilisoly, Introduction to Group Insurance, in Group Insurance, editado por William F. Bluhm, Actex Publications Winsted, Connecticut, 1992, pp. 4 e ss..

[33] Cfr. Richard S. Bilisoly, Introduction to Group Insurance, in Group Insurance, cit., p. 5.

[34] Idem.

[35] Cfr. Robert H. Jerry, II, Understanding Insurance Law, cit., pp. 827 e ss..

[36] Na Bélgica, o seguro de grupo surge em 1920. Uma das primeiras convenções relevantes foi subscrita em 1926 por uma importante empresa de cons-

256 *Estudos de Direito dos Seguros – Intermediação de Seguros e Seguro de Grupo*

Neste modelo, a entidade patronal, que não era a beneficiária do seguro, contratava uma apólice sobre as vidas de todos os seus empregados[37], que poderiam designar os seus beneficiários e pagava o respectivo prémio, com ou sem comparticipação dos trabalhadores seguros[38].

Inicialmente o mercado reagiu mal, incomodado pela falta de avaliação de cada risco em concreto e pela diminuição dos prémios. Era, até, alegada discriminação em relação aos que não podiam ter prémios tão baixos, porque não pertenciam ao grupo.

Apesar da oposição, os seguros de grupo foram reconhecidos como uma forma possível de efectuar contratos pela NAIC (National Convention of Insurance Commissioners) Associação Nacional das Seguradoras norte americanas que, inclusive, aprovou uma definição de seguro de grupo[39].

E o seguro de grupo não parou de crescer, nos EUA tendo, nos anos 40, uma evolução significativa[40].

4. A Segunda Guerra Mundial

A Segunda Guerra Mundial implicou um novo surto de desenvolvimento do seguro de grupo.

Essa aceleração deveu-se a dois factores essenciais.

---

truções eléctricas. Cfr. René Carton de Tournai e Charles Deleers, Les Assurances de Groupes, Eléments techniques, juridiques, sociaux et fiscaux, cit., p. 31.

[37] Todas as vidas dos empregados estavam seguras, independentemente das suas condições de "segurabilidade" ("regardless of insurability").

[38] No plano Montgomery os empregados contribuíam para o pagamento do prémio, mas este não era um factor decisivo nos seus contornos.

[39] Cfr. António Porras Rodriguez, El Seguro de Grupo, Aspectos normativos, técnicos y actuariales, cit., p. 76, que transcreve a definição da NAIC.

[40] Cfr. Richard S. Bilisoly, Introduction to Group Insurance, cit., 1992, pp. 4 e ss. que afirma *"Since the early 1940`s, the growth and prevalence of group insurance has been remarkable."*.

Por um lado, o recurso ao seguro de grupo era usado para contrariar a legislação que bloqueava o aumento dos salários e limitava a repartição de dividendos. Não havendo recursos para cativar os trabalhadores, o seguro de grupo, com custos controlados, serviu para esse fim. Era, também, um instrumento útil para subtrair ao inimigo as disponibilidades financeiras que apareciam nas contas das empresas[41].

Por outro lado, o desenvolvimento da indústria, nomeadamente a associada ao esforço de guerra, levou ao mercado de trabalho muitas mulheres o que aumentou o universo para os seguros de grupo, intrinsecamente associados à relação laboral[42].

No entanto, foi após a Segunda Guerra Mundial que os seguros de grupo assumiram uma posição destacada no mercado dos seguros.

Nos EUA, desde 1971, os seguros de grupo mais do que triplicaram. Em 1993, 40% dos seguros de vida e 90% dos seguros de saúde eram seguros de grupo. E, hoje em dia, praticamente todos os empregados recebem como benefício laboral a participação em algum seguro de grupo[43].

No Canadá, mais de metade dos seguros de vida, são seguros de grupo[44] e na Austrália o mesmo acontece com mais de 20% do mercado de seguros de vida.

Na Bélgica, os seguros de grupo ocupam 75% do mercado de complementos de reforma[45] e 45% do ramo vida[46].

---

[41] Cfr. René Carton de Tournai e Charles Deleers, Les Assurances de Groupes, Eléments techniques, juridiques, sociaux et fiscaux, cit., p. 31.

[42] Cfr. Richard S. Bilisoly, Introduction to Group Insurancecit., cit. pp. 7 e ss..

[43] Cfr. Robert H. Jerry, II, Understanding Insurance Law, ob. cit., p. 827.

[44] Cfr. Geoff Baars e Nick Sennett, The fundamentals of group insurance, cit., pp. 5 e ss..

[45] Também designados como segundo pilar da Segurança Social.

[46] Jean-Marc Binon et Marie-Anne Crijns – L`Assurance Groupe en Belgique, cit, p.7.

5. Em Portugal

Em Portugal, embora não se encontrem disponíveis estatísticas sobre os seguros de grupo, é inquestionável que têm vindo a tomar conta de uma parte muito substancial do mercado, quer como benefícios no âmbito de uma relação laboral, quer a outros níveis.

Embora as áreas do seguro de vida, de doença e de acidentes pessoais sejam as mais cobertas por seguros de grupo, nada obsta à celebração de contratos de seguro de grupo em qualquer ramo[47].

E, muitas vezes surgem associadas à cobertura principal de um ramo, coberturas acessórias de outros ramos[48].

A probabilidade de qualquer pessoa ser aderente a um ou a vários seguros de grupo é enorme, uma vez que os seguros de grupo encontram-se associados a cartões de crédito ou outros, à aquisição de viagens, à compra dos mais diversos produtos, a uma série interminável de realidades do dia a dia das pessoas. Podem ser gratuitos, encontrar-se incluídos no preço do bem ou serviço ou serem pagos à parte, podem ser apresentados como uma vantagem comercial, ou passarem despercebidos. Podem sobrepor-se uns aos outros e, por desconhecimento, não são por vezes accionados em caso de sinistro. Estão presentes em toda a parte e, pertencendo ao grupo que esteja em causa, podem os interessados propor a sua adesão ou aceitar a sua oferta.

---

[47] Como exemplos muito frequentes podem referir-se o seguro automóvel em que é tomador a empresa de leasing e segurado o adquirente do veículo e o seguro de multi-riscos habitação em que é tomador o banco ou a administração de condomínio e segurados os proprietários das fracções autónomas.

[48] A título de exemplo podem referir-se os seguros em que é tomador a agência de viagens que, usualmente, associam coberturas de acidentes e assistência.

II – O SEGURO DE GRUPO

A – AS RAZÕES DE INTERESSE NO SEGURO DE GRUPO

O seguro de grupo permite obter algumas vantagens[49] que o tornam muito apelativo, quer para as seguradoras, quer para os tomadores de seguro e segurados.

1. Para as seguradoras

O seguro de grupo apresenta-se muito interessante para as seguradoras, por uma série de factores.

Em primeiro lugar, por razões de ordem comercial[50]. Além de ser mais fácil negociar com uma entidade, do que com dezenas ou centenas de indivíduos, com o seguro de grupo o mercado dos indivíduos daquele grupo fica todo abrangido.

Depois, os custos administrativos associados a um seguro de grupo são menores, dado que uma boa parte fica a cargo do tomador de seguro[51].

---

[49] Destacaremos os que julgamos mais relevantes.

[50] Cfr. António Porras Rodriguez, El Seguro de Grupo, Aspectos normativos, técnicos y actuariales, Centro de Estudios del Seguro, S.A., cit. p. 58, refere que o método de comercialização reduz o preço do seguro que terá gastos de aquisição mais baixos.

[51] Refira-se, a título de exemplo, um seguro de saúde de grupo para os trabalhadores de uma empresa. É a entidade patronal que recebe as participações de despesas, que recolhe o valor do prémio e que realiza uma parte muito substancial dos actos administrativos e burocráticos associados à gestão do seguro.

Por outro lado, os grupos diminuem a selecção adversa[52] e, em grupos de grande dimensão, eliminam-na[53].

A ignorância da seguradora sobre o risco é um factor muito importante na sua decisão de contratar ou não.

Só através da informação que é facultada pelo tomador de seguro[54], poderá a seguradora avaliar o risco e decidir se está disposta a corrê-lo ou não.

Daí que seja fundamental que o proponente do seguro faculte a informação exacta e completa e daí que o legislador tenha tomado medidas tão drásticas quando tal não acontece. O art. 429.º do Código Comercial sanciona a falta de exactidão e a omissão de informações relevantes com a nulidade do contrato[55].

---

[52] Cfr. Jean-Marc Binon et Marie-Anne Crijns – L`Assurance Groupe en Belgique, cit, p.38 e António Porras Rodriguez, El Seguro de Grupo, Aspectos normativos, técnicos y actuariales, Centro de Estudios del Seguro, S.A., cit., p. 16, René Carton de Tournai e Charles Deleers, Les Assurances de Groupes, Eléments techniques, juridiques, sociaux et fiscaux, cit., p. 38.

[53] Claire Labbé, Sida et Assurances, cit., p. 56, refere que «Les assurances collectives couvrent toutes un groupe déterminé de personnes, ce qui diminue l`antisélection des risques. L`antisélection disparaîtrait totalement si le groupe assuré était représentatif de la popolation nationale, ce qui implique que le groupe atteigne approximativement le nombre de 300 à 500 personnes.».

[54] Sobre os deveres de informação do tomador de seguro, veja-se José Alberto Vieira, O dever de Informação do Tomador de Seguro em Contrato de Seguro Automóvel, Separata in Estudos em Memória do Professor Doutor António Marques dos Santos, Volume I, Almedina, 2005; pp. 999 e ss., José Vasques, Declaração do Risco, Deveres de Informação e Boa Fé, in Boletim Informativo da Spaida, n.º 1, Janeiro 2004, pp. 6 e ss., Júlio Gomes, O Dever de Informar do Tomador de Seguro na Fase Pré-contratual, in II Congresso Nacional de Direito dos Seguros, Almedina, 2001, pp. 75 e ss., Luís Filipe Caldas, Direitos e Deveres de Informação: Sanção das Declarações Inexactas do Tomador, in III Congresso Nacional de Direito dos Seguros, Almedina, 2003, pp. 279 e ss., Manuel da Costa Martins, Contributo para a Delimitação do âmbito da Boa Fé no Contrato de Seguro, in III Congresso Nacional de Direito dos Seguros, Almedina, 2003, pp. 176 e ss. e Pedro Romano Martinez, Direito dos Seguros, p. 70 e s..

[55] A doutrina e a jurisprudência têm vindo a entender que se trata de uma situação de anulabilidade e não de nulidade, com base em vários argumentos de

Seguro de Grupo 263

Estando em causa a negociação de um seguro de grupo, a seguradora irá avaliar principalmente o risco do grupo e não o de cada indivíduo[56]. A preocupação da seguradora em avaliar cada risco diminui na proporção do tamanho do grupo. Isto porque, quanto maior é um grupo, maior será o equilíbrio de riscos individuais. O grande risco de alguns indivíduos é anulado pelo risco diminuto de outros.

O que não significa que não exista essa avaliação individual e que, inclusive, não possa ser recusada a adesão de algum membro do grupo[57].

---

que se destacam o histórico (à data do Código Comercial não se usava o termo anulabilidade, mas sim nulidade relativa) e o que defende que tratando-se de uma situação de erro/dolo, deverá seguir o regime desse vício, sendo a sanção prevista no Código Civil a anulabilidade. Cfr., em sentido diferente, José Alberto Vieira, O dever de Informação do Tomador de Seguro em Contrato de Seguro Automóvel, cit., pp. 999 e ss., que defende a nulidade.

[56] Cfr. António Porras Rodriguez, El Seguro de Grupo, Aspectos normativos, técnicos y actuariales, Centro de Estudios del Seguro, S.A., cit., pp. 57 e ss. Este autor considera que num seguro de grupo, normalmente, pondera-se a "segurabilidade" do grupo e não de cada pessoa que o compõe.

[57] O contrato de seguro de grupo poderá prever essa possibilidade. Julgamos que, se nada for dito a esse respeito, deverá ser através da interpretação do contrato que se irá aferir sobre a existência ou não desse direito de recusar adesões. Não resultando claramente do contrato esse direito, julgamos que a seguradora deverá aceitar a adesão dos membros do grupo que para tal apresentem as suas propostas. Veja-se sobre a recusa de adesões ao seguro de grupo associado ao crédito bancário, em que é tomador o banco que é parte no contrato de mútuo e aderente o mutuário, Gerad Defrance, Obligation d`information de la bancque souscriptrice, in L`Argus de L`Assurance, Dossier Juridiques, n.º 6962, 27 Janvier 2006, pp. 1 e ss., que refere alguma jurisprudência e afirma que "La bancque doit s`assurer que l`emprunteur qui adhère à son contract est accepté par l`assureur. À defeut, elle engage as responsabilité contractuelle." (p.1). Veja-se, também, Nathalie Gauclin-Eymard et Jean-Antoine Chabannes – Le Manuel de l`Assurance-Vie, tome 2, L`Argus, Paris, 1993, p. 61, "L`assureur-groupe est en principe totalment libre d`accepter ou de refuser les adhésions qui lui sont proposées.» que informa depois que essa liberdade foi limitada com a lei « Evin du 31 décembre 1989".

Como contraponto destas vantagens, poderá existir no seguro de grupo um aumento do risco moral. Os membros do grupo, tendo seguro, podem-se sentir mais à vontade para correr riscos que, de outro modo, tentariam evitar[58]. Esta diminuição da preocupação do tomador de seguro ou do segurado aparece associada a qualquer seguro. É, precisamente, para transferir a responsabilidade do pagamento para a seguradora que, normalmente é celebrado o contrato de seguro.

No entanto, julgamos que no seguro de grupo pode haver um aumento deste risco, devido ao facto de a cessação do contrato por iniciativa da seguradora se encontrar, na realidade, mais limitada do que no seguro individual. O contrato de seguro de grupo é negociado entre a seguradora e o tomador de seguro tendo em vista um determinado grupo que, tendencialmente, deverá poder aderir e manter-se seguro. A seguradora sentir-se-á, provavelmente, mais inclinada a manter uma adesão a um seguro de grupo que, do ponto de vista económico, se mostre prejudicial, do que a manter um seguro individual com os mesmos sinistros[59].

2. Para o tomador de seguro

Também para o tomador o seguro de grupo se apresenta muito interessante. Esse interesse varia consoante a relação entre o tomador e o grupo e os objectivos que pretende alcançar.

---

[58] A questão coloca-se com especial intensidade no seguro de saúde, em que os aderentes poderão aproveitar o facto de ter seguro para fazer o diagnóstico e tratamento de algumas situações que, sem seguro, se poderiam abster de tratar. No entanto, a ideia do seguro de saúde é, precisamente, facilitar o acesso a diagnósticos e cuidados de saúde.

[59] A questão é especialmente relevante em relação a seguros de vida ou de grupo, negociados com grandes empresas. A empresa que contrata um seguro de grupo com uma seguradora, para os seus trabalhadores não verá, provavelmente, com bons olhos a intenção de excluir algum dos membros do grupo do contrato de seguro.

De um modo geral, o seguro de grupo permite sempre ao tomador fornecer um benefício aos membros do grupo.

Partindo da situação mais frequente e típica, de seguros de grupo associados à relação laboral, a contratação de um seguro de grupo por uma empresa para os seus trabalhadores, permite à entidade patronal apresentar um leque mais vasto de regalias sociais e de segurança na reforma que, hoje em dia, são muito valorizadas. Estes benefícios sociais ajudam a fidelizar os seus trabalhadores e a captar novos recursos humanos.

E, tratando-se de um seguro de saúde, permite ter trabalhadores mais saudáveis e mais aptos a trabalhar.

Estas vantagens aparecem, muitas vezes, associadas à obtenção de benefícios fiscais.

Também no âmbito de associações profissionais, como Sindicatos ou Ordens profissionais, é proporcionado aos membros do grupo, muitas vezes trabalhadores independentes, a adesão a seguros de grupo que vão ajudar a reproduzir o ambiente de maior protecção social que, normalmente, uma relação de trabalho dependente proporciona.

Por outro lado, e fora do ambiente laboral, é cada vez mais frequente a associação de seguros a produtos ou serviços que a empresa pretende comercializar. A contratação prévia de um seguro de grupo permite à empresa fornecer uma mais-valia na aquisição dos seus produtos ou serviços que os torna mais atractivos[60].

3. **Para os indivíduos**

Para as pessoas que precisam de contratar um determinado seguro, a adesão a um seguro de grupo também surge como algo muito interessante.

---

[60] É cada vez mais frequente esta situação. Refira-se, a título de exemplo, um seguro de furto ou roubo associado à compra de um bem valioso, ou um seguro de assistência associado a um bem duradouro, ou um seguro de assistência associado a um cartão de crédito.

266 *Estudos de Direito dos Seguros – Intermediação de Seguros e Seguro de Grupo*

Desde logo, pessoas que não conseguiriam ter seguro individual, por comportarem um risco demasiado elevado para ser admitido pela seguradora, podem aceder ao seguro dentro dum grupo[61].

E esse seguro será, provavelmente, mais barato para cada pessoa[62]. Objectiva e subjectivamente. Objectivamente, porque comparado com produtos idênticos no mercado, apresentará certamente um preço competitivo. Subjectivamente, porque em muitos casos o tomador de seguro contribui com uma parte do prémio[63].

Há, ainda, a considerar, o facto de o tomador de seguro participar na gestão do contrato. O tomador de seguro será alguém mais próximo do segurado que, em princípio, zela pelos seus interesses naquele seguro, pelo que diminuem as preocupações do aderente.

B – ESPÉCIES DE SEGURO DE GRUPO

Os seguros de grupo, que podem ser facultativos ou obrigatórios[64], podem surgir em diversos ramos e cada vez mais se vêm afirmando em diversas áreas.

---

[61] Numa proposta de seguro individual a seguradora vai ser muito rigorosa na apreciação do estado de saúde do proponente e nas suas motivações para fazer o seguro. É pertinente saber porque é que uma pessoa saudável quer fazer um seguro de saúde ou de vida. Num seguro de grupo, essas questões já não se colocam. A pessoa não tomou a iniciativa. Adere a um benefício que lhe é apresentado. E a pertença ao grupo dilui o risco individual.

[62] Cfr. António Porras Rodriguez, El Seguro de Grupo, Aspectos normativos, técnicos y actuariales, Centro de Estudios del Seguro, S.A., cit., p. 57 e ss..

[63] Poderá, até, nos seguros de grupo não contributivos, pagar a totalidade do prémio A adesão a um seguros de grupo aparece como benefício associado a algo. O mais vulgar é o benefício laboral, mas poderá ser um benefício associado a um cartão de crédito, à pertença a um club, ou qualquer outra situação de oferta.

[64] Veja-se o seguro desportivo de grupo, consagrado pelo Decreto-Lei 146/93, de 26 de Abril que estabelece, no seu art. 3.º n.º 1 que "As federações referidas no artigo anterior instituirão, mediante contrato celebrado com entida-

des seguradoras, um seguro desportivo de grupo, ao qual poderão aderir os praticantes e agentes desportivos não profissionais nelas inscritos." E no n.º 2 que "Cabe às federações desportivas a responsabilidade do pagamento à entidade seguradora do prémio do seguro de grupo.". Conforme se verifica, este seguro é obrigatório para o tomador, isto é, as federações desportivas são legalmente obrigadas a celebrar um contrato de seguro de grupo com uma seguradora, que cubra os riscos enumerados no art. 4.º do diploma em questão. O art. 5.º vem estabelecer, também, uma obrigatoriedade de adesão para os membros do grupo, nos seguintes termos, n.º 1 "A adesão individual dos agentes desportivos ao seguro desportivo de grupo realiza-se no momento da inscrição nas federações desportivas.", n.º 2 "Ficam isentos da obrigação de aderir ao seguro desportivo de grupo os agentes desportivos que façam prova, mediante certificado emitido por uma seguradora, de que estão abrangidos por uma apólice garantindo um nível de cobertura igual ou superior ao mínimo legalmente exigido para o seguro desportivo.". Coloca-se a questão de saber se este seguro também será de adesão automática por efeito da lei. O Acórdão do Supremo Tribunal de Justiça, de 06/05/2004, disponível em www.dgsi.pt, consultado em 15/03/2005, que refere que "Estabelecendo o art. 6.º do DL146/93 de 24/04 que o seguro colectivo de actividades desportivas produz efeitos, em relação a cada agente desportivo, desde o momento em que este se inscreve na respectiva federação, a falta desta última, não comunicando à seguradora tal inscrição, situa-se no plano das relações entre elas, não podendo afectar a garantia legal de cobertura do beneficiário do seguro.". Parece-nos que seria excessivo considerar que o seguro surge automaticamente com a inscrição na federação. Resulta inequivocamente da lei que a adesão dos agentes desportivos é uma obrigação que se constitui no momento em que se inscreve numa federação desportiva. Não parece resultar inequivocamente da lei que a adesão resulte automaticamente dessa inscrição, embora o legislador estabeleça que a cobertura do seguro produz efeito desde o momento da inscrição. Desde logo, porque se o agente desportivo já estiver abrangido por uma apólice idêntica pode não aderir. Depois porque o legislador afirma "fica isento da obrigação de aderir", o que parece significar que se está perante uma obrigação, que deve ser cumprida e não duma consequência necessária e automática da inscrição na federação. Por fim, porque o agente desportivo deve proceder ao pagamento do seguro (sem prejuízo de poder ser um seguro não contributivo). E, não havendo pagamento, provavelmente não haverá seguro. É certo que o pagamento

Nota-se uma proliferação muito grande deste tipo de produtos ocorrendo, inclusive, com frequência situações em que as pessoas desconhecem que têm um determinado seguro, que surge associado[65] a um qualquer bem ou serviço que adquiriram[66].

Na área da saúde e vida[67], campo por excelência dos seguros de grupo[68] e expandindo-se por outras áreas, o seguro de grupo impõe-se na realidade do mercado dos seguros.

1. Seguros de saúde e de vida

Os mais usuais continuam a ocorrer no âmbito das relações laborais, nomeadamente, através de seguros de saúde e de vida[69].

---

deve ser feito no momento da inscrição. O que aconteceu no caso do Acórdão referido. Terá faltado, depois, a comunicação da adesão pela federação à seguradora, o que o Tribunal considerou irrelevante para efeitos de validade e eficácia do seguro.

[65] A maior parte das vezes o seguro é uma oferta. Outras, menos frequentes, é cobrado sem que o cliente tenha a perfeita consciência de que o está a pagar.

[66] Cfr. neste sentido Mónica Dias, À Descoberta dos Seguros, Guias Práticos DECO, 2002, pp. 60 e ss.

[67] Cfr. David F. Ogden, The Players in the Group Insurance Marketplace, in Group Insurance, editado por William F. Bluhm, Actex Publications Winsted, Connecticut, 1992, pp. 15 e ss., que apresenta um elenco de entidades que surgem no âmbito do seguro de grupo.

[68] Cfr. Jean Bigot, Traité de Droit des Assurances, tome 3 Le Contrat d`Assurance, Paris, 2002, pp. 480 e ss. que apresenta uma tipologia de diversos seguros de grupo, em que se incluem contratos relativos a protecção social complementar (complementos de reforma, complementos de previdência), contratos relacionados com crédito bancário. Veja-se, também, a anotação do art. L 140-1 em Francis Gretz et Claude Pichot, Connaître et Comprendre la Loi sur le Contrat d`Assurance Terrestre, cit..

[69] Cfr. supra I-A-2.1., sobre a ligação estreita entre o seguro de grupo e a Previdência, de tal modo que vários autores restringem o seguro de grupo ao seguro de vida e de saúde.

É muito frequente que a par da remuneração, sejam disponibilizados benefícios sociais que são muito valorizados e ajudam a cativar e fidelizar os colaboradores. Esses benefícios alargam-se, muitas vezes, ao agregado familiar do trabalhador.

É o que se passa com o seguro de saúde[70] que poderá incluir como pessoas seguras os membros do agregado familiar ou o seguro de vida que os poderá ter como beneficiários.

Estes seguros são, normalmente, contributivos, embora a entidade patronal participe, frequentemente, no pagamento do prémio, arcando com uma percentagem do valor do prémio.

2. Operações de capitalização

Começam a surgir, cada vez com mais intensidade, os seguros relativos a operações de capitalização, nomeadamente, relativos a captação de poupanças ou a complementos de reforma e a fundos de pensões.

Em conjunturas económicas como a actual, as baixas taxas de juro incentivam a canalização das poupanças para outros caminhos, desenvolvendo-se uma série de produtos financeiros que as vão captar.

Estes produtos[71] criam necessidades específicas de protecção que, recentemente, se concretizaram numa alteração ao Decreto-Lei n.° 176/95, de 26 de Julho, introduzindo regras de transparência para os Instrumentos de Captação de Aforro Estruturados[72].

À medida que se vai tornando evidente a falência do Estado-Providência[73], vão proliferando sistemas privados que visam

---

[70] Veja-se, em http://www.millenniumbcp.pt/site/conteudos/83/articleID=291546, consultado em 21/04/2006, as Condições Gerais e Especiais do seguro "Medis Saúde Empresas", que definem na clausula 1.ª, 1.5. Grupo Segurável e admitem que possa ser contratado na modalidade de seguro de grupo.

[71] Esses produtos poderão ser produtos bancários ou seguros.

[72] Usualmente designados por ICAE.

[73] Ou Estado-Previdência.

270 *Estudos de Direito dos Seguros – Intermediação de Seguros e Seguro de Grupo*

substituir ou complementar as prestações sociais que diminuem[74].

À medida que a Segurança Social se vai tornando uma insegurança, os cidadãos vão contratando cada vez mais seguros.

Assim, o aumento da incerteza em relação à capacidade de o Estado garantir as reformas, origina o aumento do recurso a sistemas privados que as garantam, como os fundos de pensões e nascem produtos como os Complementos de Reforma[75] e os Planos de Poupança Reforma.

A incerteza quanto à possibilidade de ingresso no ensino superior público ajuda a criar produtos como os Planos de Poupança Educação.

A atribuição de benefícios fiscais na aquisição destes produtos, torna-os ainda mais atractivos, potenciando também o crescimento do mercado.

---

[74] Este fenómeno também se verifica ao nível de outros seguros. Por exemplo, os seguros de saúde são cada vez mais contratados, quer por adesão a seguros de grupo promovidos por entidades patronais ou corporações, quer por proposta dirigida directamente à seguradora. Também ao nível da segurança, menos Estado significa mais seguro. Os seguros de multi-riscos, com coberturas de furto ou roubo, são muito procurados.

[75] Veja-se, em http://www.millenniumbcp.pt/site/conteudos/83/articleID=291546, consultado em 21/04/2006, as Condições Gerais Reforma – Complemento de Reforma por Velhice, Complemento da Pensão de Sobrevivência e Complemento de Reforma por Invalidez. Nas Condições Gerais do Complemento da Pensão de Sobrevivência, o art. 1.°, 1.1 inicia o clausulado estabelecendo que "Para efeitos do presente contrato de seguro de vida grupo, considera-se: (…)" e apresenta seguidamente uma série de definições relativas ao seguro de grupo. No mesmo endereço são também apresentadas as Condições Gerais de um seguro de Acidentes Pessoais, que poderá ser celebrado como seguro de grupo, suscitando a aplicação de regras específicas.

3. Corporações

Ao nível das corporações, sejam sindicatos, ordens ou associações de diversa índole, são também negociados seguros de grupo de diversas espécies.

Desde logo, os sindicatos[76] e as ordens[77] procuram negociar seguros de grupo que permitam aos seus membros que não os usufruem como regalias laborais, a possibilidade de os obter. Assim, apostam essencialmente nos seguros de saúde e de vida.

Por outro lado, encontram-se também interesses e negociações ao nível dos seguros de responsabilidade civil profissional[78],

---

[76] Veja-se o "site" do Sindicato dos Trabalhadores dos Impostos (STI), consultado em 21/04/2006, em http://www.stimpostos.pt/direitos_seguros.asp, que refere um seguro de saúde (embora não haja informação sobre se é um seguro de grupo) e um seguro de vida sobre o qual informa "Trata-se de um seguro de grupo que abrange todos os sócios, comprometendo-se a seguradora a reformulá-lo caso cesse essa qualidade.". Veja-se, ainda, o site da associação sindical dos juízes portugueses, em http://www.asjp.pt/comunicados/comunicado04_02.html, consultado em 21/04/2006, que refere que a Direcção Nacional irá auscultar os associados sobre o eventual interesse na negociação de um seguro de grupo relativo à actividade profissional.

[77] Veja-se, em http://www.ordemeconomistas.pt/membros-regalias.html, o "site" da Ordem dos Economistas, consultado em 21/04/2006, que informa que "Mantém-se em vigor o Contrato de Seguro de Vida Grupo celebrado já há alguns anos pela extinta APEC. Foi celebrado um novo Contrato de Seguro de Grupo que abrange as seguintes modalidades: Seguro de Saúde, Vida Privada: Seguro de Multi-riscos Habitação Domus, Vida Profissional: Seguros de Acidentes de Trabalho – Trabalhadores por Conta Própria, Seguro de Multi-riscos comerciais, Seguro de Equipamento Electrónico, Vida Privada e Profissional: Seguro de Acidentes de Trabalho por Conta de Outrem, Seguro Automóvel Protec: Seguro de Ocupante de Viaturas e Seguro Protec 2R.".

[78] Refira-se, a título de exemplo, a Associação Nacional de Topógrafos que, discutiu em Assembleia Geral "sobre a utilidade da criação de um seguro de grupo de responsabilidade civil a todos os possuidores de Carteira Profissional", informação consultada em http://ant.online.pt/comuni1_2000.shtml em 21/04/2006.

272 *Estudos de Direito dos Seguros – Intermediação de Seguros e Seguro de Grupo*

ou relacionados com alguma necessidade específica da profissão[79].

Ao nível das associações[80], encontram-se seguros de grupo, normalmente associados a eventos que organizam. Podem passar por um seguro para uma aventura de jipe[81], por um seguro desportivo ou outro relacionado com as actividades que promovem[82].

4. Associados ao crédito

Surgem, também cada vez mais, hoje em dia, seguros de grupo associados à concessão de crédito.

É muito frequente[83] a exigência da subscrição de seguros de vida, como condição para a concessão de crédito.

---

[79] Refira-se, a título de exemplo, o Seguro de Grupo para médicos vítimas de agressão financiado pela Secção Regional Norte da Ordem dos Médicos.

[80] Veja-se, a título de exemplo, em http://www.aopa.pt/?q=1105, consultado em 21/04/2006, a AOPA Portugal informa "Encontra-se em preparação a oferta de um seguro de grupo para aeronaves dos associados.". A Interpass informa no seu site, em http://www.interpass.pt/bottom.asp?op=52, que estabeleceu uma parceria com uma seguradora "onde os sócios do clube irão usufruir dos melhores seguros aos melhores preços.". Não é expressamente referido que serão seguros de grupo, mas tudo indica que será essa a modalidade. A Associação de Municípios do Norte Alentejano, em http://amna.pt/actividades.htm, consultado em 21/04/2006, também se refere à "implementação do Seguro de Grupo".

[81] É possível consultar, em www.rotasdovento.pt, as condições do "seguro de férias e negócios" que trata, no art. 26.º, "Do seguro de grupo" (consultado em 21/04/2006).

[82] Veja-se, em http://www.gdbpi.pt/desporto/motorizado/tt/2005/III_marrocos_2005.html , consultado em 21/04/2006, que a "III Expedição a Marrocos" inclui "Seguro de Grupo: 25,00 euros por pessoa".

[83] A exigência deste seguro é de tal forma corrente e generalizada nas instituições financeiras que se desenvolve na sociedade a convicção de que se trata de um seguro obrigatório.

Seguro de Grupo 273

É frequente serem seguros de grupo que têm, como tomador e simultaneamente como beneficiário, o banco ou a entidade que concede o crédito e como pessoa segura o mutuário[84].

É, também, usual que seja apresentada como condição para a celebração do mútuo a adesão a outros seguros[85], ou que a possibilidade de adesão a um ou mais seguros seja apresentada como uma vantagem suplementar[86].

---

[84] Gerad Defrance apresenta uma análise de alguma jurisprudência, sobre os deveres de informação no âmbito do seguro de grupo em que é tomador o banco que concede um empréstimo, em Obligation d`information de la bancque souscriptrice, cit., pp. 1 e ss..

[85] Começa a ser corrente a exigência de um seguro multi-riscos habitação, para a concessão de crédito à habitação e, por vezes, é também exigido ao interessado no empréstimo a subscrição de alguma operação de capitalização.

[86] Veja-se, a título de exemplo, as condições gerais do contrato de crédito do Banco Cetelem, S.A., em que a cláusula 13.1. estabelece que "Ao celebrar o presente contrato, o titular poderá propor-se como aderente a um ou mais seguros de grupo contratados pelo Cetelem, sendo este Tomador de seguro e/ou beneficiário, cujas condições essenciais e custo de adesão, nos termos da lei, são descritas em anexo.", disponíveis em http://www.bancocetelem.pt/servico_cliente/documentos/condicoes_gerais.pdf, consultadas em 21/04/2006. Veja-se, também, as regras de funcionamento do serviço "Conta Sempre" do Credifin – Banco de Crédito ao Consumo, S.A., disponíveis em 21/04/2006, em http://www.contasempre.com/docs/regrasdefuncionamentoConta Sempre.pdf que contêm um "resumo de condições da apólice" em que se informa que "Este certificado resume as Condições Gerais da Apólice de Seguro de Grupo subscrita entre o Credifin – Banco de Crédito ao Consumo, S.A. (Tomador de Seguro) e a ALICO AIG LIFE (Seguradora), as quais podem ser solicitadas à seguradora, sempre que necessário.". Veja-se, ainda, as condições gerais da "garantia unicre/protecção financeira", disponíveis em 21/04/2006, em http://unibancoseguros.net/documentos/condicoes/cgerais_garantia_unicre.pdf , que têm a particularidade de distinguir "Grupo Segurável – Conjunto de pessoas abrangíveis, homogéneo em relação a uma ou mais características (de índole profissional, associativa, etc.) expressas por um vínculo ou interesse comum, que não seja a efectivação do seguro;" de "Grupo Seguro – Em qualquer época do Contrato, o conjunto dos componentes do Grupo Segurável, efectivamente aceites pela Seguradora, depois de terem preenchido

274 *Estudos de Direito dos Seguros – Intermediação de Seguros e Seguro de Grupo*

Outra vertente da ligação de seguros ao crédito são os seguros associados a cartões.

A proliferação de cartões nas modernas sociedades é uma realidade a que não se consegue escapar.

As pessoas transportam as carteiras, transbordantes de cartões de crédito, de desconto, de pontos, de acesso ao que quer que seja. E, normalmente andam, sem saber, com a carteira cheia de seguros[87]. É muito grande a probabilidade de a maior parte desses cartões ter associado um seguro e a probabilidade de esse seguro ser um seguro de grupo.

A maior parte serão, cartões de crédito, quer de bancos, quer de lojas ou marcas, que trazem incorporado um ou mais seguros. Os seguros em causa são, em regra, de acidentes pessoais ou assistência.

As consequências desta proliferação são, essencialmente, três. A primeira é a de que as pessoas, desconhecendo que têm seguro, mesmo em caso de necessidade, não o usam. A segunda é que existe uma sobreposição de seguros para os mesmos riscos que não é, nem necessária, nem desejável. A terceira é a de que, não sabendo os segurados que o são, vão muitas vezes contratar ou aderir a seguros, pagando o correspondente prémio, para cobrir riscos que já estão cobertos pelos seguros que desconhecem.

5. Associados a outros contratos, produtos e serviços

Surgem, ainda e cada vez mais, seguros de grupo associados a uma série quase interminável de contratos, produtos e serviços, em que são tomadores de seguro as empresas que são parte nesses contratos e que comercializam esses produtos e serviços[88].

Podem-se referir alguns exemplos.

---

um Boletim Individual de Adesão, indicando elementos que lhes digam respeito, Beneficiários e, implicitamente, o consentimento às Condições Contratuais.".

[87] Cfr. neste sentido Mónica Dias, À Descoberta dos Seguros, Guias Práticos DECO, cit., pp. 60 e ss.

[88] As novas regras sobre mediação de seguros reflectem a realidade da proliferação da comercialização de seguros por diversas entidades que não são

5.1. *Seguro de viagem*

Surge, com muita frequência, no âmbito do contrato celebrado com uma agência de viagens, a possibilidade de aderir a seguros de grupo, complementares daquele a que a agência, em sede de responsabilidade civil é obrigada[89]. Estão, normalmente em causa coberturas de acidentes pessoais e assistência.

5.2. *Seguro automóvel*

É frequente que os seguros automóveis associados à aquisição veículos, com recurso a contratos como o "leasing", o ALD, ou outras formas de diferimento do pagamento, sejam seguros de grupo. A empresa proprietária do veículo será tomadora de um seguro de grupo automóvel[90] e os adquirentes serão os segurados.

Também no âmbito do aluguer de veículos esta realidade pode ocorrer. A empresa de aluguer será a tomadora de seguro e o locatário será o segurado.

---

seguradoras, nem mediadores, embora não trate da situação dos seguros de grupo. A Directiva 2002/92/CE, do Parlamento Europeu e do Conselho, de 9 de Dezembro e o Decreto-Lei n.° 144/2006, 31 de Julho, que procedeu à sua transposição para o ordenamento jurídico português e à revisão do regime da mediação e seguros em Portugal vêm abranger e colocar sobre a alçada da mediação de seguros algumas realidades que aí não se encontravam. A situação mais relevante é a da comercialização de seguros por bancos.

[89] Cfr. art. 41.° n.° 1 do Decreto-lei n.° 209/97, de 13 de Agosto, alterado e republicado pelo Decreto-lei n.° 12/99, de 11 de Janeiro, que estabelece a obrigatoriedade de um seguro de responsabilidade civil para as agências de viagens. O seguro de grupo não altera as regras da responsabilidade civil. Cabe à agência de viagens ter o seu próprio seguro de responsabilidade civil, com as coberturas legalmente previstas. Pode, também, ser tomadora de um seguro de grupo, com coberturas mais vastas, normalmente de assistência e acidentes, a que os seus cliente poderão, se assim o entenderem, aderir.

[90] Em regra com coberturas de danos próprios a acrescer ao seguro obrigatório de responsabilidade civil automóvel.

5.3. *Seguro de acidentes pessoais*

Surgiu, recentemente, no mercado um seguro de acidentes pessoais, associado ao fornecimento de energia eléctrica[91].

5.4. *Seguro de danos*

É muito recorrente a situação de seguros de danos em coisas, associados à aquisição de diversos bens, nomeadamente, electrodomésticos e telemóveis.

5.5. *Seguro de incêndio e outros danos em coisas*

Também neste âmbito surgem seguros de grupo, nomeadamente, associados à propriedade horizontal, em que a administração do condomínio é o tomador de seguro e os condóminos são os segurados.

Conclui-se, portanto, que cada vez mais os seguros de grupo surgem em todos os ramos de seguros, não vida e vida, com tomadores de seguro cada vez mais diferenciados e com grupos cada vez menos homogéneos e cada vez mais amplos.

C – CARACTERÍSTICAS DO SEGURO DE GRUPO

Para a análise das características do seguro de grupo, partiremos da definição legal, presente do art. 1.º alínea g) Decreto-Lei n.º 176/95, de 26 de Julho.

---

[91] Veja-se, no "site" da EDP, em http://www.edp.pt/index.asp?CID=420000&LID=PT&MID=1&OID=0, consultado em 14/12/2005, que "A EDP disponibiliza agora aos seus Clientes, a possibilidade de adesão a um Seguro de Acidentes Pessoais, com coberturas alargadas e a um preço muito competitivo.".

Definiu o legislador, "Seguro de grupo" – seguro de um conjunto de pessoas ligadas entre si e ao tomador do seguro por um vínculo ou interesse comum;".

Vamos, de seguida, analisar cada um dos elementos que compõem esta definição e que caracterizam, em conjunto, o seguro de grupo e o distinguem do seguro individual[92].

1. **Seguro**

O seguro de grupo é um seguro.

O que significa que a sua essência, o seu substrato, a sua natureza é a de seguro[93].

Significa, também que, tal como o seguro individual, nasce de um contrato, que tem determinados contornos e se rege por normas específicas de Direito dos Seguros e por normas gerais relativas aos contratos.

Sendo, embora um seguro e partilhando da sua natureza fundamental, a estrutura do seguro de grupo é essencialmente distinta da de um seguro individual.

---

[92] Veja-se, sobre as características do seguro de grupo, António Porras Rodriguez, El Seguro de Grupo, Aspectos normativos, técnicos y actuariales, cit., p. 56 que refere "(...) las características esenciales que distinguem el SEGURO DE GRUPO del Seguro Individual, son las referentes a: * naturaleza del contrato y relación entre las partes; * processo de selección: y * coste del seguro." E "(...) características: – contrato global – suscrito por una persona – en beneficio de otras – contiene diversos seguros – sirve de marco a éstos (...)" (p. 68).

[93] Cfr., neste sentido, Geoff Baars e Nick Sennett, The fundamentals of group insurance, cit., pp. 5 e ss., que considera que considera que (...) group insurance is not a fundamentally diferent class of na insurance as such, but rather a differente method of packaging, pricing, administering and underwriting insurance.".

Saber o que é um seguro[94] é algo que, só por si, já suscita muita controvérsia e origina definições[95] diferenciadas[96], discutíveis[97] e muito discutidas[98].

---

[94] Sobre a origem e definição de seguros, cfr. Pedro Romano Martinez, Direito dos Seguros, cit., pp. 27 e ss. e pp. 57 e ss., que defende que "Poder-se-á definir o seguro como o contrato aleatório por via do qual uma das partes (seguradora) se obriga, mediante o recebimento de um prémio, a suportar um risco, liquidando o sinistro que venha a ocorrer.". Cfr. também, Pedro Martinez, Teoria e Prática dos Seguros, Lisboa, 1953, p. 1 que considera que seguro é o "Contrato aleatório em que uma das partes se obriga, mediante um certo pagamento, a indemnizar outra de um perigo ou eventual prejuízo. Se substituirmos "pagamento" por "prémio" e "perigo" por "risco" teremos a definição requerida, que deve ser clara e breve.".

[95] Veja-se, também na doutrina portuguesa, António Menezes Cordeiro, Manual de Direito Comercial, Almedina, 2001, pp. 445 "No contrato de seguro uma pessoa transfere para outra o risco da verificação de um dano, na esfera própria ou alheia, mediante o pagamento de determinada remuneração.", José Carlos Moitinho de Almeida, O Contrato de Seguro no Direito Português e Comparado, cit., "(...) contrato de seguro como aquele em que uma das partes, o segurador, compensando segundo as leis da estatística um conjunto de riscos por ele assumidos, se obriga, mediante o pagamento de uma soma determinada, a, no caso de realização de um risco, indemnizar o segurado pelos prejuízos sofridos, ou, tratando-se de evento relativo à pessoa humana, entregar um capital ou renda, ao segurado ou a terceiro, dentro dos limites convencionalmente estabelecidos, ou a dispensar o pagamento dos prémios tratando-se de prestação a realizar em data determinada." e José Vasques, Contrato de Seguro, cit., 1999, p. 94 que considera que "Seguro é o contrato pelo qual a seguradora, mediante retribuição pelo tomador de seguro, se obriga, a favor do segurado ou de terceiro, à indemnização de prejuízos resultantes, ou ao pagamento de valor pré-definido, no caso de se realizar um determinado evento futuro e incerto.".

[96] Veja-se, a título de exemplo, outras definições, Eugénia Alves, Guia do Consumidor de Seguros, Instituto do Consumidor e Instituto de Seguros de Portugal, 2ª edição revista, 2002, pág. 7 "O contrato de seguro é o acordo escrito entre uma entidade (seguradora) que se obriga a, mediante o recebimento de determinada quantia (prémio ou prestação), indemnizar outra entidade (segurado ou terceiro) pelos prejuízos sofridos , no caso de ocorrência de um risco, ou tratando-se de um acontecimento respeitante à pessoa humana, entregar um

As definições de seguro assentam, invariavelmente, na ideia de risco[99].

A definição de seguro com base na ideia de risco/prémio é adequada ao seguro clássico e, até poderá cobrir todos os ramos não vida e uma parte substancial do ramo vida.

---

montante ou renda (ao segurado ou beneficiário).", Javier Vergés Roger, Diego Gálvez Ochoa e Juan Fernandés Palacios, Manual de Gestion del Seguro de Vida, Centro de Estudos del Seguro, Madrid, 1992, pág.10 "(-...) puede defenirse la operacion de seguro como: aquélla, en virtude de la cual, el asegurador se obliga, mediante el cobro de una prima y para el caso de que se produzca el evento cuyo riesgo es objecto de cobertura, a indemnizar el daño producido al asegurado.", Robert H. Jerry, II, Understanding Insurance Law, Legal Texts Series, Matthew Bender, USA, 1996, p. 17, "(...) a contract of insurance is an agreement in which one party (the insurer), in exchange for a consideration provided by the other party (the insured), assumes the other party`s risk and distributes it across a group of similarly situated persons, each of whose risk has been assumed in a similar transaction.";

[97] Especialmente discutível é a definição apresentada por Mónica Dias, À Descoberta dos Seguros, cit., pág. 16 "Um seguro é um contrato entre o cliente e uma companhia de seguros, através do qual é possível garantir que, em determinadas circunstâncias, o segurado terá um suporte financeiro suplementar". Esta definição parece incluir, exclusivamente, as operações relacionadas com a poupança, deixando de fora todos os seguros que assentam na indemnização de um dano, verificado um risco, e que são os predominantes. Esta definição inclui a excepção e exclui a regra.

[98] Veja-se, sobre a análise das definições de contrato de seguro, José Carlos Moitinho de Almeida, O Contrato de Seguro no Direito Português e Comparado, cit., pp. 5 e ss., José Vasques, Contrato de Seguro, cit., pp. 87 e ss..

[99] Cfr. Pedro Romano Martinez, Direito dos Seguros, cit., pp. 57 e ss., que considera que "(…) o risco é o elemento determinante do objecto do contrato de seguro." e Robert H. Jerry, II, Understanding Insurance Law, Legal Texts Series, Matthew Bender, USA, 1996, p. 10, que salienta a importância do risco no seguro, considerando que a sua transferência é a sua razão principal de existir. "When people are averse to the risk of a loss, they usually willing to pay someone else to assume the risk.". E "All contracts either expressly or implicitly allocate risk in one way or another. This discussion focuses on the use of a voluntarily created contract as a means of transferring risk." (p.16).

No entanto, não cabem nessa noção, as operações de capitalização e as operações de gestão de fundos colectivos de reforma.

Verifica-se que o legislador reconhece isso mesmo ao estabelecer os ramos de seguros, no DL 94-B/98, de 17 de Abril, que contém o Regime Geral da Actividade Seguradora (RGAS)[100].

Todo o ramo "Não Vida" é definido por referência a seguros, o mesmo acontecendo com uma parte substancial do ramo "Vida". Porém, nem todo. O art. 124.º do RGAS consagra que "O ramo "Vida" inclui os seguintes seguros e operações (...)", distinguindo, com toda a clareza seguros[101] e operações[102].

O n.ᵒˢ 4, 5 e 6 do art. 124.º tratam de realidades diferentes daquelas que são enumeradas nos números anteriores desse artigo e no art. 123.º. Estruturalmente o que está aí em causa são operações e não seguros e de seguros só terão o facto de terem como parte uma seguradora.

Esta ideia sai muito reforçada com o Decreto-Lei n.º 144/2006, de 31 de Julho, o novo Regime Geral da Mediação de Seguros, que estabelece "Para efeitos do presente diploma entende-se por: i) "Contrato de seguro" não só o contrato de seguro mas também operações de capitalização, todos celebrados, nos termos legais e regulamentares em vigor, por empresas de seguros autorizadas a operar no território português;"[103].

---

[100] Cfr. sobre a denominação Pedro Romano Martinez, Direito dos Seguros, cit., p. 34.

[101] Seguro de vida, seguro de nupcialidade e seguros ligados a fundos de investimento.

[102] Operações de capitalização e operações de gestão de fundos colectivos de reforma.

[103] Parece-nos que a redacção desta definição é muito criticável. Afirmar que se entende por "contrato de seguro, não só o contrato de seguro" não é aceitável num legislador maduro, que efectuou a transposição da Directiva 2002/92/CE com um ano e meio de atraso. Esta ideia de abrangência das operações de capitalização já vinha do Decreto-Lei n.º 388/91, de 10 de Outubro que, apesar de tudo, tinha uma redacção menos incorrecta.

Verifica-se, pese embora a inabilidade do legislador ao redigir o preceito, que é um contrato de seguro aquele que for celebrado por uma seguradora, nessa qualidade.

E a nova noção de "Tomador de seguro" também aprofunda esta distinção entre contrato de seguro propriamente dito e operações de capitalização[104].

Estas operações surgem no âmbito do desenvolvimento duma vasta zona de convergência[105] e interdependência[106] entre os diversos sectores da actividade financeira que assume diversas denominações, entre as quais se destacam "bancasurfinance", "assurfinance", "bancassurance", "assurbanque"[107], "bancase-

---

[104] O art. 5.º alínea j) define como «"Tomador de seguro" a entidade que celebra o contrato de seguro, sendo responsável pelo pagamento do prémio, incluindo o subscritor, entidade que contrata uma operação de capitalização com uma empresa de seguros, sendo responsável pelo pagamento da prestação;».

[105] Sobre a interligação entre as actividades seguradora e bancária, cfr. Pedro Romano Martinez, Direito dos Seguros, cit., p. 23.

[106] Sobre a interdependência entre banca e seguradoras e entre seguros e produtos financeiros, veja-se Amparo Ribera, Fidelización en Bancaseguros, in Actualidad Aseguradora, n.º 3/2006, 30 enero, año 115, p. 13, Carlos Meira, "Bancassurance" in Bolsa dos Seguros, Revista de Seguros e Pensões, Ano 9, n.º 23, Maio 2006, pp. 22 e ss., François Glansdorff e Roland Hardy – La Protection à l`Égard des Clauses Abusives, in Bancassurfinance, Collection de la Faculté de Droit de L`Université Libre de Bruxelles, Bruylant, Bruxelles, 2005, pp. 491 e ss.; Luís Portugal, Banca e Seguros de mãos dadas, Dossier in Bolsa dos Seguros, Revista de Seguros e Pensões, Ano 9, n.º 23, Maio 2006, pp. 28 e ss., Michèle Grégroire e Vanessa de Francquen, Bancassurfinance Devoir d`Information, in Bancassurfinance, Collection de la Faculté de Droit de L`Université Libre de Bruxelles, Bruylant, Bruxelles, 2005, pp. 339 e ss.; Sylvestre Gossou, Bancassurance Questions de Vocabulaire, in La Tribune de l`Assurance, n.º 97, Janvier 2006, pp. 25 e ss..

[107] Sylvestre Gossou, Bancassurance Questions de Vocabulaire, in La Tribune de l`Assurance, n.º 97, Janvier 2006, pp. 25, explica que «(…) le terme de «bancassurance» sert à désigner la distribution de produits d`assurance par les banques (…). A l`inverse, l`assurbanque est la distribution de produits bancaires par les assureurs.».

guros"[108]. Em Portugal começa a ganhar terreno a expressão "banca-seguros".

Estão aqui em causa produtos financeiros, de estrutura idêntica, que só diferem na qualificação como produtos bancários ou seguros, em razão da qualidade de banco ou seguradora da entidade que os apresenta e que neles é parte[109].

Por outro lado, os produtos financeiros, nomeadamente as operações de capitalização, como os Planos de Poupança Reforma (PPR ou PPR/E) e os Fundos de Pensões têm legislação específica[110] e, dada a sua estrutural diferença em relação aos seguros, muitas das disposições aplicáveis aos seguros não se lhes aplicam.

Embora possam ser objecto de um seguro de grupo.

E, numa perspectiva orgânica ou formal serão, efectivamente, um seguro: são um contrato em que é parte uma seguradora enquanto tal[111]. E os contratos celebrados por seguradoras nessa qualidade, são contratos de seguro.

Não serão, na realidade, contratos de seguro numa perspectiva material.

Um contrato de seguro propriamente dito é aquele que assenta no binómio risco/prémio.

---

[108] A institucionalização dessa interdependência surge com os conglomerados financeiros, associados a expressões como "allfinance" e "allfinanz", objecto de regulamentação específica pelo Decreto-Lei n.° 8-A/2002, de 11 de Janiro, que veio alterar o Decreto-Lei n.° 94-B/98, de 17 de Abril. Cfr. João Calvão da Silva, Banca, Bolsa e Seguros, cit., pp. 27 e ss..

[109] A confusão pode ser grande. Por exemplo, um banco pode, como tomador, celebrar com uma seguradora um contrato de seguro de grupo de um Plano Poupança Reforma (PPR), do qual serão aderentes os clientes do banco.

[110] Os PPR e PPR/E são regulados pelo Decreto-Lei n.° 158/2002, de 2 de Julho e os fundos de pensões são regulados pelo Decreto-Lei n.° 292/2001, de 20 de Novembro.

[111] Nem todos os contratos em que é parte uma seguradora são contratos de seguro. A seguradora celebra contratos de trabalho, de arrendamento, de compra e venda, todos os contratos que qualquer outra empresa celebra. Só são contratos de seguro aqueles em que a empresa assume o papel de seguradora, gerindo riscos ou poupanças.

A discussão sobre a essência do seguro e a vontade de apresentar uma noção unificadora[112] esbarra cada vez mais com a ausência de risco e de prémio das operações de capitalização e de gestão[113].

Esta controvérsia não traz, no entanto, especiais engulhos ao seguro de grupo.

Normalmente o seguro de grupo terá subjacente um seguro em sentido material, em que o binómio risco/prémio surge com toda a naturalidade.

No entanto, parece que poderão ser celebrados contratos de seguro de grupo para produtos financeiros, que terão subjacente um seguro em sentido formal.

Em conclusão: um seguro de grupo é um seguro. Frequentemente é um seguro propriamente dito, um seguro clássico assente no binómio risco/prémio, mas também pode ser um seguro meramente formal, simplesmente pelo facto de ter como parte uma seguradora enquanto tal, sendo o seu conteúdo alheio ao binómio risco/ /prémio.

---

[112] É certo que se poderá ficcionar a existência de um risco nos produtos financeiros. A evolução da sua rentabilidade poderá não ser tão favorável como se previa. A seguradora correria o risco duma desfavorável evolução do mercado financeiro. E poder-se-á, também, ficcionar a existência de um prémio. A quantia que o cliente pretende poupar e entrega à seguradora seria o prémio. Continuará, no entanto, por explicar porque é que existiria esse risco e esse prémio num produto comercializado por uma seguradora e já não existiria num produto idêntico em que é parte um banco. Esse produto, por natureza, não pode ser um seguro. Julgamos que, actualmente, com o desenvolvimento das operações de capitalização e a aproximação da banca e dos seguros, o único factor unificador do conceito de seguro será o facto de ter como parte uma seguradora enquanto tal.

[113] Parece que só haverá duas possibilidades. Ou essas operações não são seguro, embora seja parte do contrato uma seguradora enquanto tal, e nesse caso temos de admitir que as seguradoras comercializam produtos que não são seguros. Ou essas operações são seguros e, nesse caso, o único aspecto que lhes dá identidade como seguro é o facto de terem como parte uma seguradora.

2. Grupo

O seguro de grupo pressupõe um grupo[114]/[115].

A noção de grupo aparece enunciada e discutida, com algum desenvolvimento, em alguns autores europeus e norte america-nos[116]/[117].

O legislador apresenta o grupo como um conjunto de pessoas ligadas entre si e ao tomador do seguro por um vínculo ou interesse comum.

Há que analisar cada um dos elementos desta noção.

---

[114] Cfr. António Porras Rodriguez, El Seguro de Grupo, Aspectos norma-tivos, técnicos y actuariales, cit., que se propõe como objectivo em relação aos aspectos filosóficos "(...) establecer unos conceptos de grupo que pudieran servir como fundamento filosófico del Seguro de Grupo;" (p. 19). Este autor analisa a noção de individualidade versus associação, em diversos pensadores. Desta-cam-se Séneca (defendendo a individualidade), Aristóteles (defendendo que o homem é naturalmente civil e social), José Ortega y Gasset (defendendo um "Ins-tinto Coetaneidad", que impele à inserção em grupo, distinguindo "sociedad" e "asociación" e definindo o "hombre-masa"), Spencer (que defende que a vida é a progressiva adaptação de relações interiroes a relações exteriores), Unamuno (que distingue "Persona" de "Individuo"), Stuart Mill (que defende que existe uma inclinação crescente para extender o poder da sociedade sobre o individuo), Platão (que define o Estado como um homem grande) (p. 23 ss). No entanto, este autor parece não chegar a nenhuma conclusão que permita delimitar o grupo, que será a base do seguro de grupo.

[115] Interessante será a questão de se saber se, no momento da celebração do contrato entre a seguradora e o tomador de seguro o grupo já tem de estar constituído ou pode ser ainda um projecto. Parece-nos que será de admitir que, nesse momento, o grupo ainda não esteja constituído. A sua constituição será uma condição suspensiva do contrato. Parcialmente suspensiva, visto que os efeitos do contrato celebrado entre seguradora e tomador ficam dependentes da constituição do grupo, mas esse grupo deverá ser constituído nos termos estabelecidos no contrato que, nesse aspecto e, provavelmente, em outros, vincula desde logo as partes. Considere-se, por exemplo, uma nova empresa, que ainda não contratou trabalhadores, mas celebra com uma seguradora, como tomador um contrato de seguro de vida de grupo, criando antecipadamente a possibilidade de adesão para os trabalhadores que vier a ter.

2.1. *Conjunto de pessoas*

Há que saber, antes de mais, o que é um conjunto de pessoas. Parece pacífico que duas ou mais pessoas são um conjunto e que um conjunto há-de ser menor que o universo total considerado[118].

Em relação aos seguros de grupo coloca-se a questão de saber se existem limites mínimos e máximos do grupo[119].

O legislador português não estabeleceu limites quantitativos, pelo que será necessário, em face de cada grupo, e através da interpretação da definição legal, verificar se é um grupo de acordo com a definição legal ou se não cumpre os requisitos qualitativos aí indicados.

A dimensão do grupo é muito importante em termos da avaliação do risco, visto que, a partir de um certo grau de grandeza, a selecção adversa deixa de ser relevante, porque o grupo reproduz a média do risco da sociedade.

Nos limites extremos poder-se-ia admitir que um grupo mínimo poderia ter, embora temporariamente, um só ele-

---

[116] Cfr. Geoff Baars e Nick Sennett, The fundamentals of group insurance, Swiss Re Zurich, 1994, pp. 8 e ss., que apresenta os princípios fundamentais que devem presidir ao grupo, base do seguro de grupo. Destacam-se o grupo existir por razões diferentes do contrato de seguro, ter uma clara identidade, estarem identificados os requisitos de pertença ao grupo e ser suficientemente grande.

[117] Richard S. Bilisoly, Introduction to Group Insurance, cit., pp. 8 e ss. apresenta vários tipo de grupos: empregados duma empresa, associações (trusts) de empregadores, grupos associados à concessão de crédito, sindicatos, associações, grupos relativos a funcionários do Estado.

[118] Embora, no limite, se possam admitir conjuntos singulares, como se admitem sociedades unipessoais, o que aparenta ser uma contradição nos termos e um conjunto que abranja a totalidade de pessoas do universo.

[119] Gary K. Swager, Overview of sales and marketing, in Group Insurance, editado por William F. Bluhm, Actex Publications Winsted, Connecticut, 1992, pp. 30 e ss. qualifica os grupos em função do seu tamanho. Grupos baby, com 2 a 19 empregados, a grupos Jumbo, com mais de 1000 empregados.

mento[120]/[121] e que um grupo máximo corresponderia a um grupo aberto tendencialmente infinito[122].

É certo que a noção de conjunto[123] forneceria o primeiro critério limitador. E, determinando o sentido de conjunto através da interpretação encontram-se, certamente, limites mínimos e máximos que forneçam os primeiros contornos do universo de pessoas que é a base do seguro de grupo.

2.2. *Requisitos da ligação entre si e ao tomador de seguro*

O legislador português não estabelece requisitos específicos da ligação que exige das pessoas do grupo entre si e ao tomador de seguro[124], embora refira que essa ligação deve resultar de um "vinculo ou interesse comum"[125].

---

[120] Parece possível admitir um seguro de grupo efectuado por um empregador, que só tem um empregado, para os seus empregados. Num determinado momento, o grupo só tem um membro, mas potencialmente poderá ter mais.

[121] Interessante, também, é verificar- se que um seguro individual pode ter mais segurados que um seguro de grupo. A título de exemplo, refira-se um seguro de saúde individual que abrange o agregado familiar.

[122] Não propriamente infinito, mas que potencialmente poderia conter todo o género humano, todas as pessoas dum determinado país, dum determinado continente ou de todo o mundo. Pode-se pensar, por exemplo, num seguro de grupo aberto a que pudessem aderir os clientes de determinada empresa. Admitindo uma multinacional que preste serviços por todo o mundo, no limite todo o mundo era a dimensão possível do grupo.

[123] Expressão usada pelo legislador para delimitar o grupo.

[124] Veja-se, sobre a ligação que fundamenta o grupo, Nathalie Gauclin-Eymard et Jean-Antoine Chabannes – Le Manuel de l`Assurance-Vie, cit., p. 33 considera que "Um grupo é uma entidade que deve apresentar uma certa coerência" que lhe é dada pela ligação ao tomador de seguro. Não pela ligação que possam ter uns aos outros. Considera, ainda, que «Ce lien est généralement de nature contractuelle.» (p. 33). De referir que lei poetuguesa é mais exigente, sendo necessário que as os membros do grupo tenham também uma ligação entre si. E Rubén S. Stiglitz, El Seguro Colectivo o de grupo en Argentina, cit., p. 445, que

No entanto, o art. 1.º alínea g) do Decreto-Lei n.º 176/95, de 26 de Julho, refere que têm de existir em simultâneo duas ligações: uma de cada pessoa ao tomador de seguro, outra de cada pessoa a cada outra pessoa do grupo.

Isto é, não basta a ligação de cada uma das pessoas que constituem o grupo ao tomador de seguro, elas ainda têm de se relacionar entre si.

Mesmo com esta exigência de uma dupla ligação, vertical e horizontal, é difícil estabelecer, em abstracto, os limites de um grupo.

Parece poder-se considerar que os clientes de uma empresa tomadora de seguro se relacionam com o tomador de seguro e, na sua qualidade de clientes dessa empresa, se relacionam entre si. Terão, enquanto clientes da empresa, um interesse comum que os liga. E, a ser assim, a qualidade de cliente de uma empresa já seria suficiente para ser considerado membro do grupo.

2.3. *Concretização do que é um "vinculo ou interesse comum"*

É, ainda, exigido pelo legislador um "vínculo ou interesse comum", embora o seu significado também não apareça especificado na lei. Não se encontram definidos quais os requisitos do vínculo ou do interesse, para que possa verificar-se uma "ligação" válida, para efeitos do seguro de grupo.

---

refere que na Argentina é exigido que os membros do grupo se encontrem unidos com o tomador de seguro por uma relação contratual substancial da mesma natureza. Ex.: contrato de trabalho, contrato de mútuo.

[125] O legislador francês, no art. L 140-1 do "Code des Assurances" estabelece que os aderentes devem ter uma ligação da mesma natureza com o subscritor (tomador) e limita a subscrição a "uma pessoa colectiva ou um chefe de empresa". No entanto, esta "ligação da mesma natureza" não parece, no entanto, ser apta a limitar a dimensão do grupo. Os clientes de uma empresa têm uma ligação da mesma natureza com o tomador de seguros: são seus clientes. E, embora pareça pretender limitar os seguros de grupo a situações em que estão em causa relações de trabalho, numa interpretação próxima de literal, só as pessoas singulares não podem ser tomadores de seguros de grupo perante a lei francesa.

288 Estudos de Direito dos Seguros – Intermediação de Seguros e Seguro de Grupo

Há, pois, que determinar que vínculos ou interesses são aptos a proporcionar a pertença a um grupo.

Desde logo, verifica-se que o legislador estabeleceu vínculo e interesse em alternativa. O que significará que a ligação em causa pode consubstanciar um vínculo ou um interesse[126].

Por outro lado, a lei distingue vínculo e interesse. O que determina que sejam realidades diferentes. Julgamos que estará em causa, pelo menos a intensidade da ligação. Haverá uma diferença de grau de intensidade. Vínculo originará uma ligação mais intensa que interesse, embora sejam ambos aptos a fundar a pertença a um grupo, para efeitos de seguro de grupo.

Julgamos que se poderá ir mais longe e considerar que o vínculo implicará uma relação jurídica que, muitas vezes, será um contrato.

O interesse é algo mais fluído[127] e indefinido[128]. Que interesse será suficientemente intenso para fundar a ligação exigida na defi-

---

[126] E parece que pode ser um vínculo com o tomador de seguro e um interesse com as outras pessoas do grupo. Poderá ser uma situação em que cada membro do grupo tem um contrato com o tomador e desse contrato resulta uma comunidade de interesses com as outras pessoas que também têm um contrato com o tomador.

E parece que o inverso também será possível. A ligação com o tomador de seguro ser um interesse e a ligação com os restantes membros do grupo ser um vínculo. Será o que acontece num seguro de grupo relativo ao condomínio. A propriedade horizontal determina um vínculo entre os condóminos, co-proprietários das partes comuns do edifício e estes terão interesses comuns com a administração do condomínio, que poderá ser o tomador de um seguro de grupo a que cada condómino pode aderir.

[127] No direito dos consumidores aparecem os interesses difusos e a possibilidade da sua defesa, até colectiva. O Instituto do Consumidor, nos termos do art. 21.º n.º 2 c) da Lei n.º 24/96, de 31 de Julho, usualmente designada Lei de Defesa do Consumidor, tem poderes para "Representar em juízo os direitos e interesses e difusos colectivos dos consumidores".

[128] Julgamos que esse interesse tem de ter relevância jurídica. No entanto, não nos parece possível definir em abstracto os contornos que esse interesse deverá ter. Em que factores se concretiza essa relevância só no caso concreto será

nição legal de seguro de grupo, é algo que só casuisticamente será possível determinar.

2.4. *Conclusões*

Há, portanto, que concluir sobre que conjunto de pessoas poderá ser considerado um grupo, preenchendo os elementos da definição do art. 1.º alínea g) do Decerto-Lei n.º 176/95, de 26 de Julho.

Parece que deverá ser um conjunto de duas ou mais pessoas, que têm em simultâneo uma ligação ao tomador de seguro e uma ligação a cada um dos outros membros do grupo, diferente da ligação que resulta do próprio contrato de seguro.

Essa ligação corresponde a um vínculo, isto é, a uma relação jurídica distinta do seguro e que normalmente será um contrato ou corresponde a um interesse juridicamente relevante.

Não se encontrando preenchidos estes requisitos cumulativos, não há grupo[129]. Logo, não pode haver seguro de grupo.

3. **Formação em dois momentos**

A formação em dois momentos é, em nosso entender, uma característica fundamental do seguro de grupo.

Num primeiro momento, é celebrado um contrato entre a seguradora e o tomador de seguro e, num segundo momento, concretizam-se as adesões dos membros do grupo.

---

possível determinar. Face a um grupo de pessoas visado como "destinatárias" de um seguro de grupo, há que verificar que ligação têm com o tomador de seguro e entre si.

[129] Sem prejuízo de algumas situações, provisórias e excepcionais, que não serão suficientemente relevantes para alterarem a regra.

3.1. *Contrato entre seguradora e tomador de seguro*

O contrato de seguro é celebrado entre a seguradora e o tomador de seguro[130] que estabelecem, entre si[131], as condições de inclusão no grupo, as relações entre seguradora e tomador de seguro, com específicos direitos e obrigações recíprocos, as condições do seguro para os aderentes, incluindo as condições gerais e especiais do seguro, que contêm as coberturas e os direitos e obrigações reciprocas da seguradora e do membro do grupo aderente[132].

---

[130] Cfr., sobre o contrato celebrado entre seguradora e tomador de seguro de grupo, Javier Vergés Roger, Diego Gálvez Ochoa e Juan Fernandés Palacios, Manual de Gestion del Seguro de Vida, cit., pp. 31, que afirma "En los contratos de seguro colectivos es el tomador quien, juntamente con el asegurador, firma las condiciones particulares del seguro. Y asume las obligaciones derivadas del contrato, salvo aquellas que, por su naturaleza, deban se cumplidas por los propios asegurados.".

[131] Cfr. António Porras Rodríguez, El Seguro de Grupo, Aspectos normativos, técnicos y actuariales, cit, p. 68, que considera existir no seguro de grupo um "ante-contrato" e vários contratos. (...)" É um "ante-contrato" "(...) el seguro llega a ser definitivo, mediante la adhesión individual de aquellas personas sobre cuyas vidas descansa, remitiéndose las mismas por el Asegurador una "certificación personal".".

[132] Cfr. Jean-Marc Binon et Marie-Anne Crijns, L`Assurance Groupe en Belgique, cit. p. 21, que refere que «La convention d`assurance de groupe est un document établi entre l`employeur, preneur d`assurance, et l`assureur.» descrevendo, depois, o vários documentos que compõem o contrato. «La règlement détermine les conditions générales d`application de l`assurance de groupe. Il définit les droits et obligations réciproques de l`employeur et de son personnel affilié. C`est la charte même de l`assurance. Un exemplaire doit être remis à chaque affilié.» (p. 22). «Dans leus conditions générales, ces polices décrivent le fonctionnement du contrat et régissent les rapports entre l`assureur et les affiliés assurés. Les conditions particulières permettent d`individualiser la couverture accordée.» (p. 24). «(...) l`assurance groupe est régie par certains documents contractuels : la convention, le règlement, les conditions générales et particulières des polices.» (p. 29).

Seguro de Grupo 291

A existência deste contrato é pressuposto[133] da possibilidade de virem a existir pessoas seguras, que serão aquelas que vierem a aderir e que terão o seguro com as coberturas e nos termos que foi contratado entre a seguradora e o tomador. Não vão poder negociar o contrato[134].

3.2. *Adesão das pessoas do grupo*

Celebrado o contrato de seguro entre a seguradora e o tomador, com vista à adesão dos membros de um grupo aí definido, passa-se ao segundo momento em que o tomador de seguro promove a adesão ao contrato junto dos membros do grupo.

Estes dois momentos são complementares e indissociáveis. Enquanto não se der a primeira adesão[135], o contrato celebrado entre seguradora e tomador de seguro[136] não produz efeitos enquanto seguro.

---

[133] Cfr., sobre os vários contratos que se estabelecem no âmbito do seguro de grupo, Rubén S. Stiglitz, El Seguro Colectivo o de grupo en Argentina, cit, p. 445, que considera que "(...) el contrato de seguro colectivo es autónomo respecto de los contratos que vinculan al tomador con el adherente. Pero es conexo con el contrato de origen al punto que la "causa" del seguro colectivo se halla constituida por "lo que dice" el contrato básico.".

[134] Cfr. Rubén S. Stiglitz – El Seguro Colectivo o de grupo en Argentina, cit., p. 451, defende que o segurado "(...) és ajeno a la discussión sobre el alcance de la cobertura, su determinación, su delimitación y, por conseguiente, de las exclusiones de cobertura.". Julgamos que o autor vai longe demais na sua afirmação. Embora seja verdade que os aderentes não negoceiam o contrato, limitando-se a propor a sua adesão ao que existe, podem e devem interpretá-lo. E, nessa medida, podem e devem discutir o contrato e o âmbito das suas coberturas.

[135] Cfr. Nathalie Gauclin-Eymard e Jean-Antoine Chabannes, Le Manuel de l`Assurance-Vie, cit. p. 53 sobre a natureza das adesões que podem ser facultativas ou obrigatórias.

[136] Cfr. Jean Bigot, Traité de Droit des Assurances, tome 3 Le Contrat d`Assurance, Paris, 2002, pp. 478 e ss. que admite a possibilidade de o contrato

Poderá produzir efeitos quanto a direitos e obrigações estabelecidos entre seguradora e tomador no que diz respeito à relação que entre ambos se estabelece e aos requisitos do grupo, mas só começa a produzir efeitos como seguro no momento da primeira adesão[137]. Ou num momento posterior se tal for acordado pelas partes.

---

entre a seguradora e o tomador de seguro não ser um contrato de seguros, mas sim «(…) un contrat sui generis «conclu en vue de l`adhesion ultérieur d`un ensemble de personnes»».

[137] Há que referir, sobre a produção de efeitos do contrato de seguro que, em regra, só ocorre com o pagamento do prémio. Assim, saber em que momento se iniciam ou cessam as coberturas para cada aderente, também depende do pagamento do prémio de seguro. Já em 1911, Albert Contant, Guide des Assurances, Pierre Roger Cia, Éditeurs, Paris, 1911, pp. 29 e ss., afirma que "La police signée, l`assuré n`est pás encore couvert pás l`assurance. C`est que, pour que l`assurance produise son effet et que la Compagnie soit ténue, il faut (…) que la première prime (…) soit payée (…)" "(…) le payment de la prime est nécessaire pour que l`assurance produise son effect (…)". Veja-se, também, Manuel da Costa Martins, Regime Jurídico do Pagamento de Prémios de Seguro, in III Congresso Nacional de Direito dos Seguros, Almedina, 2003, pp. 293 e ss.. O regime actual de pagamento de prémios, instituído pelo Decreto-Lei n.º 142/2000, de 15 de Julho, com as alterações que lhe foram introduzidas pelo Decreto-Lei n.º 122/2005, de 29 de Julho e pelo Decreto-Lei n.º 199/2005, de 10 de Novembro, determina, nos termos do art. 6.º n.º 1, que "A cobertura dos riscos apenas se verifica a partir do momento do pagamento do prémio ou fracção.". E, nos termos do art. 8.º n.º 1, "A falta de pagamento do prémio de anuidades subsequentes ou da primeira fracção deste, impede a renovação do contrato, que por esse facto não se opera, e o não pagamento de uma qualquer fracção do prémio no decurso de uma anuidade determina a resolução automática e imediata do contrato, na data em que o pagamento dessa fracção era devido.". No seguro de grupo as questões relacionadas com o pagamento do prémio tornam-se ainda mais complicadas do que já são no seguro individual, por existirem três partes envolvidas. Desde logo, porque no seguro de grupo contributivo, o pagamento do prémio, ou de parte dele, é efectuado pelo aderente ao tomador de seguro, que é responsável pelo pagamento à seguradora. Podem surgir uma série de problemas se o aderente entrega o prémio ao tomador e este não o faz chegar à seguradora, ou não paga a sua parte. Ou se o tomador paga à seguradora e não consegue cobrar do

Seguro de Grupo   293

É com as adesões que surgem as pessoas seguras, visto que o tomador de seguro não tem essa qualidade. E, sem pessoas seguras, não há seguro.

Conclui-se, portanto, que o seguro de grupo tem dois momentos necessários à sua formação. Um primeiro momento em que se celebra um contrato entre a seguradora e o tomador de seguro que não acumula essa qualidade com a qualidade de pessoa segura e um segundo momento de adesão dos membros do grupo que se tornam pessoas seguras[138].

4. Relação tripartida

O seguro de grupo assenta numa relação tripartida[139].

---

aderente. Por outro lado, mesmo no seguro de grupo não contributivo se coloca a questão de saber as repercussões nos aderentes, da falta de pagamento do prémio pelo tomador de seguro.

[138] A primeira adesão desencadeia a produção dos efeitos do seguro. Só nesse momento é que passa a existir uma pessoa segura, só nesse momento é que passa a existir risco. Só nesse momento é que passa a existir prémio. Só nesse momento é que passa a existir seguro. Estes dois momentos são imprescindíveis para que possa existir um seguro de grupo. Cada adesão, representa depois um novo momento na formação desse contrato.

[139] A doutrina é muito díspar nas posições que defende sobre as relações que se estabelecem no seio de um seguro de grupo. Cfr. Jean Bigot, Traité de Droit des Assurances, tome 3 Le Contrat d`Assurance, Paris, 2002, pp. 480 e ss., que apresenta as principais questões que se colocam no que diz respeito à qualificação do aderente como terceiro ou parte no contrato. Veja-se, defendendo que os aderentes não são partes no contrato, António Porras Rodríguez, El Seguro de Grupo, Aspectos normativos, técnicos y actuariales, cit., pp. 56 e ss., "Las personas seguradas bajo un contrato de SEGURO DE GRUPO, no son partes contratantes del mismo.", Nathalie Gauclin-Eymard e Jean-Antoine Chabannes, Le Manuel de l`Assurance-Vie, cit., p. 27, sobre os intervenientes num contrato de seguro de grupo. Distinguem «Les parties» de «Les Partenaires». As partes propriamente ditas serão a seguradora e o tomador de seguro («le souscripteur») que é definido como «(...) la personne qui conclut, avec l`assureur, le contrat d`assu-

294 *Estudos de Direito dos Seguros – Intermediação de Seguros e Seguro de Grupo*

rance collective, auquel adhèreront ultérieurement le membre du groupe qu`il représente.». Consideram, também, que «Sans être véritablement parties au contrat, deux catégories de personnes y sont intéressées. Il s`agit des adhérents, sur la tête desquels reposent les risques garantis, et des bénéficiaires des prestations.». Estas pessoas são «Les partenaires du contrat» (p. 32), K. Black, Jr., citado em António Porras Rodriguez, António – El Seguro de Grupo, Aspectos normativos, técnicos y actuariales, cit., p. 99, "(...) se necessita la emissión, por parte del Asegurador de "Certificados Individuales". El Contrato Unico es un documento donde se establece una relacion contractual entre el Tomador de la Póliza y el Aseguradro. Las personas garantizadas, normalmente empleados y Beneficiarios, no son realmente partes en el contrato, aunque puede exigir sus derechos como beneficiarios. La relación cuatripartida (Empleador, Asegurador, Empleado y Beneficiario) en un Plan de Seguro de Grupo, es única y creará una problemática peculiar al Seguro de Grupo.", Richard S. Bilisoly, Introduction to Group Insurance, cit., p. 10, "The contratual relationship is between group policyholder and the insurer. Insured persons and their dependents are only third party beneficiaries; they are not parties to the contract." E Jean-Marc Binon et Marie-Anne Crijns, L`Assurance Groupe en Belgique, cit., p. 15, afirma que «Il y a donc trois personnes en jeu : le souscripteur du contrat, l`assureur et la personne pour compte de qui l`assurance est souscrite. Cette personne est appelée «bénéficiaire de l`assurance pour compte».», o que parece apontar no sentido de o aderente ser um terceiro em relação ao contrato. Veja-se, defendendo a existência de uma relação tripartida, François Berdot, L`Assurance de Groupe après les réformes législatives du 31 décembre 1989, in RGAT, n.º 4, 1990, p. 777, a propósito da definição de seguro de grupo da lei francesa afirma «Cette définition est satisfaisante en ce qu`elle établit clairement les relations triangulaires qui caractérisent l`assurance de groupe, et lient entre eux l`assureur, le souscripteur et les assurés (...)» e Robert H. Jerry, II, Understanding Insurance Law, ob. cit., pp. 828 e ss. que considera que (tradução livre) "Ao contrário do contrato típico entre o segurado e a seguradora, uma apólice de um seguro de grupo envolve 3 partes – a seguradora, o representante do grupo e os detentores de certificados. O representante do grupo (normalmente o empregador) contrata a apólice para o benefício de um grupo de indivíduos de algum modo relacionados com o representante (normalmente empregados). Na realidade, o representante do grupo é um intermediário entre a seguradora e os actuais segurados – os indivíduos que recebem a cobertura e os benefícios do seguro.".

Seguro de Grupo 295

Como vértices do triângulo temos a seguradora, o tomador de seguro e o aderente.

A seguradora celebra um contrato com o tomador de seguro. Os membros do grupo aderem a esse contrato. A seguradora garante aos aderentes[140] as coberturas resultantes desse contrato.

Existe, antes e depois da celebração do contrato e da adesão, um feixe de direitos e obrigações entre os vários intervenientes no contrato.

Na realidade, o contrato celebrado entre a seguradora e o tomador de seguro cria o quadro em que se desenrolaram as relações de seguro propriamente ditas e que se estabelecem entre a seguradora e os aderentes. Com ou sem a intervenção posterior do tomador de seguro[141].

Existe a primeira relação entre o tomador e a seguradora e existem tantas relações de seguro entre a seguradora e o aderente e o tomador e o aderente, quantas as adesões que ocorrem.

Este feixe de relações jurídicas, dependentes, de diferentes contornos, em que se cruzam vários sujeitos têm como consequência a de criarem, no seguro de grupo, uma série de questões e problemas que não se colocam na relativa simplicidade do seguro individual.

É fundamental identificar-se, em cada momento e em cada situação, quais são, exactamente, os direitos e deveres que cada uma das três partes tem em relação a cada uma das outras duas com quem se relaciona no contrato de seguro de grupo em causa[142].

---

[140] Aderente e pessoa segura não são sinónimos. Pode haver pessoas seguras que não são aderentes. Veja-se, por exemplo, seguro de grupo de saúde, em que adere um trabalhador duma empresa e que é abrangido o seu agregado familiar. O trabalhador, membro do grupo, é o aderente e as pessoas seguras são ele próprio e os seus familiares.

[141] Embora se admita que, sendo o tomador de seguro o responsável pelo pagamento do prémio à seguradora e o primeiro responsável pelo cumprimento do dever de informação ao segurado, haverá sempre alguma intervenção do tomador de seguro nas relações entre o aderente e a seguradora.

[142] Daí que pareça justificar-se, sempre que se está perante um seguro de grupo, criar-se uma espécie de organigrama que ajude a determinar, em face do contrato e da lei, quais são os direitos e deveres dos intervenientes.

5. Complexidade

O seguro de grupo é um contrato muito complexo[143].

Por si só, esta relação tripartida já proporciona uma complexidade acrescida. E não será só uma. Serão tantas quantas as pessoas do grupo que aderiram, uma vez que cada uma tem um seguro, em que são partes uma seguradora e um tomador[144].

Em relação ao singelo contrato bilateral, de formação linear e conteúdo negociado, do Código Civil já o simples contrato de seguro introduz uma elevada dose de complexidade, quer pelo recurso sistemático a cláusulas contratuais gerais, quer pela dificuldade de apreensão do seu conteúdo. Sendo um contrato de seguro de grupo muito mais complexo que um "simples" contrato de seguro, fácil será perceber as dificuldades que contém.

No entanto, num contrato de seguro de grupo não é "só" essa relação tripartida que existe.

Como já foi referido a pertença ao grupo já pressupõe, ela própria uma relação tripartida. Para alguém poder pertencer a um grupo para efeitos de seguro de grupo, tem de ter uma ligação ao tomador de seguro e uma ligação aos outros membros do grupo.

Existe, portanto, uma ligação tripartida prévia, em que assenta o grupo. E, em bom rigor não é uma. São tantas quantas as pessoas do grupo, uma vez que cada uma delas tem de ter uma ligação ao tomador e aos outros membros do grupo.

---

[143] Cfr. René Carton de Tournai e Charles Deleers, Les Assurances de Groupes, Eléments techniques, juridiques, sociaux et fiscaux, cit., p. 5, em que no prefácio assinado por Jacques Basyn, este afirma «Et Dieu sait si le problème de l`assurance de groupe est compliqué!».

[144] Cfr. Rubén S. Stiglitz, El Seguro Colectivo o de grupo en Argentina, cit., p. 443 "En síntesis, en el marco de un instrumento único, – la póliza de seguro colectivo –, concurren una pluralidad de relaciones distintas e independientes con cada adherente al grupo. Ello presupone diversidad de vínculos asegurativos entre el asegurador y cada asegurado (...)". E "(...) se crean tantas relaciones asegurativas como asegurados haya, lo que significa que cada integrante del grupo tiene una relación contractual distinta e independiente con el asegurador." (p. 448).

E, admitindo que a cada aderente podem corresponder várias pessoas seguras existirão, ainda, relações indirectas da seguradora e do tomador com cada pessoa segura.

E, tratando-se de um seguro a favor de terceiro, em que existam beneficiários que possam reclamar directamente os seus direitos, também estes se relacionarão com a seguradora e com o tomador de seguro[145].

O que permite afirmar que o seguro de grupo tem toda a complexidade inerente a um contrato de seguro, a que acresce a complexidade inerente ao facto de que se baseia numa relação tripartida, seguradora/tomador/segurado, que tem por base outra relação complexa, tomador/membro do grupo e membros do grupo entre si.

O feixe de relações recíprocas que se estabelece no seio de um seguro de grupo, origina direitos e obrigações recíprocas e diferenciadas.

---

[145] É uma situação que acontece sistematicamente nos seguros de vida de grupo, em que cada aderente indica o seu beneficiário em caso de morte. E o beneficiário pode ser um 3.º em relação ao contrato ou pode ser o próprio tomador de seguro. É uma situação muito frequente nos mútuos com seguro de vida em que o banco é o tomador de seguro e, simultaneamente, o beneficiário e o mutuário é a pessoa segura.

III – LEGISLAÇÃO APLICÁVEL E REGIME JURÍDICO

A – LEGISLAÇÃO APLICÁVEL

Tendo-se concluído que o seguro de grupo é um contrato de seguro, embora com contornos diferentes do contrato de seguro individual, coloca-se questão de saber se a legislação de seguros[146], vocacionada para regular o seguro individual, é aplicável ao seguro de grupo.

A resposta parece ser, tendencialmente, que sim[147].

Há que salientar, no entanto, que em primeira linha são chamadas a regular o contrato as condições acordadas entre as partes, desde que não colidam com normas imperativas. São, portanto, as condições que resultam do contrato celebrado entre a seguradora e o tomador, condições gerais e especiais do seguro, e as condições que resultam da adesão da pessoa segura, condições particulares do contrato, que regem, em primeira linha, as relações entre as partes.

Não existe na legislação portuguesa uma regulamentação autónoma do seguro de grupo, limitando-se o legislador a defini-lo[148] e

---

[146] Sobre as "(...) fontes específicas do direito dos seguros (...)", cfr. Pedro Romano Martinez, Direito dos Seguros, cit., pp. 33 e ss..

[147] José Valente Martins, Notas Práticas sobre o Contrato de Seguro, Quid Juris, 2006, p. 44. defende que "Relativamente aos contratos de seguro colectivos ou de grupo (...) parece-nos que dever-se-á considerar em primeira análise o que estiver expressamente estabelecido nas condições gerais do contrato e, caso não esteja prevista esta situação, dever-se-á recorrer à lei geral, nomeadamente às regras constantes nos artigos 217.° e seguintes do Código Civil.". Julgamos que, existindo muitíssima legislação sobre seguros, não se encontrando resposta para uma determinada situação no contrato, deverá ser nas regras de Direito dos Seguros que a mesma deve ser procurada só se recorrendo, depois, às regras gerais sobre contratos.

[148] Cfr. art. 1.° alínea g) do DL 176/95.

302 *Estudos de Direito dos Seguros – Intermediação de Seguros e Seguro de Grupo*

a estabelecer o regime específico que encontra no art. 4.º do Decreto-Lei n.º 176/95, de 26 de Julho e em referências esparsas em algumas normas jurídicas. Esta pouca regulamentação específica aplica-se, em segunda linha, aos seguros de grupo.

Depois, estando em causa um seguro, regulam o seguro[149] de grupo as regras específicas do ramo que estiver em causa e as regras gerais de Direito dos Seguros[150].

Estando em causa um contrato, aplicam-se-lhe as regras gerais dos contratos.

No entanto, esta declaração de princípio de aplicabilidade, terá de ser temperada com a necessidade de tomar em linha de conta as especificidades do seguro de grupo e, quer por via da interpretação que permita encontrar soluções razoáveis, quer por via da exclusão de aplicação de normas que não sejam compatíveis com a figura do seguro de grupo, terá de se encontrar o seu regime jurídico.

Assim sendo, procuraremos analisar os principais diplomas gerais aplicáveis ao contrato de seguro[151], no sentido de encontrar o regime jurídico do seguro de grupo.

---

[149] Sobre as Fontes de Direito dos Seguros, cfr. Pedro Romano Martinez, Direito dos Seguros, cit., pp. 33 e ss..

[150] A legislação de seguros é muita, dispersa e em permanente actualização. Existem algumas colectâneas gerais de Direito dos Seguros, de que se destacam, embora já um pouco desactualizadas, António Menezes Cordeiro e Carla Teixeira Morgado, Leis dos Seguros anotadas, Almedina, 2002 e Paulo M. Sendin e Arnaldo F. da Costa Oliveira – Seguros e Fundos de Pensões, in Colectânea de Legislação Comercial, Tomo IV, Centro de Direito Comercial e de Direito da Economia da Faculdade de Direito da Universidade Católica Lisboa, Almedina, 2002. E existem algumas colectâneas específicas, de que se destacam as relativas ao seguro automóvel. Refira-se, a título de exemplo, Adriano Garção Soares, José Maria dos Santos e Maria José Rangel de Mesquita, Seguro Obrigatório de Responsabilidade Civil Automóvel, 2.ª Edição Revista e Aumentada, Almedina, 2001.

[151] Restringiremos a análise aos diplomas que, julgamos, têm uma maior relevância para se procurarem delinear os contornos de um regime geral do seguro de grupo, certos de que muitos diplomas que são chamados à colação no seguro de grupo, não poderão ser aqui tratados.

Seguro de Grupo 303

Focaremos, também, o Regime das Cláusulas Contratuais Gerais, e alguma legislação de defesa dos consumidores, na medida em que contêm uma vasta área de regulamentação que, em regra, poderá ser aplicável a uma parte muito significativa dos contratos de seguro celebrados, dado que estão normalmente em causa contratos de adesão e é muito frequente que a pessoa segura seja um consumidor.

1. Decreto-Lei n.º 176/95, de 26 de Julho

É, fundamentalmente, neste diploma[152] que encontramos a pouca regulamentação específica sobre seguro de grupo.

Desde logo, o art. 1.º alíneas g) a j) estabelece a definição[153].

Depois o art. 4.º consagra a única disposição totalmente dedicada pelo legislador aos seguros de grupo.

Por fim, contém algumas especificidades relativas aos seguros de grupos, em esparsas disposições.

1.1. *Art. 4.º do Decreto-Lei n.º 176/95, de 26 de Julho*

Sob a epígrafe "Seguros de Grupo", o art. 4.º[154] do Decreto--Lei n.º 176/95, de 26 de Julho[155] não é propriamente uma regula-

---

[152] Neste capítulo, sempre que não esteja especialmente indicado outro diploma, estaremos a referir-nos ao Decreto-Lei n.º 176/95, de 26 de Julho.

[153] Cfr. supra Introdução-A-1.

[154] Neste ponto, sempre que não esteja indicada outra disposição legal, estaremos a referir-nos ao art. 4.º do Decreto-Lei n.º 176/95, de 26 de Julho.

[155] Este artigo estabelece que: "1 – Nos seguros de grupo, o tomador do seguro deve obrigatoriamente informar os segurados sobre as coberturas e exclusões contratadas, as obrigações e direitos em caso de sinistro e as alterações posteriores que ocorram neste âmbito, em conformidade com um espécimen elaborado pela seguradora. 2 – O ónus da prova de ter fornecido as informações referidas no número anterior compete ao tomador de seguro. 3 – Nos seguros

ção dos seguros de grupo, mas o estabelecimento de regras sobre a obrigação de informar os aderentes a um seguro de grupo[156].

Essa informação deverá ser prestada pelo tomador de seguro, com base num documento informativo disponibilizado pela seguradora, que verse sobre as coberturas e exclusões contratadas e as obrigações e direitos em caso de sinistro.

As pessoas seguras ou os "segurados" dos seguros de grupo parecem só ter direito a ser informados nos termos do n.° 1.

Os restantes deveres de informação legalmente consagrados têm como destinatário o tomador de seguro[157].

---

de grupo contributivos, o incumprimento do referido no n.° 1 implica para o tomador de seguro a obrigação de suportar de sua conta a parte do prémio correspondente ao segurado, sem perdas de garantias por parte deste, até que se mostre cumprida a obrigação. 4 – O contrato poderá prever que a obrigação de informar os segurados referida no n.° 1 seja assumida pela seguradora. 5 – Nos seguros de grupo a seguradora deve facultar, a pedido dos segurados, todas as informações necessárias para a efectiva compreensão do contrato.".

[156] Nathalie Gauclin-Eymard, et Jean-Antoine Chabannes, Le Manuel de l'Assurance-Vie, cit., pp. 73 e ss. referem que a informação dos aderentes corresponde a um regime de protecção legal específico, por não serem partes no contrato, nem participarem na sua negociação e não conhecem o contrato. Referem, ainda, que a jurisprudência tem entendido que o tomador de seguro tem um dever geral de informação e aconselhamento dos aderentes que inclui o auxílio no exercício dos seus direitos, nos vários estádios do contrato. Esta obrigação é uma criação puramente jurisprudencial que resulta da vontade dos juízes protegerem os consumidores. Veja-se, também, Rubén S. Stiglitz, El Seguro Colectivo o de grupo en Argentina, p. 442, que afirma que os deveres de informação em favor do segurado incumbem, em princípio e predominantemente, ao tomador de seguro. É o tomador que é responsável por informar a seguradora sobre o segurado, certificando a exactidão dos dados fornecidos, sendo o incumprimento do tomador inoponível ao segurado.

[157] Esta regulamentação coloca questões de difícil resposta. Desde logo, a de se saber em que medida estaremos perante uma norma excepcional. Sendo excepcional, esgotaria todos os deveres de informar o aderente ao contrato de seguro. Esta disposição refere-se especificamente ao aderente a um seguro de grupo e as restantes obrigações de informar estabelecidas neste diploma e nos

Seguro de Grupo 305

A prova de que a informação foi prestada cabe, nos termos do n.º 2, ao tomador de seguro.

Este dever de informação pode contratualmente ser atribuído à seguradora e, mesmo que tal não ocorra, a seguradora tem a obrigação de facultar, a pedido dos segurados, nos termos do n.º 5, todas as "informações necessárias para a efectiva compreensão do contrato."[158], não estando o pedido de informações à seguradora condicionado a um pedido de informações prévio ao tomador de seguro.

Para os seguros de grupo contributivos, o legislador estabelece, no n.º 3, uma sanção para a violação do dever de informação. Se o

---

outros diplomas que regulam o contrato de seguro só se dirigem aos tomadores de seguro. Não parece de admitir que possa ser assim. Em primeiro lugar, o próprio Decreto-Lei n.º 176/95, de 26 de Julho tem o cuidado de intensificar os deveres de informação no que diz respeito ao seguro de grupo, nomeadamente, nos artigos 10.º n.º 4 e 14.º n.º 3. Não faz sentido considerar que este acréscimo de informações no seguro de grupo se destina ao tomador de seguro e não às pessoas seguras, com o argumento de que só teriam de ser dadas a conhecer pela seguradora ao tomador de seguro e que aos aderentes ao contrato só deveriam ser facultadas as reduzidas informações consagradas pelo n.º 1 do art. 4.º. Em segundo lugar, todo o direito dos seguros tem evoluído no sentido de que, cada vez mais, seja facultado àquele que contrata um seguro toda a informação relevante e, em primeira linha, as próprias condições do contrato. Admitir que não existe o dever de facultar essa informação e as condições do contrato aos aderentes a um seguro de grupo, porque não são tomadores, não parece muito razoável. Em terceiro lugar, é à luz do seguro individual que todo o direito dos seguros está construído e terá de se adaptar a realidade que vão surgindo. A ideia que está subjacente à consagração de deveres de informação da seguradora é, sem dúvida, que aqueles que são os principais interessados no seguro e, usualmente, a parte fraca, possam ter acesso à informação. E os aderentes a um seguro de grupo têm essas características.

[158] Poder-se-á sempre defender que, admitindo-se o carácter excepcional do art. 4.º n.º 1, este n.º 5 colmataria aquele pequeno dever, com o dever de a seguradora facultar toda a informação que lhe for solicitada. A regra seria que a seguradora só seria obrigada a dar a informação que especificamente lhe fosse solicitada pelo aderente.

306 *Estudos de Direito dos Seguros – Intermediação de Seguros e Seguro de Grupo*

tomador de seguro não cumpre os seus deveres de comunicação[159] torna-se directamente responsável pelo pagamento do prémio, mantendo-se as coberturas para a pessoa segura[160].

Embora o Decreto-Lei n.º 176/95, de 26 de Julho não estabeleça outras sanções para a violação dos genéricos deveres de informação que estabelece, este diploma deve-se articular com o Decreto-Lei n.º 94-B/98, de 17 de Junho que estabelece um regime de contra-ordenações para sancionar as seguradoras que não cumpram os deveres de informação[161] que têm para com os seus tomadores de seguro e segurados.

---

[159] Cfr. nosso Comunicação e Informação de Cláusulas Contratuais Gerais – Especificidades do Contrato de Seguro, in Fórum, Ano VI, n.º 14, Janeiro 2002, pp. 31 e ss.;

[160] Parece que se o tomador de seguro não fornece a informação que deveria nos seguros não contributivos, não aconteceria nada.

[161] Sobre deveres de informação no contrato de seguro, veja-se Albert Contant – Guide des Assurances, cit., pp. 73 e ss. , André Van Varenberg, Transparence des Rémunérations et Devoir d`Information, Bienvenue en Absurdie!, in Le Monde de l`Assurance, n.º 2006.1, du 15 au 31 janvier 2006, pp. 51 ss., António Menezes Cordeiro, Manual de Direito Comercial, cit., pp. 579 e ss., Catarina Figueiredo Cardoso, A obrigação de prestação de informações pré-contratuais no âmbito da actividade seguradora e dos fundos de pensões, O comércio electrónico em especial, in Fórum, Ano VIII, n.º 19, Agosto 2004, pp.21 e ss. e O contrato de Seguro na Internet, Alguns Aspectos, in Fórum, Ano VII, n.º 16, Janeiro 2003, pp. 51 2 ss. (especificamente sobre os deveres de informação em contratos celebrados através de meios electrónicos / Internet), Jean-Marc Binon e Marie-Anne Crijns, L`Assurance Groupe en Belgique, cit. pp. 37 e ss., José Valente Martins, Notas Práticas sobre o Contrato de Seguro, cit., pp. 47 e ss., José Vasques, Contrato de Seguro, Coimbra Editora, 1999, pp. 211 e ss. ; e Declaração do Risco, Deveres de Informação e Boa Fé, in Boletim Informativo da Spaida, n.º 1, Janeiro 2004, pág. 6 e 7, Mónica Calonge Conde, Las Modificaciones del Régimen de Contratación en Seguro en la Ley 34/2003 y en el Real Decreto 397/2004, in Revista Española de Seguros, n.º 120, Outubro / Dezembro 2004, pp. 538 e ss. e Paula Alves, Comunicação e Informação de Cláusulas Contratuais Gerais – Especificidades do Contrato de Seguro, cit., pp. 31 e ss..

Julgamos, portanto, que o legislador consagrou um dever de informação de um conteúdo mínimo determinado pela seguradora, a cargo do tomador de seguro, mantendo, no entanto, íntegra a possibilidade de a pessoa segura se dirigir à seguradora solicitando informação e a obrigação desta a informar.

De resto, a seguradora tem todos os deveres de informação consagrados neste diploma em relação ao tomador de seguro e, caso não os cumpra, podem ser accionados os respectivos processos de contra-ordenação.

1.2. *Especificidades do Decreto-Lei n.º 176/95, de 26 de Julho*

O Decreto-Lei n.º 176/95, de 26 de Julho estabelece, ainda, algumas especificidades em relação aos seguros de grupo.

Assim, de acordo com o art. 3.º n.º 4 o direito de renúncia não se aplica aos seguros de grupo[162].

O art. 17.º restringe a atribuição legal de valor ao silêncio como declaração negocial aos seguros individuais.[163]/[164]

O art. 11.º n.º 1, que se encontra em termos sistemáticos incluído na Secção II, ramo "Vida", estabelece que "Se a pessoa

---

[162] Parece que se deveria aplicar. As razões que podem levar alguém a querer desistir de um seguro individual parecem ser idênticas às que levam alguém a querer desistir de um seguro de grupo a que aderiu. Muitas vezes, as pessoas não têm sequer a noção de estar a celebrar um contrato-de seguro.

[163] Não se compreende a restrição. Por maioria de razão dever-se-ia aplicar às adesões a seguros de grupo. Está em causa um membro do grupo e o risco do grupo já foi ponderado.

[164] E, muitas vezes, o aderente não distingue o tomador de seguro da seguradora. Ex.: banco. O aderente entrega toda a documentação ao banco que não diz nada nem a entrega à seguradora. Se fosse um seguro individual, tinha protecção, assim não tem. Cfr. sobre a aparência de representação na comercialização de seguros, José Carlos Moitinho de Almeida, Cláusulas Abusivas e o Contrato de Seguro, Comunicação no Congresso Luso-Hispano de Direito dos Seguros, Lisboa, Novembro 2005, pp. 23 e ss..

308 *Estudos de Direito dos Seguros – Intermediação de Seguros e Seguro de Grupo*

segura e o tomador de seguro forem pessoas distintas, deve constar do contrato o consentimento escrito daquela para a efectivação do seguro (...)".

Esta norma vem resolver para o seguro de grupo, uma questão que se mantém em aberto para o seguro individual e que é a de saber se é necessária a assinatura[165]/[166] do tomador de seguro/segurado para que o contrato se forme[167].

---

[165] A assinatura é o modo mais usual e credível de alguém manifestar o seu consentimento escrito.

[166] A questão da assinatura assume nova problemática no que diz respeito à comercialização de seguros por via electrónica. Nesse caso, coloca-se a questão de saber que requisitos a assinatura digital terá de ter para que seja equivalente à autografa. Sobre a assinatura electrónica, veja-se Ana Costa de Almeida, Direito e Internet, MinervaCoimbra, 2002, pp. 53 e ss., Dário Moura Vicente, Problemática Internacional da Sociedade da Informação, Almedina 2005, pp. 273 e ss., Dedier Gobert e Étienne Montero, "La signature dans les contrats et les Paiements Électroniques: L`approche Fonctionelle, in Commerce Électronique, Le Temps des Certitudes, Cahiers du Centre de Recherches, Informatique et Droit, n.º 17, Bruylant, Bruxelles, 2000, pp. 53 e ss., Elsa Dias Oliveira, A Protecção dos Consumidores nos Contratos Celebrados através da Internet, cit, pp. 159 e ss., Jorge Sinde Monteiro, "Assinatura electrónica e certificação", in Direito da Sociedade da Informação, Volume III, Associação Portuguesa do Direito Intelectual, Coimbra Editora, 2002, pp. 109 e ss., Manuel Lopes Rocha, "A Assinatura Electrónica, Uma Via Portuguesa "Original"?", in Fórum, Ano VI, n.º 14, Janeiro 2002, pp. e ss., Martin Hogg, "Secrecy and Signatures – Turning the Legal Spotlight on Encryption and Electronic Signatures", in Law and the Internet, A Framework for Electronic Commerce, Edited by Lilian Edwards and Charlotte Waelde, Second Edition, Hart Publishing, Oxford – Portlad Oregon, 2000, pp. 37 e ss., Miguel Pupo Correia, "Portugal: Documentos Electrónicos e Assinatura Digital: As Novas Leis Portuguesas", Revista Electrónica Derecho Informático, n.º 23 (Junio 2000) in http://premium.vlex.com/doctrina/REDI_Revista_Electronica_Derecho_Informatico , Raimondo Zagami, Firma Digitale e Sicurezza Guiridica, Diritto Scienza Tecnologia, CEDAM, 2000, Tommaso Cucinotta, «Firma digitale e assicurazione : aspetti tecnologici», in L`Economia Digitale e il Settore Assicurativo, IRSA, Milano, 2003, pp. 221 e ss., e Yorick Cool, "Signature Électronique et Signature Manuscrite: Soeurs enemies ou soeurs Jummelles?", in

Seguro de Grupo

Dado que no seguro de grupo o tomador de seguro e a pessoa segura são sempre distintos, não há dúvida de que a adesão a um seguro de grupo do ramo "Vida" terá sempre de ser feita por escrito, maxime, exprimindo o consentimento através da aposição da assinatura.

No entanto, subsiste a questão para os ramos "Não vida". Nesta secção não existe uma norma idêntica e, tendo o legislador estabelecido normas que, claramente, se aplicam a todo o contrato de seguro, outras relativas ao ramo "Vida" e outras relativas aos ramos "Não Vida", parece que não terá pretendido que as normas que integrou sistematicamente numa secção sobre uma área específica, se apliquem a outra área especifica regulada noutra secção.

O que parece indicar que os seguros de grupo dos ramos "Não vida" poderão dispensar a assinatura do aderente[168].

O legislador tem a preocupação de intensificar os deveres de informação para os seguros de grupo do ramo "Vida"[169] e para acidentes pessoais e doença nos ramos "Não vida"[170].

Droit des Technologies de l`Information, Regards Prospectifs, sur la direction de Étienne Montero, Cahiers du Centre de Recherches Informatique et Droit, Bruylant, Bruxelles, 1999, pp. 65 e ss..

[167] Retoma-se a questão de fundo sobre a amplitude da forma na formação do contrato de seguro. É pacífico que o contrato de seguro é formal. A sua validade depende da existência de uma apólice escrita. O art. 426.° do Código Comercial estabelece que "O contrato de seguro deve ser reduzido a escrito num instrumento, que constituirá a apólice de seguro. § único. A apólice de seguro deve ser datada, assinada pelo segurador, e enunciar (...). Como se verifica, o contrato tem de ser escrito e a assinatura que é legalmente exigida é a do segurador. Parece, assim, dispensável a assinatura do tomador/segurado.

[168] E, por maioria de razão, os seguros individuais dos ramos "Não vida". A assinatura restringir-se-ia a uma questão de prova.

[169] Art. 10.° n.° 4 estabelece que "Das condições gerais e especiais dos contratos de seguro de grupo devem constar, além dos elementos referido no n.° 1, os seguintes: (...)" apresentando depois um elenco de informações que aí devem constar.

Julgamos que a informação que consta da alínea c) "Entrada em vigor das cobertura para cada pessoa segura;" que só poderá constar do certificado de

No art. 18.º n.º 3 parece dirigido aos seguros de grupo. Vem equiparar à resolução do contrato de seguro a "exclusão do segurado ou da pessoa segura"[171].

O art. 21.º, ao falar da exclusão da pessoa segura, também parece referir-se aos seguros de grupo.

Resulta, portanto, da análise do Decreto-Lei n.º 176/95, de 26 de Julho, que este diploma legal contém uma disposição que regula expressamente os seguros de grupo, tem várias disposições que especificamente se referem aos seguros de grupo. As restantes disposições poderão ser aplicadas aos seguros de grupo, sempre que as suas especiais características não o impeçam e sempre procedendo-se às adaptações que se mostrem necessárias.

---

adesão de cada aderente, o que corresponde às condições particulares. Não será possível fazer constar de condições gerais e especiais a entrada em vigor das coberturas para cada pessoa segura. O momento dessa entrada em vigor será negociada com a proposta de adesão, refere-se a cada aderente e constará no documento que diz respeito a cada aderente. No momento em que é celebrado o contrato entre seguradora e tomador de um seguro de grupo e que são estabelecidas as condições gerais e especiais do seguro, ainda não se sabe, muitas vezes, quem irá aderir, nem quando o fará.

[170] O art. 14.º n.º 3 estabelece deveres idênticos para os acidentes pessoais e doença dos ramos "Não vida".

[171] No entanto, o art. 18.º n.º 5 parece excluir que o n.º 3 respeite aos seguro de grupo. Isto porque estabelece que o n.º 4 se lhes aplica. Parece que se o legislador pretendesse que o n.º 3 se aplicasse também, teria dito isso mesmo. Mas não se aplicando, fica sem se saber que regras regulam a resolução do contrato de seguro de grupo. Julgamos que será de admitir que a referência a "segurado ou da pessoa segura" do n.º 3 se refere especificamente ao seguro de grupo, dado que tratando-se de um seguro individual o que normalmente estará em causa é a cessação do contrato por resolução e não a manutenção do contrato, sem um aderente que é excluído, como acontece no seguro de grupo. Aceitando esta premissa, admite-se que o legislador tenha considerado que não era necessário determinar a aplicação do n.º 3 aos seguros de grupo, porque da sua redacção já resultava directamente essa aplicação.

2. Decreto-Lei n.° 94-B/98, de 17 de Abril

O Decreto-Lei n.° 94-B/98, de 17 de Abril estabelece o Regime Geral da Actividade Seguradora (RGAS) e contém uma parte dedicada ao contrato de seguro[172]

O seu art. 184.° estabelece que "O direito de renúncia previsto na presente secção não (...) se aplica (...) aos seguros de grupo."[173].

Parece resultar desta excepção, que as restantes normas do RGAS se aplicam[174].

Embora seja imprescindível salientar, de novo, que se deverá ter em atenção as especiais características do seguro de grupo e, sempre que necessário, deve-se proceder às adaptações que se mostrem necessárias à sua eficaz aplicação a concretas situações de seguros de grupo.

3. Código Comercial

O Código Comercial contém a teoria geral do contrato de seguro.

Está, certamente, um pouco desactualizado e necessita, num ou noutro ponto, de uma interpretação actualista, no sentido de se retirar das suas disposições regras que permitam responder a situações para as quais não foi especificamente pensado[175/176].

---

[172] Estão em causa os arts. 176.° a 193.°-A, sob o título "Disposições aplicáveis ao contrato de seguro".

[173] Cfr. supra III-A-1.2., a mesma limitação no Decreto-Lei n.° 176/95, de 26 de Julho.

[174] O que resulta num forte argumento a favor da tendencial aplicação do Direito dos contratos de seguro aos seguros de grupo e, estabelecendo o RGAS uma série de deveres de informação da seguradora para com o tomador de seguro, um forte argumento no sentido de que também aos aderentes a um seguro de grupo deverão ser disponibilizadas essas informações.

[175] Sobre a reforma do Direito dos Seguros e a necessidade da sua codificação veja-se António Menezes Cordeiro, Da Reforma do Direito dos Seguros,

Estudos de Direito dos Seguros – Intermediação de Seguros e Seguro de Grupo

No entanto, no essencial, tem demonstrado conter a disciplina básica do contrato de seguro, com equilíbrio e sensatez.

Assim sendo, aplicar-se-á, aos seguros de grupo que, como se viu, são contratos de seguro, mais uma vez tendo em conta as especificidades do seguro de grupo, a que acresce a necessidade de actualizar pela via da interpretação, as regras do Código Comercial.

4. Decreto-Lei n.º 446/85, de 25 de Outubro

O Decreto-Lei n.º 446/85, de 25 de Outubro[177] estabelece o Regime das Cláusulas Contratuais Gerais (RCCG)[178] e aplica-se, fundamentalmente, a contratos de adesão.

---

in III Congresso Nacional de Direito dos Seguros, Almedina, 2003, p. 20 que afirma "Não escondemos a nossa preferência actual por um Código dos Seguros (...)" que permitisse "(...) reunir toda a matéria dos seguros: institucional e material." e Pedro Romano Martinez, Direito dos Seguros, p. 39, que defende "(...) urge fazer uma revisão do regime geral dos seguros, justificando-se a sua codificação.".

[176] Sobre a uma reforma mais vasta do Direito Civil e Comercial, veja-se António Menezes Cordeiro, Da Modernização do Direito Civil, I, Aspectos Gerais, Almedina, 2004, p. 65, em que adianta a possibilidade de uma opção forte de reforma do Direito Civil. Novo Código Civil "(...) que revogasse os actuais Códigos Civil e Comercial, absorvendo todos os contratos privados e o Direito do Consumo (...). O que parece determinar que o contrato de seguro passasse a integrar o Código Civil. E o mesmo autor, em Da Reforma do Direito dos Seguros, cit., p. 22 admite a possibilidade de reforma do Código Comercial, mas considera que "Surge pouco realista a hipótese de uma reforma cabal do Código Comercial. Fazer depender, dela, a reforma dos seguros, seria eternizar um problema que deve ser resolvido."

[177] Com as alterações que lhe foram introduzidas pelo Decreto-Lei n.º 220/95, de 31 de Agosto e pelo Decreto-Lei n.º 249/99, de 7 de Julho.

[178] Sobre Cláusulas Contratuais Gerais em seguros, veja-se Almeno de Sá – Cláusulas Contratuais Gerais e Directiva sobre Cláusulas Abusivas, 2ª Edição, Almedina, 2001, Arnaldo Filipe Oliveira, Cláusulas Abusivas e o Contrato de Seguro, Comunicação no Congresso Luso-Hispano de Direito dos Seguros,

Seguro de Grupo 313

No que diz respeito aos seguros de grupo[179], há que ponderar a sua aplicação em dois momentos, correspondendo aos dois momentos da formação do contrato.

Lisboa, Novembro 2005, Contratos de Seguro Face ao Regime das Cláusulas Contratuais Gerais, in BMJ 448, 1995, pp. 69 e ss. e Dois Exemplos Portuguesas da Resistência Material do Contrato de Seguro ao Direito das Cláusulas Contratuais Gerais, in BMJ 467, 1997, pp. 5 e ss, Francisco Javier Tirado Suarez, Cláusulas Abusivas e o Contrato de Seguro, Comunicação no Congresso Luso--Hispano de Direito dos Seguros, Lisboa, Novembro 2005, François Glansdorff e Roland Hardy – La Protection à l`Égard des Clauses Abusives, cit., pp 491 e ss., João Calvão da Siva, Banca, Bolsa e Seguros, cit., pp. 146 e ss., José Carlos Moitinho de Almeida, Cláusulas Abusivas e o Contrato de Seguro, Comunicação no Congresso Luso-Hispano de Direito dos Seguros, Lisboa, Novembro 2005, Mariana França Gouveia e Jorge Morais Carvalho, Conflitos de Consumo, Almedina, 2006, p. 181, Mário Frota, Registo das Cláusulas Abusivas – o caso português –, in Revista Portuguesa do Direito do Consumo, n.º 45, Março 2006, pp. 13 e ss., Paula Alves, Comunicação e Informação de Cláusulas Contratuais Gerais – Especificidades do Contrato de Seguro, cit., pp. 31 e ss. e Pedro Romano Martinez, Conteúdo do Contrato de Seguro e Interpretação das Respectivas Cláusulas, in II Congresso Nacional de Direito dos Seguros, Almedina, 2001, pp. 59 e ss..

[179] Em relação ao contrato de seguro, coloca-se uma questão prévia, no que diz respeito à aplicação do Regime das Cláusulas Contratuais Gerais. É que no contrato de seguro, as cláusulas contratuais gerais são normalmente apresentadas pela seguradora, bem como todos os formulários necessários à contratação do seguro, inclusive a proposta contratual. No entanto, a proposta contratual é, normalmente, efectuada pelo interessado no seguro e a seguradora é a sua destinatária. Fica, portanto, a seguradora na disponibilidade de aceitar ou recusar uma proposta contratual com as cláusulas contratuais gerais que ela própria disponibilizou. Claro que não será a seguradora a merecer a protecção do Regime das Cláusulas Contratuais Gerais, mas sim o tomador de seguro. Importa, portanto, considerar para efeitos da aplicação do Decreto-Lei n.º 446/85, de 25 de Outubro o destinatário das cláusulas e não o destinatário da proposta. O art. 1.º deste diploma prevê, precisamente, que "As cláusulas contratuais gerais elaboradas sem prévia negociação individual, que proponentes ou destinatários indeterminados se limitem, respectivamente, a subscrever ou a aceitar, regem-se pelo presente diploma.". No caso do contrato de seguro, com as condições apresentadas pela seguradora, estamos na situação em que o proponente as subscreve.

Desde logo, o contrato celebrado entre a seguradora e o tomador de seguro pode ser especificamente negociado, ou pode ter por base cláusulas contratuais gerais ou pode, ainda, ser um negócio rígido, que assente em cláusulas que a seguradora criou para a ocasião e que não aceita discutir.

Neste caso, o tomador de um seguro de grupo adere ao contrato que, tendo por base cláusulas não negociadas[180], se submete ao RCCG, pelo menos em tudo o que não é dirigido especificamente a consumidores[181].

Se entre a seguradora e o tomador de seguro foi celebrado um contrato específica e pontualmente negociado, já não se aplicará o RCCG.

Da negociação ou não das cláusulas do contrato entre a seguradora e o tomador de seguro depende a aplicação ou não do RCCG.

Por outro lado, os membros do grupo aderem ao contrato celebrado entre a seguradora e o tomador de seguro. O membro do grupo que adere ao seguro aceita sem negociação as condições contratuais estabelecidas no contrato celebrado entre seguradora e tomador de seguro.

E, como aderente[182] a um contrato assente em cláusulas contratuais gerais, estará protegido pelo RCCG[183].

A aplicação do RCCG, num contrato tripartido e tão complexo como o contrato de seguro de grupo levanta questões de difícil resposta[184].

---

[180] Sejam verdadeiramente cláusulas contratuais gerais, como é mais frequente, ou sejam preparadas pela seguradora para aquele contrato, mas não negociadas.

[181] O tomador de seguro não será normalmente um consumidor.

[182] Pode ser ou não consumidor.

[183] O aderente a um seguro de grupo não poderá modificar as condições gerais e especiais que regulam o seguro daquele grupo. Poderá, quanto muito, negociar algumas excepções a essa regulação, que constarão nas condições particulares. É, nesse pressuposto, sempre um aderente a cláusulas contratuais gerais.

[184] Será necessário, em cada situação concreta, verificar a posição relativa de cada parte, a sua responsabilidade na invalidade da cláusula e as consequências dessa invalidade.

Seguro de Grupo 315

No entanto, o RCCG será de aplicar a um seguro de grupo sempre que esteja em causa a adesão a cláusulas contratuais gerais ou uma situação de não negociação dum contrato que desencadeie a aplicação desse diploma, devendo efectuar-se as adaptações que se mostrem necessárias à complexidade do contrato e ao feixe tripartido de relações jurídicas que constituem um seguro de grupo.

5. Legislação que defende o consumidor

A Lei n.º 24/96, de 31 de Julho é a cúpula de diversa legislação de defesa do consumidor.

O usualmente denominado Direito dos Consumidores poderá, também, ser chamado à aplicação aos seguro de grupo[185] na mesma medida em que poderá ser chamado à aplicação aos contratos de seguro individuais.

De referir, no âmbito da legislação que defende o consumidor a Directiva n.º 2002/65/CE, de 23 de Setembro, relativa à comercialização à distância de serviços financeiros prestados a consumidores, recentemente transposta[186] pelo Decreto-lei n.º 95/2006, de 29 de Maio.

A "Directiva sobre comércio electrónico"[187], transposta pelo Decerto-Lei n.º 7/2004, de 7 de Janeiro, regula a contratação por meios electrónicos, aplicando-se ao contrato de seguro, sempre que

---

[185] Embora os seguros não sejam um bem ou uma prestação de serviços em sentido estrito, a tendência universal de aplicação das normas de defesa dos consumidores determina a sua aplicação.

[186] Com um atraso de quase dois anos visto que, nos termos do art. 21.º da Directiva n.º 2002/65/CE, do Parlamento Europeu e do Conselho, de 23 de Setembro, se prevê que essa transposição deve efectuar-se "(...) o mais tardar em 9 de Outubro de 2004 (...)".

[187] Directiva 2000/31/CE, do Parlamento Europeu e do Conselho, de 8 de Junho de 2000.

seja formado por essa via[188]. Este regime jurídico contém normas especificamente dirigidas aos consumidores.

A Directiva 2005/29/EC, de 11 de Maio de 2005, relativa às práticas desleais das empresas face aos consumidores no mercado interno[189].

---

[188] Sobre a contratação electrónica de seguros, veja-se Catarina Figueiredo Cardoso, "A actividade seguradora na Internet, Alguns Aspectos", in Fórum, Ano VI, n.º 15, Agosto 2003, pp. 19 e ss., idem "A obrigação de prestação de informações pré-contratuais no âmbito da actividade seguradora e dos fundos de pensões, O comércio electrónico em especial", cit., pp. 19 e ss. e idem "O contrato de Seguro na Internet, Alguns Aspectos", cit., pp. 45 e ss., Cristina Garcia, "Información en y para Internet", in Actualidad aseguradora, n.º 13, año 112, 14-IV-3003, p. 37, Elena Mendoza, "Internet, evolución de los modelos de negocio", in Actualidad aseguradora, n.º 13, año 112, 14-IV-3003, p. 38, Francisco Caeiro da Silveira, Seguros em Ambiente Digital – Cadeia de Fornecimento e Qualidade de Serviço, Universidade de Aveiro, 2005, José Caramelo Gomes, "Contrato de Seguro e Tecnologias de Informação", in III Congresso Nacional de Direito dos Seguros, Almedina, 2003, pág. 65 a 80/122, José Diogo Madeira, "E-seguros: Oportunidades e ameaças", Fórum, Ano IV, n.º 12, Dezembro 2000, pp. 47 e ss., Óscar González, "Los sistemas de negociación online (e-markets)", in Actualidad aseguradora, n.º 13, año 112, 14-IV-3003, pp. 39 e ss., Pedro Romano Martinez, "Contrato de Seguro e Informática", in III Congresso Nacional de Direito dos Seguros, Almedina, 2003, pp. 27 e ss., idem Direito dos Seguros, Principia, 1ª Edição, 2006, pp. 72 e ss., Pierre Bichot, « Commerce Électronique, La distribution de contrats d`assurance en ligne, in La Tribune de l`Assurances », n.º 97, Février 2006, pp. 23 e ss., Rafael Illescas Ortiz, "Contratação Electrónica de Seguros", Comunicação no Congresso Luso-Hispano de Direito dos Seguros, Lisboa, Novembro 2005 e Sandra Camacho Clavijo, "Contratação Electrónica de Seguros", Comunicação no Congresso Luso-Hispano de Direito dos Seguros, Lisboa, Novembro 2005.

[189] Esta Directiva estabelece uma lista de práticas comerciais agressivas e de práticas comerciais enganosas. Cfr. analise detalhada, em comparação com legislação de vários Estados-Membros da União Europeia em Dick, Jules Stuyck, Evelyne Terryn e Tom Van Dick – Confidence Through Fairness? The new Directive on Unfair Business-to-Consumer Commercial Practices in the Internal Market, in Common Market Law Rteview 43, 2006, pp. 107 e ss..

Seguro de Grupo 317

Para a aplicação de quaisquer regras que visem proteger o consumidor, necessário será que se esteja perante um consumidor[190], na acepção legal e que no contrato em causa estejam preenchidos os requisitos de aplicação da legislação especifica que estiver em causa.

B – REGIME JURÍDICO

O regime jurídico do contrato de seguro de grupo é o que resulta das condições do contrato e da aplicação das regras relativas aos seguros, aos contratos, aos consumidores e outras que estejam em causa na situação concreta.

Aplicam-se, ainda, em princípio, as regras gerais que regulam o contrato de seguro, tendo em atenção as especificidades do seguro de grupo e procedendo às adaptações que se mostrem necessárias.

Estando em causa cláusulas contratuais gerais, aplica-se o RCCG.

Estando em causa um consumidor e preenchidos os requisitos de aplicação de cada diploma específico, podem aplicar-se regras de defesa do consumidor.

---

[190] A noção de consumidor não é unitária na legislação comunitária e nacional, existindo várias definições de consumidor, divergentes entre si. A doutrina também não tem sido unânime nesta matéria. Veja-se, sobre a noção de consumidor, Alexandre Dias Pereira, Comércio Electrónico na Sociedade da Informação: da Segurança Técnica à Confiança Jurídica, Almedina, 1999, pp. 86 e ss., Elsa Dias Oliveira, A Protecção dos Consumidores nos Contratos Celebrados através da Internet, cit, pp. 49 e ss., Luís Silveira Rodrigues, "Os consumidores e a Sociedade da Informação", in AAVV, Direito da Sociedade da Informação, Volume III, Associação Portuguesa do Direito Intelectual, Coimbra Editora, 2002, pp. 296 e ss. e Sara Larcher, "Contratos Celebrados através da Internet: Garantias dos Consumidores contra Vícios na Compra e Venda de Bens de Consumo", Separata da obra Estudos do Instituto de Direito do Consumo, Volume II, Almedina, 2005, pp. 244.

1. Condições do Contrato

Os contratos de seguro de grupo regem-se, em primeira linha, pelas cláusulas contratuais aceites pelas partes, desde que não contrariem normas imperativas.

Essas cláusulas são as condições gerais e especiais[191] estabelecidas no contrato celebrado entre a seguradora e o tomador de seguro e as condições particulares plasmadas em cada certificado de adesão, que concretiza o seguro para cada aderente.

2. Normas relativas a seguros de grupo

São poucas as normas relativas aos seguros de grupo.

O art. 4.º do Decreto-Lei n.º 176/95, de 26 de Julho regula expressamente os seguros de grupo, nomeadamente os deveres de informação do tomador de seguro e da seguradora em relação ao aderente e contém algumas disposições que a eles especificamente se referem.

Estabelecem, os contornos mais específicos do seguro de grupo.

3. Normas relativas ao ramo em causa e normas gerais do contrato de seguro

O regime jurídico do seguro de grupo é, depois, dado pelas normas relativas ao ramo de seguro em causa[192] e pelas normas gerais do contrato de seguro.

---

[191] Se as houver.

[192] Há ramos que têm muita legislação. Refira-se, como mais significativo, o seguro automóvel que suscita, inclusive, a publicação de algumas colectâneas de legislação. Referimos-se, a título de exemplo, Adriano Garção Soares, José Maria dos Santos e Maria José Rangel de Mesquita, Seguro Obrigatório de Responsabilidade Civil Automóvel, cit.

4. Regime das Cláusulas Contratuais Gerais e normas relativas aos contratos em geral

Será, ainda, o Regime das Cláusulas Contratuais Gerais a estabelecer uma parte sempre presente da regulamentação do seguro de grupo, bem como as normas relativas aos contratos em geral que determinam vastas áreas do regime jurídico do contrato de seguro de grupo.

5. Normas de protecção específica

Serão, ainda, consideradas para delinear os contornos do regime jurídico do seguro de grupo todas as normas de protecção específica, nomeadamente do consumidor, que sejam aplicáveis.

IV – NATUREZA JURÍDICA

A questão da natureza jurídica do seguro de grupo é geradora de grande controvérsia.

Na escassa jurisprudência nacional[193] são profundamente divergentes as respostas dadas a esta questão e os caminhos apontados pela doutrina sobre seguros de grupo são diversos[194].

A – A JURISPRUDÊNCIA PORTUGUESA

A jurisprudência portuguesa[195] sobre seguros de grupo é muito reduzida e a que se pronuncia sobre a natureza jurídica do seguro de grupo, ainda menos frequente.

Encontram-se, essencialmente, dois acórdãos do Supremo Tribunal de Justiça, que abordam a qualificação do seguro de grupo.

Passamos a expor, resumidamente, o que sobre a natureza jurídica do contrato de seguro é adiantado.

---

[193] Na doutrina nacional o problema não tem sido abordado.

[194] Cfr. Jean Bigot, Traité de Droit des Assurances, cit., pp. 478 e ss.., que apresenta um elenco de questões que o seguro de grupo em França levanta e que correspondem, em grande parte, àquelas que também se colocam face à lei portuguesa. Este autor considera que «Ce sont là quelques unes des questions que pose l'assurance de groupe et qui sont liées à la nature juridiques controversée de cette assurance.».

[195] Ao contrário do que acontece noutros países. Refira-se os Estados Unidos da América, em que é vasta a jurisprudência sobre seguros de grupo. Cfr. Robert H. Jerry, II, Understanding Insurance Law, cit., pp. 828 e ss. Veja-se, também, respectivamente em relação a jurisprudência anglo-saxónica e francesa, Malcom Clarke, The Law of Insurance Contracts, 4th Edition, LLP, London, 2002, 5-2 e Jean Bigot, Revue Générale du Droit des Assurances, L.G.D.J., 3, 2005, pp. 89 e ss., alguma jurisprudência francesa.

324 *Estudos de Direito dos Seguros – Intermediação de Seguros e Seguro de Grupo*

1. Acórdão do Supremo Tribunal de Justiça, de 16/11/1993

Em 1993, o Supremo Tribunal de Justiça (relator Cura Mariano) referia, no seu Acórdão, de 16/11/1993[196], "Quanto à natureza jurídica do mesmo, tem-se afirmado ser um seguro por conta de outrem, atribuindo-se a natureza de contrato a favor de terceiro ou de um caso de substituição ou de representação imprópria". Este acórdão referia também uma moderna doutrina francesa e espanhola que defendia que "(…) o seguro de grupo é um contrato nominado e, como tal, está devidamente tipificado. Muito embora se conclua por afirmar que o mesmo usa as técnicas jurídicas da estipulação por outrem e a do seguro por conta."

Refere ainda "O certo é que tal contrato é celebrado entre uma companhia de seguros e um tomador do seguro, que é, afinal, quem representa o grupo de segurados que ao contrato vem aderir.[197]

2. Acórdão do Supremo Tribunal de Justiça, de 13/04/1994

Em 1994, o Supremo Tribunal de Justiça (relator Araújo Ribeiro)[198] afirmava que "(…) o seguro de grupo não pode ser qualificado como contrato a favor de terceiro (…)".

---

[196] Acórdão do STJ, de 16/11/1993, BMJ 431 (1993), pp. 467 e ss.. Este Acórdão trata do caso de um Bombeiro Voluntário. Foi celebrado um seguro de grupo de acidentes pessoais entre uma Câmara Municipal e uma Seguradora, relativo aos Bombeiros identificados na apólice. A Câmara enviava à Seguradora a lista de bombeiros, mas deixa de enviar. Um Bombeiro, não incluído na lista que a seguradora possui, morre em serviço. A decisão do STJ é no sentido de que não houve adesão ao seguro de grupo por negligência da Câmara Municipal, que deve pagar a indemnização.

[197] Também posição apresentada no Acórdão do STJ, de 13/10/1992, in www.dgsi.pt; e no Acórdão do STJ de 02/02/1988, BMJ 374, pp. 436 e ss..

[198] Acórdão do STJ, de 13/04/1994, BMJ 436 (1994), pp. 339 e ss.. Este Acórdão trata do caso de um seguro de grupo de vida, contratado entre uma empresa e uma seguradora, em que a autora é aderente (o Tribunal refere-a como

E, de um modo muito confuso, segue defendendo posições contraditórias.

Começa por apresentar as qualificações das instâncias[199] e depois a sua discordância em relação a elas[200].

---

beneficiária) e que foi alterado sem o seu conhecimento. Existiu uma modificação das condições de invalidez do contrato, sem comunicação aos aderentes. O Tribunal considerou que "(…) a autora terá direito a que sua situação de invalidez seja apreciada à luz das condições contratuais vigente à data em que aderiu ao seguro de grupo (…) Mas surge um obstáculo intransponível ao sucesso da sua pretensão: é que a autora nunca, por nunca, alegou os factos a isso correspondentes (…)". Cfr. analisando uma questão semelhante na jurisprudência francesa, Yves Jouhaud, Evolution de la Jurisprudence en Matière d`Assurance, in Risques, n.° 10, Avril-Juin, 1992, pp. 67 e ss..

[199] A primeira instância considerou (p.342) "sendo o contrato de seguro de grupo um contrato a favor de terceiro", a aderente não teria de aprovar as alterações estipuladas entre as partes que seriam, para ela, eficazes. Considerou improcedente a acção e a empresa e seguradora foram absolvidas. A Relação entendeu que "a mais moderna doutrina tipifica o contrato de seguro de grupo, o qual "utiliza as técnicas jurídicas da estipulação por outrem e as do seguro por conta, sendo celebrado entre o segurador e o tomador do seguro ou contraente único, que representa o grupo de segurados", o que vai ao encontro do Acórdão de 1993 anteriormente referido e (p.343) "assim sumariado: O contrato de seguro em grupo é um contrato nominado e devidamente tipificado, em cuja feitura intervém a seguradora e o tomador, este representando os aderentes.".

[200] Refere, no essencial, que é excessivo considerar o seguro de grupo "devidamente tipificado" "dada a falta de regulamentação legal desta modalidade de seguro". Que contra a qualificação do seguro de grupo como contrato a favor de terceiro pode invocar-se o n.° 1 do art. 444.° do Código Civil: "O terceiro a favor de quem foi convencionada a promessa adquire direito à prestação, independentemente de aceitação." coisa que não acontece no seguro de grupo, em que a adesão, até com imposições específicas, é essencial para que determinado indivíduo seja incluído no grupo dos beneficiários do seguro." (p.343). Que "(…) o seguro de grupo cabe perfeitamente na previsão geral da lei: o n.°3 do § único do art. 426.° do Código Comercial, aplicável a todos os contratos de seguro (…). (p.343) e que a empresa "simples representante dos trabalhadores, não está vinculada ao pagamento de qualquer indemnização".

326 *Estudos de Direito dos Seguros – Intermediação de Seguros e Seguro de Grupo*

Afirma que "O seguro de grupo é uma modalidade de seguro em que uma entidade – empresa, associação – pretende obter para um grupo de pessoas com ela relacionadas – trabalhadores, associados – protecção perante determinadas situações: acidente, doença, etc. Por isso, negoceia ela o contrato com a seguradora, com benefício dos aderentes, mas também para si própria, na medida em que se liberta de certos encargos ou prossegue os seus fins estatutários.".

Refere que, "Em todo o caso, o seguro de grupo utiliza as técnicas jurídicas da estipulação por outrem e do seguro por conta"[201], mas acaba por concluir pela aplicação do art. 428 § 2.º "Se não se disser na apólice que o seguro é por conta de outrem, considera-se contratado por conta de quem o fez.".

Considera, ainda, que "O seguro de grupo é, manifestamente, um tipo de seguro que o legislador não teve em vista ao elaborar o Código Comercial." e que as normas do Código Comercial não serão adequadas a resolver os seus problemas.

Por fim considera que, não sendo um contrato a favor de terceiro, na falta de regulamentação e por via do art. 10.º do Código Civil, aplica-se-lhe o regime do contrato a favor de terceiro, nomeadamente o art. 448.º n.º 1 do Código Civil. E conclui pela protecção do aderente.

3. Observações

Sobre estes Acórdãos, julgamos pertinentes algumas observações.

---

[201] E que "Cabendo esta modalidade de seguro na respectiva previsão legal quando considerada em termos genéricos, hão-de ser as normas atinentes que se lhe aplicam e não outras, salvo se entendermos que as existentes não se coadunam com a natureza e o espírito deste tipo de seguro (…).". E das normas aplicáveis ao contrato de seguro de grupo destacam-se as do Código Comercial, estabelecendo o art. 428 § 2.º "Se não se disser na apólice que o seguro é por conta de outrem, considera-se contratado por conta de quem o fez.".

Nota-se nesta jurisprudência uma certa perplexidade face à figura dos seguros de grupo, que resulta numa falta de consistência nas posições defendidas, que acabam por se contradizer[202].

No acórdão de 1993[203] encontram-se, em simultâneo, cinco soluções para a natureza jurídica do seguro de grupo. Será um contrato a favor de terceiro, ou um caso de substituição, ou de representação imprópria, usa as técnicas jurídicas da estipulação por outrem e a do seguro por conta. Acrescenta, ainda, o Supremo que o tomador de grupo representa o grupo que virá aderir.

Parece evidente que o seguro de grupo não poderá ser, em simultâneo, tanta coisa. Se for um contrato a favor de terceiro, não é uma situação de representação, nem de seguro por conta. Se for uma situação de estipulação por outrem, não será um contrato a favor de terceiro. Isto é, a opção por uma destas soluções exclui algumas das outras.

O acórdão de 1994 adianta argumentos interessantes contra a tese do contrato a favor de terceiro, mas a conclusão de que o Código Comercial não se aplicaria, porque o legislador não pensou nos seguros de grupo quando o fez, não parece aceitável. O Código Comercial será de aplicar, sendo necessário, através de interpretação, encontrar as normas adequadas ao seguro de grupo.

Constata-se, assim, que o Supremo Tribunal de Justiça procurou encontrar as soluções para um problema relacionado com um seguro de grupo, como se de um seguro individual se tratasse, sem ter em consideração a diferente estruturação que o mesmo apre-

---

[202] O Tribunal, principalmente no acórdão de 1994, decide pelo que considera mais justo, procurando depois encontrar no Direito alguma fundamentação.

[203] No sumário do acórdão de 1993 refere-se, ainda que o seguro de grupo é um "contrato nominado e devidamente tipificado, em cuja feitura intervém a seguradora e o tomador, este representando os aderentes.". Parece-nos que em 1993, o seguro de grupo não seria um contrato nominado, no sentido de que a lei não o diferenciava com uma denominação própria. Essa diferenciação passou a existir com o Decreto-Lei n.° 176/95, de 26 de Julho.

328   *Estudos de Direito dos Seguros – Intermediação de Seguros e Seguro de Grupo*

senta[204]. Daí que não tenha conseguido encontrar uma explicação plausível para o terceiro vértice daquela relação que se evidenciava tripartida.

E, não delineando a estruturação da relação jurídica em causa, não será possível determinar os direitos e deveres recíprocos de cada uma das partes em relação às outras.

Verifica-se, portanto, que nenhum dos acórdãos permite retirar uma conclusão consistente sobre a natureza jurídica do seguro de grupo.

B – ALGUMAS POSIÇÕES DOUTRINAIS

A doutrina nacional não se tem pronunciado sobre esta questão e, em alguma doutrina estrangeira que trata dos seguros de grupo, verificam-se posições tão díspares[205], quanto as da jurisprudência portuguesa.

---

[204] De salientar que os Acórdãos são anteriores ao Decreto-Lei n.º 176/95, de 26 de Julho que, embora de modo muito incipiente, se vem referir especificamente ao seguro de grupo, designadamente, estabelecendo regras relativas aos deveres de informação.

[205] Cfr., entre outros, Robert H. Jerry, II, Understanding Insurance Law, cit., p. 828, (tradução livre) "Ao contrário do contrato típico entre o segurado e a seguradora, uma apólice de um seguro de grupo envolve 3 partes – a seguradora, o representante do grupo e os detentores de certificados. O representante do grupo (normalmente o empregador) contrata a apólice para o benefício de um grupo de indivíduos de algum modo relacionados com o representante (normalmente empregados). Na realidade, o representante do grupo é um intermediário entre a seguradora e os actuais segurados – os indivíduos que recebem a cobertura e os benefícios do seguro.". A jurisprudência americana divide-se sobre se é um representante da seguradora ou dos segurados, Richard S. Bilisoly, Introduction to Group Insurance, in Group Insurance, editado por William F. Bluhm, Actex Publications Winsted, Connecticut, 1992, pp. 10 e ss. Considera que "A relação contratual é entre o tomador de seguro e a seguradora. Os segurados e seus dependentes são somente terceiros beneficiários; não são parte no contrato.". Esta análise é restrita aos seguros de saúde e vida e Jean-Marc Binon et Marie-Anne

Acresce que, na maioria dos casos, a análise restringe-se a seguros de saúde ou de vida, associados a relações laborais ou a planos nacionais de previdência.

C – DISTINÇÃO DE FIGURAS AFINS

Procuraremos distinguir o seguro de grupo de figuras a que, quer a jurisprudência, quer a doutrina, o procuraram reconduzir e de outras com as quais julgamos que terá algumas afinidades. No entanto, terá também, em relação a elas, significativas diferenças.

Salientamos que as fronteiras são, por vezes, muito ténues e que o seguro de grupo apresenta, na realidade, características comuns com algumas figuras[206]. Tal resulta da sua natureza complexa e do facto de ser uma realidade nova e diferente, que apresenta aspectos de diversas realidades a que não se reconduz.

1. Contrato a favor de terceiro

O seguro de grupo não é um contrato a favor de terceiro[207].

O aderente ao seguro de grupo não é um terceiro em relação ao contrato de seguro. É parte nesse mesmo contrato. Adere ao contrato celebrado entre seguradora e tomador de seguro, tornando-se uma terceira parte nesse contrato. É um verdadeiro titular dos direitos e obrigações resultantes desse contrato e não um mero beneficiário.

Tal não obsta a que o seguro de grupo possa conter contratos a favor de terceiro. Cada adesão ao seguro de grupo pode consubstan-

---

Crijns – L`Assurance Groupe en Belgique, cit., pp. 13 e ss.., consideram que "O seguro de grupo é um seguro colectivo subscrito por um empregador no proveito de todos ou parte dos membros do seu pessoal." Esta análise restringe-se ao seguro de vida.

[206] Como não poderia deixar de ser, sob pena de não serem afins.

[207] O contrato a favor de terceiro vem regulado nos artigos 443.º e seguintes do Código Civil.

330 *Estudos de Direito dos Seguros – Intermediação de Seguros e Seguro de Grupo*

ciar um contrato a favor de terceiro, consoante o ramo e os contornos concretos do seguro que estiver em causa[208].

Outro argumento contra a qualificação do seguro de grupo como contrato a favor de terceiro é o que resulta do art. 444.º n.º 1 do Código Civil. Este artigo estabelece que "O terceiro a favor de quem for convencionada a promessa adquire direito à prestação, independentemente de aceitação.". Ora, a adesão é um elemento imprescindível para que alguém possa pertencer ao universo de pessoas seguras de um seguro de grupo.

Enquanto um beneficiário, adquire o benefício independentemente da aceitação (mesmo o beneficiário de um seguro de vida), a inclusão de alguém num seguro de grupo implica a sua vontade em aderir e um acto formal de adesão[209].

E, no caso dos seguros de grupo contributivos, que são a regra, muito maior importância adquire essa adesão clara. Obter o "benefício" de ser pessoa segura naquele contrato implica pagar um preço, um prémio ou parte dele.

O seguro de grupo não é, portanto, um contrato a favor de terceiro.

2. Contrato para pessoa a nomear

O seguro de grupo não é um contrato para pessoa a nomear[210].

---

[208] Desde logo, um seguro de vida que cubra o risco morte, implica sempre a designação de beneficiários. Num seguro de grupo de vida, os segurados que aderem indicarão os seus beneficiários em caso de morte e, em relação a esses, haverá um contrato a favor de terceiro. A adesão da pessoa segura, efectiva um contrato a favor de terceiro, o beneficiário daquele seguro de vida. O próprio seguro de grupo, relação tripartida, é que não será um seguro a favor de terceiro.

[209] Embora o art. 447.º venha falar na possibilidade de o terceiro beneficiário rejeitar ou aderir, o que é relevante para a questão analisada é a previsão do art. 444.º n.º 1, que prescinde da aceitação. E a adesão a um seguro de grupo não pode ser prescindida.

[210] O contrato para pessoa a nomear vem regulado nos artigos 452.º e ss. do Código Civil.

No contrato para pessoa a nomear, o nomeado adquire os direitos e obrigações do contraente originário, deixando este de o ser. No seguro de grupo tal não ocorre. O aderente assume uma posição no contrato, a de pessoa segura, mas o tomador de seguro mantém a sua posição e qualidade como parte no contrato.

3. Cessão da posição contratual

Pela mesma ordem de razões, o seguro de grupo não é uma cessão da posição contratual.

Por um lado, porque não há qualquer cedência de uma posição no contrato, uma vez que o tomador de seguro se mantém como parte, quando os membros do grupo aderem.

Por outro lado porque, ao contrário do que acontece na cessão da posição contratual, em que a posição cedida é aquela que o cedente efectivamente tem, a posição que o tomador de seguro tem no contrato de seguro de grupo é diferente da que vêm a adquirir os aderentes.

O tomador de seguro negociou o contrato com a seguradora, participou na determinação do seu conteúdo, aceitou as condições gerais que os seguros dos aderentes viriam a ter, contratou os requisitos de pertença ao grupo, tem determinados deveres de informação para com os aderentes e é responsável pelo pagamento do prémio à seguradora.

Os aderentes são as pessoas seguras. É na esfera jurídica deles que ocorre o risco[211]. São eles que reclamam da seguradora o pagamento da indemnização, da renda, do complemento de reforma, do resultado da operação de capitalização[212].

---

[211] Caso se esteja perante um seguro clássico, um seguro material, assente no binómio risco/prémio e não perante um seguro meramente formal, em que não existe risco. Cfr. supra II-C-1..

[212] Consoante o tipo de seguro que esteja em causa e salvo na situação em que exista um seguro a favor de terceiro, em que será o terceiro a solicitar o pagamento à seguradora. Refira-se, a título de exemplo, o seguro de vida sobre o risco morte e o seguro obrigatório de responsabilidade civil automóvel.

Tomador de seguro e aderente a um seguro de grupo têm diferentes posições contratuais, com conteúdos diferenciados, com direitos e obrigações distintos. E são posições simultâneas no contrato. Coexistem entre si e com a posição da seguradora.

4. Gestão de negócios

O seguro de grupo também não consubstancia uma situação de gestão de negócios[213].

Na gestão de negócios, alguém assume a gestão de negócio alheio, sem para tal estar autorizado, no interesse e por conta do respectivo dono.

Podia-se, até, admitir uma noção muito vasta de negócio que englobasse o seguro e que o tomador de seguro, ao contratar o seguro de grupo estaria a agir também no interesse e por conta do aderente. No entanto, o aderente só o virá a ser no futuro, num momento posterior ao da celebração do contrato entre a seguradora e o tomador de seguro. Não será, portanto, dono do "negócio".

O tomador, ao contratar um seguro de grupo, está a criar condições para que os membros do grupo possam vir a ser partes no contrato. Não está, porém, a gerir qualquer negócio dos futuros aderentes.

5. Contrato sob condição

O seguro de grupo não é um contrato sob condição[214].

Podia-se admitir que o contrato de seguro de grupo celebrado entre o tomador e a seguradora ficaria com a sua eficácia suspensa, até que se verificasse a condição de se efectivarem as adesões.

---

[213] A gestão de negócios vem regulada nos artigos 464.º e ss. do Código Civil.

[214] A condição vem regulada nos artigos 270.º e ss. do Código Civil.

No entanto, não será esta a realidade de um seguro de grupo. O conteúdo da relação jurídica entre a seguradora e o tomador de seguro e entre a seguradora e os aderentes é materialmente diferente.

A relação entre a seguradora e o tomador de seguro é estruturante dos seguros que, posteriormente, virão a existir no seio daquele contrato. E, logo que este contrato está celebrado, ele vincula imediatamente as partes. Este contrato é válido e eficaz entre a seguradora e o tomador de seguro e é, logo, fonte de direitos e obrigações entre ambos.

É certo que este contrato não é independente das adesões e só ficará completo quando ocorrerem. Mas a sua eficácia não está condicionada a essas adesões. Inclusive, a promoção dessas adesões será já o cumprimento desse contrato. A relação de seguro propriamente dita, entre a seguradora e o aderente é que só se inicia com essas adesões.

Daí que tenhamos defendido que o seguro de grupo tem dois momentos distintos de formação. Num primeiro momento, celebra-se o contrato entre a seguradora e o tomador de seguro, que é imediatamente eficaz[215] e enforma os contratos de seguro celebrados, num segundo momento, com a adesão dos membros do grupo.

6. Mútua de seguros

O seguro de grupo não é uma mútua de seguros.

Embora o seguro de grupo assente num grupo de pessoas, com ligações entre si e ao tomador de seguro e com interesses comuns, não se apresenta semelhante a uma mútua de seguros que é, no fundo, uma seguradora.

Embora do ponto de vista estrutural e estatutário a mútua de seguros e a empresa de seguros sejam diferentes, a primeira assente numa base cooperativa, de serviço dos cooperantes, a segunda numa base empresarial, com intuitos lucrativos, ambas se apresentam no papel de seguradora.

---

[215] Salvo se as partes acordarem noutro sentido.

Ora, o seguro de grupo é contratado com uma seguradora. Não é, ele próprio, o fundamento de uma situação cooperativa institucional de seguros.

7. Representação

O seguro de grupo não será uma situação de representação[216].

O tomador de seguro, no momento da celebração do contrato com a seguradora, não representa o grupo[217]. Ser representante de alguém, implica ter poderes para agir em nome do representado[218] e o tomador de grupo não os tem[219].

Poder-se-ia pensar numa situação de representação sem poderes.

O art. 268.º do Código Civil estabelece que "O negócio que uma pessoa, sem poderes de representação, celebre em nome de outrem é ineficaz em relação a este, se não for por ele ratificado". À primeira vista parece adequado. A ratificação corresponderia à adesão.

Julgamos, no entanto, que existe um obstáculo de peso. O contrato celebrado pelo tomador de seguro não é celebrado em nome de outrem, mas sim em nome próprio. O tomador de seguro é parte no contrato, mesmo depois de se darem as adesões.

---

[216] A representação vem regulada nos artigos 258.º e seguintes do Código Civil.

[217] O grupo pode, até, ainda nem existir. Pode ser celebrado um contrato de seguro de grupo para um grupo a constituir, prevendo o próprio contrato entre a seguradora e o tomador quais os requisitos de pertença.

[218] Nos termos do art. 258.º do Código Civil.

[219] Pode-se admitir a possibilidade de haver um grupo de pessoas que incumbe outra pessoa de, em sua representação, celebrar um contrato de seguro. Mesmo nesta situação, provavelmente, seriam celebrados tantos contratos individuais quantas as pessoas do grupo, porque o representante, provavelmente, não iria ser parte no contrato. Poder-se-ia, remotamente, conceber a possibilidade de ser celebrado, nessa circunstância, um seguro de grupo, mas seria sempre uma situação excepcional.

Seguro de Grupo 335

E, celebrado o contrato e concretizadas as adesões, o tomador de seguro tanto pode "representar" a seguradora, por exemplo, transmitindo alterações ao contrato, ou efectuando a gestão dos sinistros, como pode "representar" o segurado[220], por exemplo, recebendo e enviando documentação relativa a um sinistro, recolhendo e entregando à seguradora o valor do prémio.

8. Seguro por conta de outrem

O seguro de grupo não será um seguro por conta de outrem[221].

O Código Comercial vem admitir a possibilidade de um seguro ser feito por alguém, por conta de outra pessoa[222]. O critério para determinar que se o seguro é feito por conta própria ou por conta de outrem é o da identificação do titular do interesse nesse seguro. Para o seguro ser válido "(...) aquele por quem, ou em nome de quem o seguro é feito (...)" tem de ter interesse na coisa[223].

Se o próprio que contrata o seguro tem nele interesse, contrata-o por conta própria. Se o interesse é de outra pessoa, pode contratá-lo no interesse dessa outra pessoa[224].

---

[220] Cfr. Robert H. Jerry, II, Understanding Insurance Law, cit., pp. 828 e ss. que refere diversa jurisprudência dos Tribunais americanos que se dividem entre considerar o tomador de seguro como um representante da seguradora ou dos segurados.

[221] O seguro por conta de outrem vem regulado no art. 428.º e ss. do Código Comercial.

[222] Cfr. sobre este assunto, José Carlos Moitinho de Almeida, O Contrato de Seguro no Direito Português e Comparado, cit., pp. 51 e ss.. A tese de mestrado sobre Contrato de Seguro por Conta de Outrem, de José Miguel de Faria Alves de Brito irá, brevemente, encontrar-se disponível na Biblioteca da Faculdade de Direito da Universidade de Lisboa, já constando no resultado da pesquisa.

[223] Nos termos do art. n.º 428.º § 1.º do Código Comercial.

[224] É, por exemplo, o caso do seguro obrigatório de responsabilidade civil automóvel que, nos termos do art. 2.º n.º 2 do Decreto-Lei n.º 522/85, de 31 de Dezembro, pode ser contratado por qualquer pessoa que, ao fazê-lo supre a obrigação do proprietário.

Verifica-se que no seguro de grupo, há sempre um interesse por parte do tomador na sua contratação. Isto não significa que o grupo que poderá vir a aderir não beneficie com isso. Mas o tomador de seguro tem um interesse próprio nessa contratação[225].

Se os membros do grupo têm ou não interesse no seguro é algo que se irá aferir quando lhes for disponibilizada a possibilidade de aderir.

Há que considerar, também, o argumento literal do Código Comercial, que julgamos aplicar-se ao seguro de grupo. O art. 428.º § 2.º do Código Comercial estabelece que "Se não se disser na apólice que o seguro é por conta de outrem, considera-se contratado por conta de quem o fez."

O seguro de grupo é feito por conta do tomador de seguro, que por ter um interesse na sua contratação, celebra o contrato. Depois os aderentes vão beneficiar das condições que foram acordadas.

No entanto, mesmo que se pudesse considerar que não resulta necessariamente da lei que aquele que celebra um contrato por conta de outrem não possa ter, também, um interesse próprio nesse contrato e, até, que não possa ser parte nesse contrato, não parece que a figura do contrato a favor de terceiro possa enquadrar o seguro de grupo.

Mais uma vez, a questão é que a relação entre a seguradora e o tomador de seguro não é a relação de seguro propriamente dita que só vem a concretizar-se com as adesões. Logo, o contrato que entre essas partes se celebra não é por conta dos membros do grupo porque não é, ainda, ele próprio, o seguro, esse sim no interesse das pessoas seguras.

---

[225] Refira-se, a título de exemplo, o seguro de grupo de saúde dos empregados de uma empresa. É uma regalia dos trabalhadores, substitui parte do salário, se os trabalhadores forem saudáveis, trabalham melhor. Ou um seguro de grupo associado a um cartão. É uma mais-valia do cartão, que vai vender mais.

9. Intermediação

A intermediação é um modo de comercialização de seguros. A seguradora pode distribuir directamente os seus produtos, ou comercializá-los através de terceiros. A situação mais usual de intermediação é a mediação de seguros[226].

Existem, no entanto, outros canais de distribuição. Julgamos que o tomador de seguro de grupo é um deles[227].

O tomador de seguro intervém na comercialização de seguros. Celebra o contrato com a seguradora e, depois, promove as adesões dos membros do grupo[228]. Actua no âmbito da distribuição indirecta de seguros colocando, na realidade, o seguro no mercado.

---

[226] Cujo novo regime, aprovado pelo Decreto-Lei n.° 144/2006, de 31 de Julho, entra em vigor, nos termos do art. 107.°, 180 dias após a sua publicação.

[227] Embora os seguros de grupo não apareçam, normalmente, classificados como um canal de distribuição de seguros, há autores que os consideram nessa perspectiva. Veja-se, Jean Bigot e Daniel Langé, Traité de Droit des Assurances, tome 2, La Distribuition de l`Assurance, Paris, 1999, cit, que refere que as seguradoras podem recorrer, a par dos mediadores, «soit d`autres supports que sont les associations souscriptrices d`assurance collectives, ouvertes à la adhésion des adhérents; les établissements de crédit (banque ou établissements de crédit). Veja-se, também, manifestando preocupação sobre o enquadramento na Directiva sobre Mediação, José Pereira Morgado, A Mediação de Seguros, in Boletim Informativo APS, n.° 108, Março 2003, p. 6 e sobre a situação dos bancos como tomadores de seguros de grupo, em França, Catherine Dufrêne e Anne Vathaire, com Gérard Defrance, Directive sur L`Intermédiation, Le décret que menace le courtiers, L`Argus de L`Assurance, n.° 6968, 10 mars 2006, p. 9.

[228] Esta situação terá pouca relevância no âmbito dos clássicos seguros de grupo, normalmente de vida ou saúde, pressupondo uma relação laboral. Nessa situação o universo total é pré-definido, identificado, podendo ser mesmo um grupo completamente fechado, em que só se admitem os membros determinados e a adesão ocorre, normalmente, logo a seguir à celebração do contrato entre a seguradora e o tomador de seguro, ou quando é contratado um novo trabalhador. Sendo o grupo constituído pelos trabalhadores duma empresa, poderá haver alguma oscilação, mas pouco significativa. Já começará a ter maior relevância se for uma grande empresa, com milhares de trabalhadores.

338 *Estudos de Direito dos Seguros – Intermediação de Seguros e Seguro de Grupo*

Esta intermediação efectuada pelo tomador de seguro é tanto mais relevante, quanto maior for a implantação dos seguros de grupo no mercado. E tratando-se de um grupo aberto a um vasto universo de pessoas[229], é um modo muito eficaz de apresentar um produto no mercado[230].

No entanto, o tomador ao intervir na distribuição de seguros como intermediário, no sentido de que é um terceiro em relação à seguradora e promove a adesão a um produto que esta pretende comercializar, é muito mais do que um distribuidor indirecto de seguros. O tomador de seguro de um seguro de grupo é parte no contrato. Falta-lhe, portanto, uma característica fundamental da mediação que é a de ser terceiro em relação ao contrato que se celebra entre as partes. Entre a seguradora e o aderente celebra-se, realmente, um contrato que foi apresentado pelo tomador. No entanto, esse contrato é um contrato tripartido e o tomador é a sua terceira parte[231].

Embora intervenha como intermediário, no sentido de que é terceiro em relação à seguradora e, nessa medida, um canal de distribuição indirecta de seguros, é parte no contrato de seguro de grupo que se celebra.

10. Contrato-quadro

O seguro de grupo não será um contrato-quadro.

"O contrato-quadro consiste num modelo contratual atípico, aplicável a uma infinidade de tipos contratuais, em que as partes estruturam a sua relação jurídica com recurso a uma sucessão de acordos"[232].

---

[229] Cfr. supra .Refira-se, a título de exemplo, um seguro de grupo contratado entre uma seguradora e um banco, a que poderão aderir os clientes do banco, presentes e futuros.

[230] Embora se possam colocar algumas questões relativas à legalidade da situação.

[231] O segunda, atendendo a um critério cronológico.

[232] Cfr. Maria Raquel Aleixo Antunes Rei, Do Contrato-Quadro, Tese de Mestrado de Direito Civil, Faculdade de Direito do Lisboa, 1997, p. 87.

No contrato-quadro, distinguem-se o contrato-base e os contratos de execução. As partes começam por estabelecer um quadro negocial, os padrões que se comprometem a respeitar e os contornos do que virão a ser os contratos de execução. Os contratos de execução concretizam o contrato-base e já quase não necessitam de negociação, limitam-se muitas vezes a ordens de encomenda.

As semelhanças entre o seguro de grupo e o contrato-quadro assentam, essencialmente, no facto de ambos terem uma estrutura complexa multi-contratual[233].

No entanto, o seguro de grupo não será um contrato-quadro, porque os "contratos de execução" não são entre as partes, não são entre a seguradora e o tomador de seguro. São outras pessoas, que não as que celebraram o "contrato-base", as que o vão concretizar.

O contrato de seguro de grupo é celebrado entre a seguradora e o tomador de seguro, efectivamente estabelece o quadro dos seguros que sob ele virão a existir, contém as condições gerais e especiais dos seguros que vierem a nascer das adesões que existirem, mas a sua concretização não ocorre através de novos contratos entre a seguradora e o tomador de seguro, mas através de adesões de pessoas do grupo ao contrato originário.

Admitindo-se a possibilidade de os contratos de execução de um contrato-quadro não terem necessariamente de ocorrer entre as partes que o celebraram, poderá admitir-se que o contrato de seguro de grupo o seja.

O contrato celebrado entre a seguradora e o tomador de seguro aprovaria o quadro em que se concretizariam os seguros dos membros do grupo aderentes.

---

[233] Cfr. Maria Raquel Aleixo Antunes Rei, Do Contrato-Quadro, cit. pp. 64 e ss. que refere que "O contrato-quadro, considerado no conjunto do contrato base (contrato-quadro stricto sensu) e dos vários contratos de execução, possui uma estrutura complexa: para a prossecução do interesse das partes é necessária a celebração do contrato base e de sucessivos contratos de execução e não apenas de um único negócio jurídico.".

340 *Estudos de Direito dos Seguros – Intermediação de Seguros e Seguro de Grupo*

D – DIVERSOS ASPECTOS DA NATUREZA JURÍDICA DO SEGURO DE GRUPO

Verificado o que o seguro de grupo não é ou, pelo menos, não é exclusivamente, há que verificar o que é[234].

O seguro de grupo é um contrato intrincado, que não se pode reconduzir a uma figura. A sua natureza jurídica apresenta aspectos de vários institutos o que, tendo em consideração a complexidade que apresenta, é perfeitamente compreensível.

Haverá, portanto, mais do que o reconduzir a uma categoria, procurar retirar das suas características a sua natureza e, com essas conclusões, procurar defini-lo.

1. **Negócio jurídico**

Desde logo e começando pela sua natureza mais básica, é um negócio jurídico, visto que assenta em manifestações de vontade.

2. **Contrato**

O seguro de grupo é um contrato. Não é um negócio jurídico unilateral. Tem mais do que uma parte.

Embora não corresponda ao modelo clássico de contrato que é bitateral[235].

---

[234] Cfr., sobre as características do contrato de seguro, F. C. Ortigão Oliveira e Maria Manuel Busto, Itenerário Jurídico dos Seguros, 2ª Edição, Editora Rei dos Livros, 1998, pp. 17 e ss., José Valente Martins, Notas Práticas sobre o Contrato de Seguro, cit., pp. 23 e ss. e Yvonne Lambert-Faivre, Droit des Assurances, Dalloz, 11.ª Edição, 2001, 180 e ss..

[235] O que não será impeditivo para que assim seja classificado. O contrato de sociedade, por exemplo, é multi-lateral e não deixa, por isso, de ser um contrato.

Seguro de Grupo 341

O seguro de grupo é um contrato trilateral. Tem três partes, que são a seguradora, o tomador de seguro e os aderentes[236].

3. Sinalagmático

O contrato de seguro de grupo será um contrato sinalagmático. É formado por um feixe de direitos e obrigações recíprocos entre as suas três partes[237].

4. Comercial

O art. 425.º do Código Comercial vem estabelecer a natureza comercial do contrato de seguro e, aplicando-se ao seguro de grupo, a natureza comercial do seguro de grupo, nos termos que aí são estabelecidos.

5. De seguro

O seguro de grupo é um seguro. É material ou formalmente um seguro.

Em regra, estará em causa um contrato aleatório em que uma parte assume um risco e outra paga um prémio. Mas poderão estar em causa operações de capitalização, em que existirá um seguro em sentido formal, um contrato em que é parte uma seguradora enquanto tal.

---

[236] Existem outros contratos trilaterais. Refira-se, a título de exemplo, o contrato de cedência temporária de trabalhadores.

[237] Cfr. sobre contratos bilaterais e sinalagmáticos Mário Júlio de Almeida Costa, Direito das Obrigações, cit., pp. 325 e ss. e Luís de Menezes Leitão, Direito das Obrigações – Volume I, Almedina, 2003, pp. 179 e ss..

342   *Estudos de Direito dos Seguros – Intermediação de Seguros e Seguro de Grupo*

6. Formal

O legislador exige a forma escrita para o contrato de seguro, desde logo, no art. 426.° do Código Comercial.

7. Nominado

O Decreto-Lei n.° 176/95, de 26 de Julho, nomeia-o[238].

8. Típico

Embora a noção de tipicidade não seja unânime[239], uma vez que o seguro de grupo se encontra definido no Decreto-Lei n.° 176/95, de 26 de Julho, do qual resultam os seus contornos, conseguindo-se identificar o seu regime jurídico, em alguns aspectos especificamente determinado, parece poder-se considerar um contrato típico.

---

[238] Cfr. supra III-A-1..

[239] Sobre a tipicidade do negócio ou contrato, veja, António Menezes Cordeiro, Tratado de Direito Civil Português, ob. cit., p. 472 que considera que "O negócio é típico quando a sua regulação conste da lei". Face a esta definição é duvidoso que o contrato de seguro de grupo esteja devidamente tipificado. O legislador não lhe atribui um regime jurídico autónomo, salvo o art. 4.° do Decreto-Lei n.° 176/95, de 26 de Julho, que é pouco para se poder estabelecer os contornos de um tipo contratual. No entanto, se como Rui Pinto Duarte, Tipicidade e Atipicidade dos Contratos, Colecção Teses, Almedina, 2000, p. 42 se entender "tipo legal" como a possibilidade de "encontrar na lei elementos que nos permitam delimitar um modelo que seja reconhecível fora (e, por via de regra, antes) do mundo do Direito.", poder-se-á considerar típico.

9. Oneroso

O contrato de seguro de grupo é oneroso[240] dado que implica o pagamento de um prémio.

De referir, no entanto, que nos seguros de grupo não contributivos esse carácter oneroso só existe em relação ao tomador de seguro.

10. Formado em dois momentos

O seguro de grupo forma-se em dois momentos distintos.

No primeiro momento, celebra-se o contrato entre a seguradora e o tomador de seguro, que vai ser a base, vai definir o conteúdo e as condições dos contratos de seguro dos aderentes. A seguradora e tomador de seguro estabelecem os contornos do grupo e as condições gerais e especiais do contrato.

No segundo momento, os membros do grupo aderem ao contrato que já existe. Este segundo momento, na realidade, serão tantos momentos quantas as adesões. Com a primeira adesão inicia-se a cobertura do seguro material ou a operação de capitalização. A partir daí, cada nova adesão dará origem a uma nova relação de seguro, entre a seguradora e o novo aderente, no âmbito daquele contrato de seguro de grupo existente entre a seguradora e o tomador de seguro.

11. Trilateral

O seguro de grupo é um contrato trilateral, que consubstancia uma relação tripartida.

---

[240] Cfr. sobre onerosos e gratuitos Luís de Menezes Leitão, Direito das Obrigações, cit., pp. 181 e ss. e Mário Júlio de Almeida Costa, Direito das Obrigações, cit., pp. 332 e ss..

344 *Estudos de Direito dos Seguros – Intermediação de Seguros e Seguro de Grupo*

O seguro de grupo funciona com base numa relação jurídica triangular em que cada vértice do triângulo (seguradora, tomador de seguro, pessoa segura) tem uma série de direito e obrigações em relação aos outros dois vértices. Isto é, a seguradora tem obrigações para com o tomador de seguro[241] e para com as pessoas seguras[242]. O tomador de seguro tem obrigações para com a seguradora[243] e tem obrigações para com as pessoas seguras[244]. A pessoa segura tem deveres para com a seguradora[245] e tem deveres para com o tomador de seguro[246].

12. **Complexo**

O seguro de grupo assenta num contrato bastante complexo.

É formado, em dois momentos distintos, pelo contrato celebrado entre a seguradora e o tomador de seguro e pelas adesões dos membros do grupo ao contrato inicial. Só no segundo momento é que, na realidade, existe um contrato de seguro propriamente dito. No entanto, esse contrato de seguro tem como pressuposto, o contrato de seguro de grupo celebrado entre a seguradora e o tomador.

O contrato celebrado entre a seguradora e o tomador de seguro é, na realidade, um plano de seguro. A seguradora predispõe-se a aceitar os riscos do grupo, mediante o pagamento de um prémio médio. Mas, nesse momento, nenhum risco está ainda a ser coberto, nenhum prémio é ainda devido. Só no momento em que se torna rea-

---

[241] Destacam-se, por exemplo, os deveres de informação.

[242] Principalmente, o pagamento do acordado no seguro, nomeadamente, a indemnização, as despesas de saúde ou a pensão.

[243] De que se destaca a obrigação de lhe pagar o prémio.

[244] Refiram-se os deveres de informação, por serem especificamente regulados pelo legislador.

[245] Por exemplo, participar os sinistros, boa fé, dar informações completas e verdadeiras sobre o risco.

[246] Por exemplo, pagar a sua parte do prémio nos seguros contributivos.

lidade a primeira adesão é que passa a haver, realmente, um contrato de seguro.

O contrato de seguro de grupo é, portanto, formado por um plano de seguro e por tantos contratos de seguro quantas forem as adesões.

É certo que haverá uma única apólice que conterá as condições gerais e especiais do contrato e tantas condições particulares, quantos forem os aderentes.

Para se saber, em relação a cada aderente, qual é o conteúdo concreto do seu seguro, terá de se verificar o conteúdo das suas condições particulares e, depois, de acordo com essas condições particulares, verificar as condições especiais e gerais previstas no contrato de seguro de grupo que têm aplicação.

E – DEFINIÇÃO DE SEGURO DE GRUPO

Definir o seguro de grupo não é, como se verifica, tarefa fácil.

No entanto, temos a convicção que as definições são tanto melhores quanto mais simples[247].

É, portanto, uma definição muito simples que, temos a expectativa, poderá abarcar a complexa realidade do seguro de grupo, a que propomos.

Seguro de grupo é o contrato celebrado entre seguradora e tomador de seguro a que aderem, como pessoas seguras, os membros dum determinado grupo ligado ao tomador.

---

[247] Cfr., com esta opinião, Pedro Martinez, Teoria e Prática dos Seguros, cit., pp. e ss..

V – CONCLUSÕES GERAIS

1. É no início do século XX que surgem os primeiros seguros de grupo, com os contornos que hoje conhecemos. Ganham um forte impulso com a 2ª Guerra Mundial e, até à actualidade têm-se vindo a impor, representando hoje em dia uma percentagem muito significativa da totalidade de seguros do mercado.

2. O seguro de grupo é interessante, por razões diversas, para a seguradora, para o tomador de seguro e para o aderente.

3. Há várias espécies de seguro de grupo, que surgem em todos os ramos com tomadores de seguro cada vez mais diferenciados e com grupos cada vez menos homogéneos e cada vez mais amplos.

4. O seguro de grupo é, material ou formalmente, um seguro, consoante assente no binónio risco/prémio, ou se caracterize por ter como parte uma seguradora, enquanto tal.

5. Pressupõe um grupo, que é um conjunto de duas ou mais pessoas, que têm em simultâneo uma ligação ao tomador de seguro e uma ligação a cada um dos outros membros do grupo, correspondendo essa ligação a um vínculo, a uma relação jurídica distinta do seguro, ou a um interesse juridicamente relevante. Sem grupo não pode haver seguro de grupo.

6. O seguro de grupo tem dois momentos necessários à sua formação. Um primeiro momento em que se celebra um contrato entre a seguradora e o tomador de seguro que não acumula essa qualidade com a qualidade de pessoa segura e um segundo momento de adesão dos membros do grupo que se tornam pessoas seguras.

7. O seguro de grupo assenta numa relação trilateral, que se desenvolve entre seguradora, tomador de seguro e aderente.

8. O seguro de grupo é um contrato muito complexo.

9. No que diz respeito ao seu regime jurídico, em primeira linha, são chamadas a regular o contrato as condições acordadas entre as partes, desde que não colidam com normas imperativas.

10. Além dessas aplicam-se, em princípio, as regras gerais dos contratos e as regras gerais do seguro. No entanto, é sempre necessário ter em consideração as especificidades do seguro de grupo e efectuar as necessárias adaptações.

11. O Decreto-Lei n.° 176/95, de 26 de Julho tem uma disposição que regula os seguros de grupo, o art. 4.° e tem várias disposições que especificamente referem os seguros de grupo. As restantes disposições parecem poder ser aplicadas aos seguros de grupo, procedendo-se às adaptações que se mostrem necessárias às especiais características dos seguros de grupo, o mesmo acontecendo com o Decreto-Lei n.° 94-B/98, de 17 de Abril e com o Código Comercial.

12. O Decreto-Lei n.° 446/85, de 25 de Outubro será aplicável às adesões dos membros do grupo ao seguro, uma vez que estará sempre em causa uma adesão a cláusulas não negociadas pelos aderentes. Nas relações entre a seguradora e o tomador de seguro poderão aplicar-se ou não, consoante tenha ou não existido negociação específica.

13. As leis de defesa dos consumidores poderão aplicar-se na mesma medida que poderiam ser aplicáveis ao contrato de seguro individual, sempre que esteja em causa um consumidor e se encontrem preenchidos os requisitos de aplicação específicos de cada lei.

14. A jurisprudência e a doutrina têm posições muito diversas e por vezes contraditórias sobre a natureza jurídica do seguro de grupo.

15. O seguro de grupo distingue-se de várias figuras afins, nomeadamente, do contrato a favor de terceiro, do contrato para pessoa a nomear, da cessão da posição contratual, da gestão de

negócios, do contrato sob condição, da mútua de seguros, da representação, do contrato por conta de outrem.

16. O seguro de grupo é uma situação de distribuição indirecta de seguros, nomeadamente, de intermediação. Essa figura enquadra a perspectiva da comercialização de seguros associada ao seguro de grupo, mas não a sua natureza jurídica, dado que o tomador de seguro é parte no contrato.

17. O seguro de grupo poderá ser um contrato-quadro, se se admitir que os contratos de execução do contrato-quadro não teriam necessariamente de ocorrer entre as partes que o celebraram.

19. O seguro de grupo é um contrato sinalagmático, comercial, de seguro, formal, nominado, típico, oneroso, formado em dois momentos e trilateral. É um contrato complexo formado por um plano de seguro e por tantos contratos de seguro quantas forem as adesões.

20. Seguro de grupo é o contrato celebrado entre seguradora e tomador de seguro a que aderem, como pessoas seguras, os membros dum determinado grupo ligado ao tomador.

BIBLIOGRAFIA

AAVV – «Assurance des groupes ou fonds de pension», in Le Monde de l`Assurance, 2006, pp. 25 e ss..

Almeida, Ana Costa de – Direito e Internet, MinervaCoimbra, 2002.

ALMEIDA, José Carlos Moitinho de – Cláusulas Abusivas e o Contrato de Seguro, Comunicação no Congresso Luso-Hispano de Direito dos Seguros, Lisboa, Novembro 2005.
– O Contrato de Seguro no Direito Português e Comparado, Livraria Sá da Costa, Lisboa, 1971.
– "O Mediador na conclusão e execução do contrato de seguro", in Scientia Iuridica, Tomo LV, n.º 305, Jan.-Mar. 2006, pp. 23 e ss..

ALVES, Eugénia – Guia do Consumidor de Seguros, Instituto do Consumidor e Instituto de Seguros de Portugal, 2ª edição revista, 2002.

ALVES, Paula – "Comunicação e Informação de Cláusulas Contratuais Gerais – Especificidades do Contrato de Seguro", in Fórum, Ano VI, n.º 14, Janeiro 2002, pp. 31 e ss..

BAARS, Geoff e Nick Sennett, The fundamentals of group insurance, Swiss Re Zurich, 1994.

B.C.A.C. – Guide de l`Assurance de Groupe, Paris, 1981.

BERDOT, François – «L`Assurance de Groupe après les réformes législatives du 31 décembre 1989», in RGAT, n.º 4, 1990, pp. 775 e ss..

BICHOT, Pierre – « Contrats à Distance, Nouveau Droit de la Distri-

354 *Estudos de Direito dos Seguros – Intermediação de Seguros e Seguro de Grupo*

buition », in Tribune de l`Assurances, n.º 97, Janvier 2006, pp. 30ᵉ ss..

BIGOT, Jean, Traité de Droit des Assurances, tome 2, La Distribuition de l`Assurance, Paris, 1999 e tome 3 Le Contrat d`Assurance, Paris, 2002.

BIGOT, Jean – Revue Générale du Droit des Assurances, L.G.D.J., 3, 2005, pp. 89 e ss..

BILISOLY, Richard S. – «Introduction to Group Insurance», in Group Insurance, editado por William F. Bluhm, Actex Publications Winsted, Connecticut, 1992, pp. 4 e ss..

BINON, Jean-Marc et Marie-Anne Crijns – L`Assurance Groupe en Belgique, Collection Droit des Assurances, n.º 9, Academia Bruylant, Bruxelles,1996.

BLUHM, William F. – Group Insurance, Actex Publications Winsted, Connecticut, 1992.

CALDAS, Luís Filipe – "Direitos e Deveres de Informação: Sanção das Declarações Inexactas do Tomador", in III Congresso Nacional de Direito dos Seguros, Almedina, 2003, pp. 279 e ss..

CALONGE CONDE, Mónica – "Las Modificaciones del Régimen de Contratación en Seguro en la Ley 34/2003 y en el Real Decreto 397/2004", in Revista Española de Seguros, n.º 120, Outubro / Dezembro 2004, pp. 535 e ss..

CAMACHO CLAVIJO, Sandra – "Contratação Electrónica de Seguros", Comunicação no Congresso Luso-Hispano de Direito dos Seguros, Lisboa, Novembro 2005.

CASBAS, P. – «Technique, pratique de l`Assurance Groupe», Largus, Paris, 1976.

CARDOSO, Catarina Figueiredo – "A actividade seguradora na Internet, Alguns Aspectos", in Fórum, Ano VI, n.º 15, Agosto 2003, pp. 19 e ss.
– "O contrato de Seguro na Internet, Alguns Aspectos", in Fórum, Ano VII, n.º 16, Janeiro 2003, pp. 45 e ss..

– "A obrigação de prestação de informações pré-contratuais no âmbito da actividade seguradora e dos fundos de pensões, O comércio electrónico em especial", in Fórum, Ano VIII, n.º 19, Agosto 2004, pp. 19 e ss..

Carlos, Guilherme da Palma – "Valor e Função Social do Contrato de Seguro", in II Congresso Nacional de Direito dos Seguros, Almedina, 2001, pp. 117 e ss..

Clarke, Malcom – The Law of Insurance Contracts, 4th Edition, LLP, London, 2002.

Contant, Albert – Guide des Assurances, Pierre Roger Cia, Éditeurs, Paris, 1911.

Cool, Yorick – "Signature Électronique et Signature Manuscrite: Soeurs enemies ou soeurs Jummelles?", in Droit des Technologies de l'Information, Regards Prospectifs, sur la direction de Étienne Montero, Cahiers du Centre de Recherches Informatique et Droit, Bruylant, Bruxelles, 1999, pp. 65 e ss..

Cordeiro, António Menezes – Da Reforma do Direito dos Seguros, in III Congresso Nacional de Direito dos Seguros, Almedina, 2003.
– Da Modernização do Direito Civil, Volume I Aspectos Gerais, Almedina, 2004.
– Manual de Direito Comercial, Almedina, 2001, pp. 544 e ss..
– Tratado de Direito Civil Português, Tomo I, 3ª Edição, Almedina, 2005.

Cordeiro, António Menezes e Carla Teixeira Morgado – Leis dos Seguros anotadas, Almedina, 2002.

Correia, Miguel Pupo – "Portugal : Documentos Electrónicos e Assinatura Digital: As Novas Leis Portuguesas", Revista Electrónica Derecho Informático, n.º 23 (Junio 2000) in http://premium.vlex.com/doctrina/REDI_Revista_Electronica_Derecho_Informatico.

Costa, Mário Júlio de Almeida – Direito das Obrigações, 9ª Edição, 2005.

356 *Estudos de Direito dos Seguros – Intermediação de Seguros e Seguro de Grupo*

CUCINOTTA, Giovanni – "Il rischio, la responsabilità sociale e la Comunicazione Assicurativa", in Assicurazioni Rivista di Diritto, Economia e Finanza delle Assicurazioni Private, Anno LXXII, n.° 3, Luglio-Settembre 2005, pp. 397 e ss..

CUCINOTTA, Tommaso – «Firma digitale e assicurazione: aspetti tecnologici», in L`Economia Digitale e il Settore Assicurativo, IRSA, Milano, 2003, pp. 221 e ss..

DEFRANCE, Gerad – «Obligation d`information de la bancque souscriptrice, in L`Argus de L`Assurance, Dossier Juridiques», n.° 6962, 27 Janvier 2006, pp. 1 e ss..

– La vente à distance soumise à ordonnances, in L`Argus de L`Assurance, Dossier Nouvelles Technologies, n.° 6962, 27 Janvier 2006, pág. 28 a 33.

DIAS, Mónica – À Descoberta dos Seguros, Guias Práticos DECO, 2002.

DUARTE, Rui Pinto – Tipicidade e Atipicidade dos Contratos, Colecção Teses, Almedina, 2000.

DUBUISSON, Bernard, Callewaert e Annette Everard – Code des Assurances, Textes au 1er juin 2005, Bruylant, Bruxelles, 2005.

DUFRÊNE, Catherine e Anne Vathaire, com Gérard Defrance – Directive sur L`Intermédiation, Le décret que menace le courtiers, L`Argus de L`Assurance, n.° 6968, 10 mars 2006, pp. 9 e ss..

FAGNAT, Jean-Luc – Bancasurfinance, Collection de la Faculté de Droit de l`Université Libre de Bruxelles, Bruylant, Bruxelles, 2005.

FROTA, Mário – "Registo das Cláusulas Abusivas – o caso português", in Revista Portuguesa do Direito do Consumo, n.° 45, Março 2006, pp. 13 e ss.

GARCIA, Cristina – "Información en y para Internet", in Actualidad aseguradora, n.° 13, año 112, 14-IV-3003, p. 37.

GAUCLIN-EYMARD, Nathalie et Jean-Antoine Chabannes – Le Manuel de l`Assurance-Vie, tome 2, L`Argus, Paris, 1993.

GLANSDORFF, François et Roland Hardy – « La Protection à l`Égard des Clauses Abusives », in Bancassurfinance, sous la direction de Jean-Luc Fagnart, Collection de la Faculté de Droit de L`Université Libre de Bruxelles, Bruylant, Bruxelles, 2005, pp. 491 e ss..

GOMES, José Caramelo – "Contrato de Seguro e Tecnologias de Informação", in III Congresso Nacional de Direito dos Seguros, Almedina, 2003, pp. 65 e ss..

GOMES, Júlio – "O Dever de Informar do Tomador de Seguro na Fase Pré-contratual", in II Congresso Nacional de Direito dos Seguros, Almedina, 2001, pp. 75 e ss..

GONZÁLEZ, Óscar – "Los sistemas de negociación online (e-markets)", in Actualidad aseguradora, n.º 13, año 112, 14-IV-3003, pp. 39 e ss..

GOSSOU, Sylvestre – «Bancassurance Questions de Vocabulaire», in La Tribune de l`Assurance, n.º 97, Janvier 2006, pág. 25 e 26.

GOUVEIA, Mariana França e Jorge Morais Carvalho, Conflitos de Consumo, Almedina, 2006.

GRÉGROIRE, Michèle e Vanessa de Francquen – «Bancassurfinance Devoir d`Information», in Bancassurfinance, sous la direction de Jean-Luc Fagnart Collection de la Faculté de Droit de L`Université Libre de Bruxelles, Bruylant, Bruxelles, 2005, pp. 339 e ss..

GRETZ, Francis et Claude Pichot – Connaître et Comprendre la Loi sur le Contrat d`Assurance Terrestre, La Tribune de l`Assurance, 1997, Paris.

GUIMARÃES, Miguel – "Soluções Seguradoras para Desafios Sociais", in O Economista, Anuário da Economia Portuguesa, 2005

HARDY, Roland e François Glansdorff – "La Protection à l`Égard des Clauses Abusives", in Bancassurfinance, Collection de la Faculté de Droit de L`Université Libre de Bruxelles, Bruylant, Bruxelles, 2005, pp. 491 e ss..

358 *Estudos de Direito dos Seguros – Intermediação de Seguros e Seguro de Grupo*

HAUTE, Erik van den – «La vente de produits d`Assurance par les Banques: Pièges et Écueils», in Bancassurfinance, sous la direction de Jean-Luc Fagnart, Collection de la Faculté de Droit de L`Université Libre de Bruxelles, Bruylant, Bruxelles, 2005 pp. 203 e ss..

HOGG, Martin, "Secrecy and Signatures – Turning the Legal Spotlight on Encryption and Electronic Signatures", in Law and the Internet, A Framework for Electronic Commerce, Edited by Lilian Edwards and Charlotte Waelde, Second Edition, Hart Publishing, Oxford – Portlad Oregon, 2000, pp. 37 e ss..

ILLESCAS ORTIZ, Rafael e Maria José Morrillas Jarilho – Código de Seguros, Séptima Edición, Tecnos, Madrid, 2004.

ILLESCAS ORTIZ, Rafael – Contratação Electrónica de Seguros, Comunicação no Congresso Luso-Hispano de Direito dos Seguros, Lisboa, Novembro 2005.

JERRY, II, Robert H. – Understanding Insurance Law, Legal Texts Series, Matthew Bender, USA, 1996.

JOUHAUD, Yves – Evolution de la Jurisprudence en Matière d`Assurance, in Risques, n.° 10, Avril-Juin, 1992, pp. 59 e ss..

LABBÉ, Claire – «Sida et Assurances», in Les Dossiers du Journal des Tribunaux, n.° 3, Bruxelles, 1994.

LAMBERT-FAIVRE, Yvonne – Droit des Assurances, Dalloz, 11.ª Edição, 2001.

LARCHER, Sara – "Contratos Celebrados através da Internet: Garantias dos Consumidores contra Vícios na Compra e Venda de Bens de Consumo", Separata da obra Estudos do Instituto de Direito do Consumo, Volume II, Almedina, 2005.

LEITÃO, Luís Menezes – "Direito das Obrigações – Volume I, Almedina, 2003.

MADEIRA, José Diogo – "E-seguros: Oportunidades e ameaças", Fórum, Ano IV, n.° 12, Dezembro 2000, pp. 47 e ss..

Seguro de Grupo

MANGHETTI, Giovanni – Multinational Insurance Groups: The Main Problem for Supervisors, in The Geneva Papers on Risk and Insurance, Vol. 27, n.º 3 (July 2002), pp. 310 e ss..

MARTINEZ, Pedro – Teoria e Prática dos Seguros, Lisboa, 1953.

MARTINEZ, Pedro Romano – Conteúdo do Contrato de Seguro e Interpretação das Respectivas Cláusulas, in II Congresso Nacional de Direito dos Seguros, Almedina, 2001, pp. e ss.

MARTINEZ, Pedro Romano – Contrato de Seguro e Informática, in III Congresso Nacional de Direito dos Seguros, Almedina, 2003, pp. 27 e ss..
– Direito dos Seguros, Principia, 1ª Edição, 2006.

MARTINS, José Valente – Notas Práticas sobre o Contrato de Seguro, Quid Juris, 2006.

MARTINS, Manuel da Costa – "Considerações sobre o Valor e Função Social do Contrato de Seguro", in II Congresso Nacional de Direito dos Seguros, Almedina, 2001, pp. 141 e ss..

MARTINS, Manuel da Costa – "Contributo para a Delimitação do âmbito da Boa Fé no Contrato de Seguro", in III Congresso Nacional de Direito dos Seguros, Almedina, 2003, pp. 167 e ss..

MARTINS, Manuel da Costa – "Regime Jurídico do Pagamento de Prémios de Seguro", in III Congresso Nacional de Direito dos Seguros, Almedina, 2003, pp. 293 e ss..

MEIRA, Carlos – "Bancassurance", in Bolsa dos Seguros, Revista de Seguros e Pensões, Ano 9, n.º 23, Maio 2006, pp.22 e ss..

MENDOZA, Elena – "Internet, evolución de los modelos de negocio", in Actualidad aseguradora, n.º 13, año 112, 14-IV-3003, p. 38.

MONTEIRO, Jorge Sinde – "Assinatura electrónica e certificação", in Direito da Sociedade da Informação, Volume III, Associação Portuguesa do Direito Intelectual, Coimbra Editora, 2002, pp. 109 e ss..

MONTERO, Étienne e Dedier Gobert – "La signature dans les contrats et les Paiements Électroniques: L`approche Fonctionelle, in Commerce Électronique, Le Temps des Certitudes, Cahiers du

Centre de Recherches, Informatique et Droit, n.º 17, Bruylant, Bruxelles, 2000, pp. 53 e ss..

MORGADO, José Pereira, A Mediação de Seguros, in Boletim Informativo APS, n.º 108, Março 2003.

OGDEN, David F. – The Players in the Group Insurance Marketplace, in Group Insurance, editado por William F. Bluhm, Actex Publications Winsted, Connecticut, 1992, pp. 15 e ss..

OLIVEIRA, Arnaldo Filipe – "Contratos de Seguro Face ao Regime das Cláusulas Contratuais Gerais", in BMJ 448, 1995, pp. 69 e ss..

– "Dois Exemplos Portuguesas da Resistência Material do Contrato de Seguro ao Direito das Cláusulas Contratuais Gerais", in BMJ 467, 1997, pp. 5 e ss..

– Cláusulas Abusivas e o Contrato de Seguro, Comunicação no Congresso Luso-Hispano de Direito dos Seguros, Lisboa, Novembro 2005.

OLIVEIRA, Elsa Dias – A Protecção dos Consumidores nos Contratos Celebrados através da Internet, Almedina, 2002.

OLIVEIRA, F.C.Ortigão e Maria Manuel Busto – Itenerário Jurídico dos Seguros, 2ª Edição, Editora Rei dos Livros, 1998.

PEREIRA, Alexandre Dias – Comércio Electrónico na Sociedade da Informação: da Segurança Técnica à Confiança Jurídica, Almedina, 1999.

PORRAS RODRIGUEZ, António – El Seguro de Grupo, Aspectos normativos, técnicos y actuariales, Centro de Estudios del Seguro, S.A., Madrid, 1991.

PORTUGAL, Luís – "Banca e Seguros de mãos dadas", Dossier in Bolsa dos Seguros, Revista de Seguros e Pensões, Ano 9, n.º 23, Maio 2006, pp. 28 e ss..

REI, Maria Raquel Aleixo Antunes – Do Contrato-Quadro, Tese de Mestrado de Direito Civil, Faculdade de Direito do Lisboa, 1997.

RIBERA, Amparo – Fidelización en Bancaseguros, in Actualidad Aseguradora, n.º 3/2006, 30 enero, año 115, pág. 13.

ROCHA, Manuel Lopes – "A Assinatura Electrónica, Uma Via Portuguesa "Original"?", in Fórum, Ano VI, n.º 14, Janeiro 2002, pp. e ss. 43 e ss..

RODRIGUES, Luís Silveira – "Os consumidores e a Sociedade da Informação", in AAVV, Direito da Sociedade da Informação, Volume III, Associação Portuguesa do Direito Intelectual, Coimbra Editora, 2002, pp. 296 e ss..

SÁ, Almeno de, Cláusulas Contratuais Gerais e Directiva sobre Cláusulas Abusivas, 2ª Edição, Almedina, 2001.

SENDIN, Paulo M. E Arnaldo F. Da Costa Oliveira – Seguros e Fundos de Pensões, in Colectânea de Legislação Comercial, Tomo IV, Centro de Direito Comercial e de Direito da Economia da Faculdade de Direito da Universidade Católica Lisboa, Almedina, 2002.

SILVA, João Calvão da – Banca, Bolsa e Seguros, Tomo I, Parte Geral, Almedina, 2005.

SILVEIRA, Francisco Caeiro da – Seguros em Ambiente Digital – Cadeia de Fornecimento e Qualidade de Serviço, Universidade de Aveiro, 2005.

STIGLITZ, Rubén S. – El Seguro Colectivo o de grupo en Argentina, in Revista Española de Seguros, n.º 116, Outubro / Dezembro 2003.

SOARES, Adriano Garção, José Maria dos Santos e Maria José Rangel de Mesquita – Seguro Obrigatório de Responsabilidade Civil Automóvel, 2.ª Edição Revista e Aumentada, Almedina, 2001.

STUYCK, Jules, Evelyne Terryn e Tom Van Dick – "Confidence Through Fairness? The new Directive on Unfair Business-to-Consumer Commercial Practices in the Internal Market", in Common Market Law Rteview 43, 2006, pp. 107 e ss..

SWAGER, Gary K. – "Overview of sales and marketing, in Group

362 *Estudos de Direito dos Seguros – Intermediação de Seguros e Seguro de Grupo*

Insurance", editado por William F. Bluhm, Actex Publications Winsted, Connecticut, 1992, pp. 30 e ss..

TIRADO SUAREZ, Francisco Javier – Cláusulas Abusivas e o Contrato de Seguro, Comunicação no Congresso Luso-Hispano de Direito dos Seguros, Lisboa, Novembro 2005.

TOURNAI, René Carton de e Charles Deleers – Les Assurances de Groupes, Eléments techniques, juridiques, sociaux et fiscaux, Bruxelles, 1965.

VASQUES, José – Declaração do Risco, Deveres de Informação e Boa Fé, in Boletim Informativo da Spaida, n.º 1, Janeiro 2004, pp. 6 e ss..

– Contrato de Seguro, Coimbra Editora, 1999.

– Direito dos Seguros, Coimbra Editora, 2005.

VERGÉS ROGER, Javier, Diego Gálvez Ochoa e Juan Fernandés Palacios – Manual de Gestion del Seguro de Vida, Centro de Estudos del Seguro, Madrid, 1992.

VICENTE, Dário Moura – Problemática Internacional da Sociedade da Informação, Almedina, 2005.

VIEIRA, José Alberto – O dever de Informação do Tomador de Seguro em Contrato de Seguro Automóvel, Separata in Estudos em Memória do Professor Doutor António Marques dos Santos, Volume I, Almedina, 2005.

WEINBERG, Mireille – « Assurance Collectives, Um Marché sans Pitié », in La Tribune de l`Assurance, n.º 22, Mars 1999, págs. 24 a 29.

ZAGAMI, Raimondo – Firma Digitale e Sicurezza Guiridica, Diritto Scienza Tecnologia, CEDAM, 2000.

SÍTIOS NA INTERNET

http://www.portugal.gov.pt (Governo português)
http://www.lojadocidadao.pt (Loja do Cidadão)
http://www.dgci.min-financas.pt (Direcção-Geral das Contribuições e Impostos)
http://www.cfe.iapmei.pt (Centro de Formalidades de Empresas)
http://www.seg-social.pt (Segurança Social)
http://www.dr.incm.pt (Diário da República electrónico)
http://www.dgsi.pt (Instituto das Tecnologias da Informação na Justiça)
http://www.europa.eu.int/eur-lex/pt (Eurolex)
http://www.gddc.pt (Gabinete de Documentação e Direito Comparado)
http://www.oa.pt (Ordem dos Advogados)
http://www.webopedia.internet.com (Enciclopédia da Internet)
http://www.portoeditora.pt (Dicionário de português on-line)
http://www.legifrance.gouv.fr (legislação francesa)
http://www.journal-oficiel.gouv.fr. (legislação francesa)
http://www.ccamip.fr (Comissão de Controle de Seguros)
http://www.millenniumbcp.pt (Millenium BCP)
http://www.stimpostos.pt (Sindicato dos Trabalhadores dos Impostos)
http://www.asjp.pt (Associação Sindical dos Juízes Portugueses)
http://www.ordemeconomistas.pt (Ordem dos Economistas)
http://ant.online.pt (Associação Nacional de Topógrafos)
http://www.aopa.pt (AOPA)

http://www.interpass.pt (Interpass)

http://www.amna.pt (Associação de Município do Norte Alentejano)

http://edp.pt (EDP)

http://www.bancocetelem.pt (Banco Cetelem)

http://www.contasempre.com (Conta Sempre)

http://unibancoseguros.net (Unicre)

http://www.isp.pt (Instituto de Seguros de Portugal)

http://www.aps.pt (Associação Portuguesa de Seguradores)

ÍNDICE GERAL

INTERMEDIAÇÃO DE SEGUROS

I – INTRODUÇÃO	9
II – A DISTRIBUIÇÃO DE SEGUROS	13
A – Noção de distribuição	15
B – Canais de distribuição	15
C – A distribuição directa	18
D – A distribuição indirecta	19
1. Mediação	20
2. Outros canais de distribuição	20
3. Os seguros de grupo	21
E – Alguns problemas específicos da distribuição indirecta	25
1. Responsabilidade do terceiro que intervém	26
2. Cumprimento dos deveres de informação	28
F – A distribuição indirecta como Intermediação	33
G – Intermediação e mediação	36
III – A INTERMEDIAÇÃO NA ACTIVIDADE SEGURADORA	39
A – Aspectos gerais	41
B – A evolução legislativa recente	42
C – A intermediação no DL 388/91, de 10 de Outubro	51
1. Mediadores	52
2. Entidades referidas pela Norma da Mediação	53
2.1. Correios	53
2.2. Bancos	53
2.3. Agências de viagens	54

366   *Estudos de Direito dos Seguros – Intermediação de Seguros e Seguro de Grupo*

3. Tomadores de Seguros de Grupo   55
4. Intermediação ocasional   56
D – A intermediação na Directiva n.° 2002/92/CE   57
   1. Os Considerandos (12) e (13)   57
   2. Requisitos do art. 1.° n.° 2   58
E – A intermediação no Decreto-lei n.° 144/2006, de 31 de Julho . . .   61
   1. Âmbito de aplicação   61
   2. Exclusões ao Decreto-lei n.° 144/2006, de 31 de Julho   62

IV – A MEDIAÇÃO DE SEGUROS   67
A – Aspectos gerais   69
   1. Delimitação da mediação de seguros   69
   2. Categorias de mediadores   70
   3. A mediação como actividade ou contrato   70
      3.1. A mediação de seguros como actividade   71
      3.2. A mediação como contrato   72
      3.3. A mediação de seguros como contrato   74
B – Evolução legislativa recente   75
C – A mediação no Decreto-Lei n.° 388/91, de 10 de Outubro   76
   1. Delimitação da mediação de seguros   76
   2. Categorias de mediadores   78
      2.1. O agente de seguros   78
      2.2. O angariador de seguros   80
      2.3. O corretor de seguros   80
   3. Actividade ou contrato de mediação   80
D – A mediação na Directiva n.° 2002/92/CE   83
   1. Delimitação da mediação de seguros   83
   2. Categorias de mediadores   84
   3. Actividade ou contrato de mediação   84
E – A mediação no Decreto-Lei n.° 144/2006, de 31 de Julho   85
   1. Definições   85
      1.1. Gerais   85
      1.2. De mediação   92
   2. Delimitação da mediação   92
   3. Categorias de mediadores de seguros   94
      3.1. O mediador de seguros ligado   94
      3.2. O agente de seguros   96
      3.3. Corretor de seguros   97
   4. Actividade ou contrato de mediação   97

Estudos de Direito dos Seguros – Intermediação de Seguros e Seguro de Grupo   367

V – CONCLUSÕES. 103

BIBLIOGRAFIA 109

SÍTIOS NA INTERNET 117

ANEXO DE LEGISLAÇÃO 119

DECRETO-LEI N.º 144/2006, DE 31 DE JULHO, QUE REGULA A
MEDIAÇÃO DE SEGUROS 121

NORMA REGULAMENTAR N.º 17/2006-R, SOBRE MEDIAÇÃO DE
SEGUROS, QUE REGULAMENTA O DECRETO-LEI N.º 144/2006,
DE 31 DE JULHO 191

SEGURO DE GRUPO

I – INTRODUÇÃO 243
    A – Enquadramento 247
        1. Definições legais 247
        2. Algumas Definições Doutrinárias 248
            2.1. Seguro de Grupo como Previdência 249
            2.2. Seguro de grupo como contraponto do seguro individual 252
    B – Breve referência à evolução histórica dos seguros de grupo 254
        1. As primeiras apólices de seguro de grupo. 254
        2. Planos nacionais de saúde e seguro de grupo de saúde 255
        3. O moderno seguro de grupo 255
        4. A Segunda Guerra Mundial 256
        5. Em Portugal 258

II – O SEGURO DE GRUPO. 259
    A – As razões de interesse no seguro de grupo 261
        1. Para as seguradoras 261
        2. Para o tomador de seguro 264
        3. Para os indivíduos 265
    B – Espécies de seguro de grupo 266
        1. Seguros de saúde e de vida. 268

368 *Estudos de Direito dos Seguros – Intermediação de Seguros e Seguro de Grupo*

2. Operações de capitalização. 269
3. Corporações. 271
4. Associados ao crédito. 272
5. Associados a outros contratos, produtos e serviços 274
   5.1. Seguro de viagem 275
   5.2. Seguro automóvel. 275
   5.3. Seguro de acidentes pessoais. 276
   5.4. Seguro de danos 276
   5.5. Seguro de incêndio e outros danos em coisas 276
C – Características do seguro de grupo 276
   1. Seguro 277
   2. Grupo. 284
      2.1. Conjunto de pessoas 285
      2.2. Requisitos da ligação entre si e ao tomador de seguro. . . 286
      2.3. Concretização do que é um "vinculo ou interesse comum" 287
      2.4. Conclusões 289
   3. Formação em dois momentos 289
      3.1. Contrato entre seguradora e tomador de seguro. 290
      3.2. Adesão das pessoas do grupo 291
   4. Relação tripartida. 293
   5. Complexidade 296

III – LEGISLAÇÃO APLICÁVEL E REGIME JURÍDICO 299
A – Legislação aplicável. 301
   1. Decreto-Lei n.° 176/95, de 26 de Julho. 303
      1.1. Art. 4.° do Decreto-Lei n.° 176/95, de 26 de Julho 303
      1.2. Especificidades do Decreto-Lei n.° 176/95, de 26 de Julho 307
   2. Decreto-Lei n.° 94-B/98, de 17 de Abril. 311
   3. Código Comercial 311
   4. Decreto-Lei n.° 446/85, de 25 de Outubro 312
   5. Legislação que defende o consumidor 315
B – Regime Jurídico. 317
   1. Condições do Contrato. 318
   2. Normas relativas a seguros de grupo 318
   3. Normas relativas ao ramo em causa e normas gerais do con-
      trato de seguro 318
   4. Regime das cláusulas contratuais gerais e normas relativas aos
      contratos em geral 319
   5. Normas de protecção específica 319

Estudos de Direito dos Seguros – Intermediação de Seguros e Seguro de Grupo 369

IV – NATUREZA JURÍDICA 321
   A – A Jurisprudência portuguesa 323
      1. Acórdão do Supremo Tribunal de Justiça, de 16/11/1993 . . . 324
      2. Acórdão do Supremo Tribunal de Justiça, de 13/04/1994 . . . 324
      3. Observações 326
   B – Algumas posições doutrinais 328
   C – Distinção de figuras afins 329
      1. Contrato a favor de terceiro 329
      2. Contrato para pessoa a nomear 330
      3. Cessão da posição contratual 331
      4. Gestão de negócios 332
      5. Contrato sob condição 332
      6. Mútua de seguros 333
      7. Representação 334
      8. Seguro por conta de outrem 335
      9. Intermediação 337
      10. Contrato-quadro 338
   D – Diversos aspectos da natureza jurídica do seguro de grupo 340
      1. Negócio jurídico 340
      2. Contrato 340
      3. Sinalagmático 341
      4. Comercial 341
      5. De seguro 341
      6. Formal 342
      7. Nominado 342
      8. Típico 342
      9. Oneroso 343
      10. Formado em dois momentos 343
      11. Trilateral 343
      12. Complexo 344
   E – Definição de seguro de grupo 345

V – CONCLUSÕES GERAIS 347

BIBLIOGRAFIA 353

SÍTIOS NA INTERNET 363